Ilhami Atabay
Zwischen Islamismus und Patchwork

Münchner Studien zur Kultur- und Sozialpsychologie

herausgegeben von
Prof. Dr. Heiner Keupp

Band 21

Zwischen Islamismus und Patchwork

Identitätsentwicklung bei türkeistämmigen Kindern und Jugendlichen dritter und vierter Generation

Ilhami Atabay

CENTAURUS

Dr. Ilhami Atabay studierte Pädagogik, Psychologie und Soziologie. Er promovierte in Psychologie zum Thema "Familienstruktur der zweiten Generation türkischer Eltern". Ergänzend absolvierte er eine Supervisionsausbildung sowie eine Ausbildung in der Verhaltenstherapie. Der Diplompsychologe schöpft aus einer über 20-jährigen Erfahrung als Familientherapeut. Außerdem ist er seit 2007 zugelassener Psychotherapeut mit eigener Praxis in München. Neben seinen therapeutischen Tätigkeiten übernahm er Lehraufträge an der Katholischen Fachakademie für ErzieherInnen, an der Fachhochschule München und am Lehrstuhl Psychologie der Ludwig-Maximilians-Universität München.

Bibliografische Informationen der Deutschen Nationalbibliothek

Die Deutsche Nationalbibliothek verzeichnet diese Publikation in der Deutschen Nationalbibliografie; detaillierte bibliografische Daten sind im Internet über http://dnb.d-nb.de abrufbar.

Gedruckt auf säurefreiem und chlorfrei gebleichtem Papier.

ISBN 978-3-86226-017-7

ISSN 0942-9549

Umschlaggestaltung: Jasmin Morgenthaler
Umschlagsabbildung: Vorlage des Autors
Satz: Vorlage des Autors

Dieses Buch ist allen Menschen gewidmet, die sich dafür einsetzen, dass wir in einer Welt und in Gesellschaften ohne Rassismus, Ausgrenzung und Diskriminierung jeglicher Art leben können. All denjenigen, die sich **nicht** für die Trennung von Menschen, Kulturen, Geschlechtern, Farben, Sprachen, Glaubensrichtungen u. v. m. stark machen. Für die Menschen, die zwischen Kulturen, Sprachen, Religionen, Farben, Geschlechtern und Nationen als Brückenbauer vermitteln.

Inhaltsverzeichnis

Um eine leichtere Lesbarkeit zu gewährleisten, wurde in vorliegendem Buch auf die explizite geschlechtsneutrale Schreibweise verzichtet. Hierfür wurde als Vereinfachung stellvertretend für beide Geschlechtsformen jeweils nur die kürzere männliche Schreibweise angewandt.

„Wenn ich mich sicher fühlen kann, werde ich eine komplexere Identität erwerben [...] Ich werde mich selbst mit mehr als einer Gruppe identifizieren; ich werde Amerikaner, Jude, Ostküstenbewohner, Intellektueller und Professor sein. Man stellt sich eine ähnliche Vervielfältigung der Identitäten überall auf der Welt vor, und die Erde beginnt, wie ein weniger gefährlicher Ort auszusehen. Wenn sich die Identitäten vervielfältigen, teilen sich die Leidenschaften" (Michael Walzer zitiert nach Keupp u. a. 1999, S. 294).

Vorwort

Mit beeindruckender Beharrlichkeit bleibt Ilhami Atabay seinem Thema treu: Wie geht es Menschen, die aus der Türkei nach Deutschland gekommen sind, sich hier beheimaten wollen, aber zugleich auch die positiven Bezüge zu ihrem Herkunftsland nicht verlieren wollen? Wie gehen sie um mit den Widersprüchen und alternativen Optionen, die durch unterschiedliche Lebensformen, religiöse Loyalitäten und Zugehörigkeiten entstehen. Als Psychologe blickt er dabei nicht nur auf kulturelle Differenzen in den Erwartungen und Zwängen von außen, sondern auch auf die innerpsychischen Verarbeitungsmuster. So hat er sich in einer eigenen Studie mit elterlichem Bindungsverhalten und ihren Folgen für die männliche Identitätsentwicklung auseinandergesetzt. Er hat Familienstrukturen türkeistämmiger MigrantInnen der zweiten Generation untersucht, und immer wieder kreisen seine Fragen um das Identitätsthema. Nicht zuletzt wird er in seiner psychotherapeutischen Praxis damit konfrontiert: Wie gelingt es Menschen, ihr kulturelles Erbe und ihre konkrete Lebenspraxis in einem Land, das ihnen eine selbstverständliche Zugehörigkeit nicht uneingeschränkt gewährt, ihre persönliche und kollektive Identität zu gewinnen.

Die aktuellen politischen Diskurse in fast allen europäischen Ländern beschäftigen sich mit den Folgen einer zunehmenden Globalisierung, die zu einer deutlichen Vermehrung transnationaler Migrationsprozesse und zu einer kulturellen Diversität führen. Die Diskurse kreisen um gelingende oder misslingende „Integration". Damit wird mehr oder weniger implizit die Norm aufgestellt, dass MigrantInnen sich von ihrer Herkunftskultur verabschieden sollten und sich den kulturellen Codes ihres Aufnahmelandes anzupassen hätten. In diese Diskursarena begibt sich Ilhami Atabay nun erneut und – wie schon in seinem ersten Buch „Ist dies mein Land? Identitätsentwicklung von Migrantenkindern und -jugendlichen" (1994) – begibt er sich in die kulturellen „Zwischenwelten", in denen sich türkischstämmige Menschen in ihrer Identitätsarbeit begeben. Es geht um „dritte Orte", die keine kulturelle „Reinheit" mehr erkennen lassen, sondern ein Leben dazwischen, und der psychologischen Frage, wie das in den inneren Welten von Heranwachsenden mit Migrationshintergrund verarbeitet wird. Ilhami Atabay hat Vertreter dieser Gruppe befragt und unternimmt damit den Versuch, die Sichtweisen von Migrationsjugendlichen, die sich in sozialen „Zwischenwelten" befinden, kennenzulernen.

Damit nimmt Ilhami Atabay erneut aktiv teil an dem sich eher zuspitzenden Diskurs um die Folgen transnationaler Migrationsprozesse. Worum geht es bei diesem Diskurs? Es geht bei ihm um den Versuch, auf die klassische Frage der Identitätsforschung eine zeitgerechte Antwort zu geben: Wer bin ich oder wer sind wir in einer sozialen Welt, deren Grundriss sich unter Bedingungen der Individualisierung, Pluralisierung und Globalisierung verändert? Wie gelingt es, die unterschiedlichen Differenzerfahrungen für sich zu integrieren?

„Leben mit Differenz" klingt nach einer einfachen Aussage, bringt aber eine Reihe von hoch voraussetzungsvollen Diskursen zum Schwingen, die in den Köpfen sehr unterschiedliche Assoziationen entstehen lassen. Die Aussage kann die schlichte Feststellung sein, dass zwischen Frauen und Männern, zwischen Menschen, die aus unterschiedlichen Kulturkreisen kommen, zwischen mir und den Anderen Unterschiede bestehen, die beachtet und anerkannt werden müssen. „Leben mit Differenz" kann die Behauptung von „Parallelgesellschaften" sein, die nicht in einem gutmenschlichen „Multikultidiskurs" verwischt werden dürften, und hier bekommt die Aussage den Charakter einer radikalen und unüberbrückbaren Kluft, die Identitätsarbeit als Kampf der Sicherung von claims und Grenzen versteht, die nicht mehr zur Disposition stehen darf. Diese Art von Differenzdiskurs bildet die Vorstufe von Identitätskriegen und nicht selten auch realer Kriege. Für mich heißt „Leben mit Differenz" sich von Identitätsvorstellungen zu verabschieden, die so etwas wie reine Identitäten, ob individuell oder kollektiv verstanden, unterstellen, die aus der Wahrnehmung von Differenzen eine Aussage über die Notwendigkeit dieser Differenzen macht. Es geht um die Überwindung von „Identitätszwängen" und die Anerkennung der Möglichkeit, sich in normativ nicht vordefinierten Identitätsräumen eine eigene ergebnisoffene und bewegliche authentische Identitätskonstruktion zu schaffen. Differenzen werden dabei nicht verwischt, aber auch nicht als Waffen missbraucht.

Als Sozial- und Gemeindepsychologe, der sich in den letzten Jahren vornehmlich mit Fragen von Identitäts- und Gesundheitsforschung einerseits und andererseits mit sozialen Netzwerken, veränderten Gemeinschaftsformen und der Fragen nach kollektiven Zugehörigkeiten und Verortungen beschäftigt hat, möchte ich Ihnen von diesen Zugängen her ein Diskussionsangebot zum Thema Identitätsarbeit und Lebensbewältigung in einer multikulturellen Gesellschaft machen. Ich werde die Aspekte der Multikulturalität gar nicht eigens begründen, weil sie längst ein Stück Normalität in allen westlichen Großstädten darstellen, und ich werde nicht von vornherein einen thematischen Scheinwerfer auf MigrantInnen richten, wenig über Minderheiten sagen und noch weniger über Spezialmaßnahmen zur Integration von Minderheiten. Das hat mit meiner Sicht der spätmodernen Gesellschaften zu tun, die, genau besehen, ein „Patchwork von Minderheiten" (Lyotard) repräsentieren. In irgendeiner Hinsicht ist jede(r) von uns Angehöriger einer Minderheit, selbst wenn er in seiner eigenen Definition „die Mehrheit" repräsentiert. Ohne dass ich die Legitimität und Notwendigkeit spezifischer Förderprogramme für Minderheiten bestreiten würde, wäre es mir doch wichtig, diesen Blick nicht von vornherein ethnisch auszurichten. Ethnische Differenzierung und Pluralisierung ist eine Grunddimension, aber daneben gibt es Differenzierungen entlang der Dimensionen sozialer Ungleichheit, Geschlecht, Familienform oder sexueller Orientierungen. Auf all diesen Dimensionen lassen sich gesellschaftliche Ausschließungs- und Einschließungspraxen beobachten, ergeben sich Minderheits- und Mehrheitskategorien, Macht- und Ohnmachtspositionen. Nicht jede Minderheit ist ohnmächtig und die Zurechnung zur Mehrheit kann mit einem starken Gefühl der Benachteiligung verbunden sein.

Ilhami Atabay zeigt mit seiner neuen Studie die Vielfalt der individuellen Lösungen in den „Zwischenwelten". Er lässt sich auf ihre subjektiven Perspektiven und Verarbeitungsmodi seiner GesprächspartnerInnen ein. Da entstehen keine Bilder von Opfern oder Tätern. Es gibt Gelingen und Scheitern und es wird deutlich, dass dafür innere und äußere Ressourcen verantwortlich sind.

Als mich Ilhami Atabay Anfang der 90er-Jahre des letzten Jahrhunderts fragte, ob ich bereit wäre, seine Magisterarbeit zu betreuen, und er mir seine Vorstellung entwickelte, meine Ideen zu einer „Patchworkidentität" an jugendlichen MigrantInnen anzuwenden, war ich zunächst sehr skeptisch. Seine damaligen Fallstudien haben mich eines Besseren belehrt und seine aktuelle Weiterführung dieser damaligen Idee belegt, dass MigrantInnen gar keine andere Chance haben, als sich in den „Zwischenwelten" ihre Identitäten in hybriden Mustern zu entwickeln.

München, im Mai 2012 — Heiner Keupp

Einleitung

Wer bin ich? Diese Frage war die Leitfrage von Erik H. Erikson bei dessen Arbeiten, um das Thema Identität zu beantworten. Heute scheint eine eindeutige Antwort darauf schwieriger denn je geworden zu sein. So ähnlich sind auch die Ergebnisse der Forschungen, die sich mit dem Thema Identität befassen. Der Begriff „Identität“ wird meist mit dem Begriff „das Selbst“ im gleichen Sinne verwendet. Wie viele „Selbst“ besitzt ein Subjekt? Oerter beschreibt das Selbst im ontologischen Sinne als den Kern des Persönlichkeitssystems. Im funktionellen Sinne sei das Selbst der Träger von Handlungen, der Akteur bzw. Agent. Auf der Ebene der Phänomenologie bedeute „Selbst“ die Selbstwahrnehmung und Selbsterkenntnis. In einem spezifischeren Sinn wird vom Selbstkonzept gesprochen. Weitergeführt, meist auch im psychotherapeutischen Sinne, wird zwischen zwei Hauptkomponenten des Selbstkonzepts unterschieden. Diese Unterscheidung drückt sich zum einen als die affektive und zum anderen als die kognitive Komponente des Selbstkonzepts aus. Die affektive Komponente erfasse jedoch das Selbstwertgefühl und das Selbstvertrauen eines Subjekts. Die kognitive Komponente des Selbst beinhalte „das Wissen, das man von sich hat, und die Selbstwahrnehmung“ (Oerter, 2006, S. 176). Zudem gibt es das Fähigkeitskonzept, das mit Selbsteinschätzung in Verbindung gebracht wird.

Auch die Frage der Identität von Migrantenkindern und -jugendlichen wird neben einigen wenigen Autoren wie Paul Mecheril, Tarek Badawia und Georg Auernheimer sehr rudimentär behandelt. Sie wird im Kontext von vielen anderen Themen wie Gewalt, „Gewalt des Islams“, Interkulturalität, Lebenswelt, Schule, Bildung und Ausbildung nur am Rande als „bikulturelle Identität“ erwähnt.

Viele Migrantenkinder und -jugendliche, die bereits in der dritten und vierten Generation hier geboren wurden und hier leben wie alle Kinder und Jugendlichen in diesem Land, bekommen folgende Fragen bezüglich ihrer “Identität“ und „Heimatzugehörigkeit“ gestellt: Als was fühlst du dich? Mehr als Deutsche/Deutscher oder als „Türkin“/“Türke“? In welcher Sprache träumst du? In deutscher oder in „türkischer“ Sprache? In welchem Land fühlst du dich in deiner Heimat? Oder noch direkter: Wirst du irgendwann in deine Heimat zurückkehren? Wie viel Zugehörigkeit fühlst du zum islamischen Glauben? Diese Art und Weise des Fragenstellens macht deutlich, welche anderen Komponenten der Identität es auch gibt.

„In einem engeren psychologischen Sinn ist Identität die einzigartige Persönlichkeitsstruktur mit dem Bild, das andere von dieser Persönlichkeitsstruktur haben. Spätestens ab dem Jugendalter ist aber noch eine dritte Komponente der Identität wichtig, nämlich das eigene Verständnis und der Sinn für das, was man ist bzw. sein will" (Oerter, 2006, S. 175).

Wenn wir uns mit Migration beschäftigen, muss zu den Ausführungen von Oerter noch hinzugefügt werden: Wie schaffe ich es, aus dem Gefühl herauszukommen in einem Land, in dem Identität auf Blutsrecht und in einem engeren nationalistischen Sinne definiert ist. Werde ich überhaut gefragt, wer und was ich sein möchte? Die bittere Erfahrung von vielen Migrantenkindern und -jugendlichen ist es, dass sie leider auch in der Sprache der Wissenschaft zu etwas gemacht werden. Sie sind Deutsch-Türken oder neue Deutsche mit „Migrationshintergrund", die „Islamisten", die „Gewalttätigen", die, die Probleme machen.

Ich habe gleich zu Beginn bei meinen Interviews festgestellt, dass auch meine Formulierungen, die Auswahl der Fragen, nicht frei von Zuschreibungen waren. Um ein Beispiel zu nennen: Allein die Frage „Fühlst du dich mehr als Deutscher oder als Türke/Kurde/Alevit/Sunit?" suggeriert, dass die Interviewten sich quasi für eine dieser Möglichkeiten entscheiden müssen. Ich habe versucht, diese Art von Fragen weitgehend so zu formulieren: Wie würdest DU dich definieren, wer, wie und was du bist? Als was möchtest du von deinen Mitschülern, deinen Lehrern, deinem Arbeitgeber, deinem Chef, deinen Eltern, deinen Freunden usw. gesehen werden? Die Antworten waren sehr eindeutig. Ich möchte als Mustafa, als Handan, also im Grunde als Subjekt, als eine Person ohne Zusätze gesehen werden. Denn auch Hans, Helga, Lukas usw. werden nicht mit Anhängsel, wie beispielsweise deutscher Katholik aus NRW oder Hans, der Preuße aus Berlin mit evangelischem Glauben, blond und blauäugig, Peter, der Bayer usw. definiert.

Worum geht es also hier? Was möchte der Mensch bezwecken, der solche Fragen stellt. Ich möchte nicht allen Böswilligkeit unterstellen. Aber hier geht es bewusst oder unbewusst um die Macht der Definition. Die Macht darüber, wer über wen entscheidet, und somit auch die Zugänge in vielen Bereichen des öffentlichen wie privaten Lebens zulässt und versperrt. Dieses Phänomen kennen wir in allen Gesellschaften, in denen es um Mehrheits- und Minderheitsverhältnisse geht. Das soll nicht bedeuten, dass wir sie als gegeben akzeptieren, wir müssen vielmehr versuchen, sie zu verändern und zu durchbrechen, anstatt alten Paradigmen bezüglich der „Identität, Nationalität und Zugehörigkeit" neue Zugänge zu ermöglichen.

Ich habe mich bereits 1994 zum ersten Mal mit dem Thema „Identitätsentwicklung von Migrantenkindern und -jugendlichen" in zweiter Generation in Deutschland befasst. In dieser Arbeit 2012 geht es um Kinder der dritten und vierten Generation. Ich habe dabei die Interviewpassagen von Jugendlichen aus dem Jahre 1994 mit aufgenommen, denn auch die Leserinnen und Leser werden feststellen, dass sich an den Themen, mit denen sich diese Kinder und Jugendlichen befassten, bis heute kaum etwas verändert hat.

Ich habe noch Kontakt zu einigen Jugendlichen, die ich 1993/94 interviewt habe, bzw. ich bekomme mit, was aus ihnen geworden ist. Turğut ist heute verheiratet, Vater von zwei Kindern und führt ein eigenes Auto-An- und Verkaufsgeschäft. Derya hat über den zweiten Bildungsweg das Abitur gemacht und ein sozialwissenschaftliches Studium absolviert. Sie ist verheiratet, hat zwei Töchter und ist in einer Einrichtung beschäftigt, die sich mit Migrantenkindern, -jugendlichen und -familien befasst. Aus Sinan ist ein bekannter Schauspieler geworden, der viel gefragt ist. Sevgi hat nach ihrem Abitur das Fach BWL studiert, ist zum zweiten Mal verheiratet und ist inzwischen Mutter von zwei Kindern. Sie arbeitet im Gesundheitswesen.

1. Die kulturelle Identität

Hier möchte ich eine sehr kurze Einführung zur Entwicklung in der Kindheit machen, bevor ich auf die Rolle der Kultur in der frühkindlichen Entwicklung eingehe.

Nach Oerter reichen die Wurzeln der Identitätsbildung ins erste Lebensjahr eines Menschen zurück. Bereits mit sechs Monaten, so Oerter, erlebe sich der Säugling als Urheber seiner Handlungen und würde auch die Aktionen anderer als intentional gesteuert interpretieren. Auch die Unterscheidung der Geschlechter und die Zuordnung der eigenen Geschlechtlichkeit beginnen bereits mit dem zweiten Lebensjahr. Das konzeptionelle Selbst sei rudimentär gebildet. Ab Mitte bis Ende des zweiten Lebensjahres bildet das Kind ein erstes Ichbewusstsein. Stern unterteilt die Entwicklung des Ichbewusstseins in vier Stufen der Selbstwahrnehmung.

- Im ersten Lebensmonat wird das Gefühl von Regelmäßigkeit und Geordnetheit durch die Invarianz des Tagesablaufs entwickelt.
- Mit zwei bis drei Monaten ist die Entstehung des Kernselbstempfindens durch die Abgrenzung gegenüber der Umwelt und anderen Personen gegeben. Dies hängt, so Oerter, mit der Unterscheidung propriozeptiver (doppelter Empfindung bei Selbstberührung und -bewegung) und externer Stimuli zusammen.
- Das dritte Stadium beinhaltet das subjektive Selbstempfinden. Es ist nach Stern im Alter von sieben bis neun Monaten erreicht. In diesem Stadium findet bereits der erste intersubjektive Austausch in Form der affektiven Abstimmung eigener und fremder Zustände statt.
- Als viertes Stadium wird bei Stern das Selbstkonzept mit dem Ichbewusstsein beschrieben. Dieses Stadium ist mit der verbalen Symbolisierung verbunden. Das Kind kann ab seinem dritten Lebensjahr (bei einigen Kindern bereits früher möglich) durch seine sprachliche Fähigkeit sich selbst als „Ich" und den anderen als „Du" auseinanderhalten. Diese Unterscheidung, die vorwiegend als eine emotionale Trennung und Abstimmung zu sehen ist, setzt sich im fortlaufenden Alter auf kognitiver Ebene fort (Vgl. Oerter, 2006).

Wenn bei Kindern die Entwicklungsfortschritte einem normalen Verlauf folgen, dann baut sich nach Oerter die Komponente der Selbstwirksamkeit auf,

„die sich vor allem in der Genese der Leistungsmotivation äußert. Sobald das Kind ein Leistungsergebnis auf die eigene Tüchtigkeit zurückführt, beginnt es, Gütemaßstäbe zu setzen, an denen es sein aktuelles Können misst. Dies ist mit etwa vier Jahren der Fall. Zugleich oder kurz danach kommt es zu einem Entwicklungssprung im Verständnis psychischer Prozesse bei sich und anderen, der sogenannten Theory of Mind [...]. Das Kind erkennt nun, dass es selbst, aber auch eine andere Person falsche Überzeugungen und falsches Wissen haben kann. Dies ist ein entscheidender Schritt zum Verständnis von Subjektivität, die wiederum die Voraussetzung für den Aufbau von Identität bildet" (Oerter, 2006, S. 176).

Erst im Schulalter, so Oerter, „nutzt das Kind sukzessive Kausalattributionen als Erklärung für das Zustandekommen einer bestimmten Leistung" (Oerter, 2006, S. 176). Hier werden als die wichtigsten Attributionen, die selbstbezogen sind, die Anstrengung (Fleiß) und die Fähigkeit (Begabung) dargestellt.

1.1. Die Rolle der Kultur in der frühkindlichen Entwicklung

Wie die Entwicklungspsychologie uns lehrt, spielen in der frühkindlichen Entwicklung in allen Kulturen folgende Bereiche eine entscheidende Rolle. Ich gehe davon aus, dass diese in jeder Kultur in ihren Nuancen variieren können. Der erste Bereich ist die Pränatalentwicklung, die Geburt und die Phase des Neugeborenen. Den zweiten Bereich machen die Biologie und das Verhalten aus. Darin werden Themen wie Anlage und Umwelt, die Entwicklung des Gehirns und des Wachstums sowie die Entwicklung des Körpers behandelt. Den dritten Bereich belegt die kognitive Entwicklung. Hier wird die Theorie von Piaget im Zusammenhang von Anlage/Umwelt, Kontinuität/Diskontinuität und aktivem Kind besonders hervorgehoben. Denn Piagets Arbeiten haben die Entwicklungspsychologie nachhaltig beeinflusst. Nach Piaget spielen Anlage und Umwelt bei der kognitiven Entwicklung zusammen. Unter Umwelt versteht er „jede Art von Erfahrung, die das Kind macht." (Siegler, DeLoache, Eisenberg, 2005, S. 182). Zur Anlage gehören nach Piaget das

„reifende Gehirn und der reifende Körper des Kindes; die Fähigkeit wahrzunehmen, zu handeln und aus der Erfahrung zu lernen; und die Motivation, zwei grundlegenden Funktionen gerecht zu werden, die für das geistige Wachstum von zentraler Bedeutung sind: Adaption und Strukturierung" (Siegler, DeLoache, Eisenberg, 2005, S. 182).

2. Piagets Stufenmodell

Unter Adaption versteht Piaget die Tendenz des Kindes, auf die Anforderung der Umwelt so zu reagieren, wie es seinen Zielen entspricht. Mit Strukturierung wird die Tendenz, die einzelnen Beobachtungen in einer kohärenten Wissensstruktur zu integrieren, beschrieben (Vgl. Siegler, DeLoache, Eisenberg, 2005 und Hrsg. Oerter, Montana, 2002).

Die Bereiche Kontinuität/Diskontinuität behandelt Piaget gesondert, da er davon ausgeht, dass bei der Entwicklung von Kindern die Prozesse sowohl kontinuierlich als auch diskontinuierlich ablaufen können. Die von Geburt an zusammenwirkenden Prozesse der Kontinuität nennt Piaget Assimilation, Akkommodation und Äquilibration. Diese treiben die Entwicklung voran.

Als Quellen für die Diskontinuität bezeichnet Piaget, ausgehend von seinem Stufenmodell,

1. die qualitative Veränderung, weil er davon ausgeht, dass Kinder verschiedenen Alters auf qualitativ unterschiedliche Weise denken.
2. die breite Anwendbarkeit. Auch hier wird Piaget von der Annahme geleitet, „die jeweilige Art des Denkens, die für eine Stufe charakteristisch ist, durchdringt das Denken des Kindes über ganz verschiedene Themen und Kontexte hinweg" (Siegler, DeLoache, Eisenberg, 2005, S. 184).
3. kurze Übergangszeiten. Hier ist die Dauer der Übergänge der Stufen gemeint. Piaget nimmt an, dass Kinder zwischen den Stufen hin und her schwanken.
4. die invariante Abfolge. Er geht davon aus, dass alle Menschen die Stufen der Reihe nach durchlaufen.

Die vier wichtigsten Stadien nach Piaget sind:

1. das sensomotorische Stadium (von der Geburt bis zum Alter von zwei Jahren)
2. das präoperationale Stadium: (zwei bis sieben Jahre)
3. das konkretoperationale Stadium (sieben bis zwölf Jahre)
4. das formaloperationale Stadium (zwölf Jahre und älter)

Die Theorie von Piaget wurde auf vier sehr wichtigen Ebenen kritisch beleuchtet, die seine Annahmen bei der kindlichen Entwicklung infrage stellen.

1. Das Stufenmodell von Piaget stellt das Denken von Kindern als sehr konsistent dar. Neuere Untersuchungen belegen, dass Kinder in ihrem Denken weit variabler sind, als Piaget es beschreibt.
2. Säuglinge und Kleinkinder sind in ihrer kognitiven Entwicklung weit kompetenter als bisher angenommen.
3. Den Beitrag der sozialen Welt zur kognitiven Entwicklung schätzt Piagets Theorie zu gering. Neueren Untersuchungen zufolge werden Kinder von Geburt an durch ihre soziale Umwelt geformt. *„Die kognitive Entwicklung eines Kindes spiegelt die Beiträge anderer Menschen und der Kultur im weiteren Sinne viel umfangreicher wider, als Piagets Theorie diesen Einflüssen zugesteht" (Siegler, DeLoache, Eisenberg, 2005, S. 199).*
4. *„Piagets Theorie bleibt unscharf hinsichtlich der kognitiven Prozesse, die das Denken des Kindes verursachen, und der Mechanismen, die kognitives Wachstum hervorrufen" (Siegler, DeLoache, Eisenberg, 2005, S. 199).*

2.1. Die Informationsverarbeitungstheorie

Neben Piagets Stufenmodelltheorie sind einige andere Theorien zu nennen, die sich mit der kognitiven Entwicklung von Kindern befassen.

Ein wichtiger theoretischer Zugang stellt die Informationsverarbeitungstheorie dar. Sie geht davon aus, dass Kinder aktive Lerner und Problemlöser sind, die sich ständig neue Mittel ausdenken, mit deren Hilfe sie ihre Verarbeitungsbegrenzungen überwinden. Zu den wichtigsten Annahmen dieser Theorie gehört, dass Kinder mit weit entwickelten Instrumenten an eine Problemlösung herangehen. Die wichtigsten Strategien dabei sind: die Aufgabenanalyse, das Planen, das analoge Schlussfolgern und die Regelbildung.

> *„Die kognitive Entwicklung im Allgemeinen und die Entwicklung von Lernen und Gedächtnis im Besonderen werden im Zusammenhang mit der zunehmend effektiven Ausführung von Basisoperationen, der Ausbildung effektiver Strategien und dem Erwerb neuen Inhaltswissens gesehen." (Siegler, DeLoache, Eisenberg, 2005, S. 216).*

Mithilfe von konnektionistischen Theorien, der Theorie der dynamischen Systeme und der Theorie überlappender Wellen könnte man besser verstehen und erklären, wie Veränderungsprozesse verlaufen.

2.2. Die Theorie des Kernwissens

Ein anderer theoretischer Zugang bei der kognitiven Entwicklung von Kindern ist die Theorie des Kernwissens. Die wichtigste Annahme dieser Theorie besagt, dass Kinder von der Evolution bestens ausgestatte Produkte sind. Forschungen im Bereich von Säuglingen und Kleinkindern haben zu der Annahme geführt, dass Kinder Kenntnisse über Raum, Zeit, Sprache, Biologie usw. besitzen. Die Theorie gehen davon aus, dass diese frühen Kompetenzen *„erst durch angeborene, bereichsspezifische Kenntnisse und spezialisierte Lernmechanismen erworben werden können"* (Siegler, DeLoache, Eisenberg, 2005, S. 224).

2.3. Die soziokulturelle Theorie

An dieser Stelle möchte ich der soziokulturellen Theorie, die mit der Überschrift dieses Kapitels am meistens übereinstimmt, Raum geben.

Für die soziokulturelle Theorie ist die alltägliche Interaktion zwischen Kindern und ihren Bezugspersonen (Eltern, Geschwister, Großeltern) ein bedeutungsvolles Geschehen. Diese Interaktion, beispielsweise zwischen Kind und Mutter oder Kind und Vater, wird als Motor gesehen, der die Entwicklung vorwärts treibt.

> *„Soziokulturelle Ansätze betonen, dass ein Großteil der Entwicklung in direkter Interaktion von Kindern mit anderen Menschen stattfindet: mit Eltern, Geschwistern, Lehrern, Spielkameraden und so weiter. Statt Kinder als Individuen zu betrachten, die sich durch ihre eigenen Bemühungen einen Reim auf die Welt machen, sehen soziokulturelle Theorien Kinder als soziale Wesen an, deren Leben verwoben ist mit den Leben anderer Menschen, die ihnen dabei helfen wollen, die Fähigkeiten und Kenntnisse zu erwerben, die in ihrer eigenen Kultur einen Wert besitzen. Während in den Theorien von Piaget, die Informationsverarbeitung und des Kernwissens, also die aktive Rolle der Kinder bei ihrer eigenen Entwicklung hervorgehoben wird, betonen soziokulturelle Theorien die Bedeutung, die der Interaktion der Kinder mit anderen Men-*

schen für die Entwicklung zukommt" (Siegler, DeLoache, Eisenberg, 2005, S. 225).

Eine wichtige Begrifflichkeit in der Interaktion zwischen Kindern und ihren Bezugspersonen ist die **„gelenkte Partizipation"**.

Gelenkte Partizipation wird als der Prozess gesehen, bei der das informierte Individuum (Experte) seine Aktivität so gestaltet, dass das Individuum (sprich das Kind) mit weniger Kenntnis und Fähigkeit etwas lernen kann.

Eine weitere wichtige Eigenschaft ist die Interaktion zwischen Kind und Mutter. Hier wird das Augenmerk auf einen breiteren kulturellen Kontext gerichtet. In diesem Zusammenhang operiert die soziokulturelle Theorie mit dem Begriff der **Kulturwerkzeuge**.

> *„Zu diesem Kontext gehören nicht nur Menschen, sondern auch die zahllosen Produkte der menschlichen Erfindungskraft, die in soziokulturellen Theorien als Kulturwerkzeuge bezeichnet werden: Symbolsysteme, Artefakte, Fähigkeiten, Werte und so weiter" (Siegler, DeLoache, Eisenberg, 2005, S. 226).*

Als einer der wichtigsten Vertreter und Entwickler der soziokulturellen Theorie gilt der russische Psychologe Lew Semjonowitsch Wygotski. Obwohl er ein Zeitgenosse von Piaget war, blieben seine Theorien außerhalb der Sowjetunion unbekannt. Die Unterschiede der Theorien von Wygotski und Piaget können wie folgt aufgezählt werden:

Die Theorien von Piaget und Wygostki im Vergleich

Piaget	Wygotski
• Das Kind als kleiner Wissenschaftler, versucht die Welt aus eigener Kraft zu verstehen. • Betont wird die qualitative Veränderung im Denken.	• Das Kind ist ein soziales Wesen, dessen Schicksal aufs Engste mit anderen Menschen verwoben ist. Diese Menschen helfen dem Kind beim Erwerb von Fähigkeiten und Kenntnissen. • Kinder sind darauf bedacht, an Aktivitäten teilzunehmen, die in ihrer Umgebung geläufig/ vorhanden sind. • Kinder als soziale Wesen werden durch ihren kulturellen Kontext geformt, den sie auch selbst mitgestalten.

Die soziokulturelle Theorie betrachtet das Kind als lehrendes und lernendes soziales Wesen. Es wird davon ausgegangen, dass in allen menschlichen Gesellschaften jeweils die Erwachsenen ihren Nachkömmlingen Fakten, Fähigkeiten, Werte und Traditionen vermitteln. Dies ermöglicht eben die Kultur. Die Neigung zum Lernen wird nicht nur auf die Erwachsenen beschränkt.

> *„Alle normalen Zweijährigen zeigen spontan auf ein Objekt, um die Aufmerksamkeit anderer Menschen auf ein Merkmal zu richten, das sie selbst interessant finden; ein solches elementares Lernverhalten, das nicht direkt an das Überleben geknüpft ist, findet sich bei anderen Spezies nicht. Diese Vorliebe versetzt Kinder in die Lage, sich in ihre Kultur sozial einzufügen und diese an andere weiterzugeben" (Siegler, DeLoache, Eisenberg, 2005, S. 227).*

Bei der soziokulturellen Theorie werden fünf Aspekte als zentrale Entwicklungsfragen besonders hervorgehoben. Eine der Vorstellungen ist es, dass die kognitive Veränderung von der **sozialen Interaktion** mitbestimmt wird, die Idee der **gelenk-**

ten Partizipation, die Intersubjektivität, die **soziale Stützung** und die **Zone der proximalen Entwicklung** sind andere zentrale Gesichtspunkte dieses Theoriegebäudes.

Mit dem Begriff **Intersubjektivität** verbinden die soziokulturellen Theoretiker das gegenseitige Verständnis, das Menschen bei der Kommunikation füreinander aufbringen. Denn sie sehen genau in dieser Intersubjektivität die Grundlage der kognitiven Entwicklung.

> *„Für eine effektive Verständigung müssen sich die Beteiligten auf dasselbe Thema konzentrieren, ebenso auf die Reaktionen des anderen und auf das, was gerade mitgeteilt wird. Eine solche »Begegnung der Gedanken« ist für wirksames Lehren und Lernen unverzichtbar" (Siegler, DeLoache, Eisenberg, 2005, S. 229).*

Die Intersubjetivität der Kinder drückt sich bereits im Säuglingsalter aus. Schon mit zwei, drei Monaten sind Säuglinge sehr lebhaft und interessiert, wenn die Mutter auf ihre Aktionen reagiert. Mit sechs Monaten sind Kinder imstande, durch Beobachtung neue Verhaltensweisen von anderen Menschen zu erlernen. Diese Entwicklung wird von den Vertretern des genannten Theoriegebäudes als „das Auftreten einer Fähigkeit", die „im Zentrum der Intersubjektivität" steht, gesehen. Es wird als **die geteilte Aufmerksamkeit (joint attention)** definiert. Hierbei richten die Kinder ihre Aufmerksamkeit in der äußeren Umwelt auf eine gemeinsame Sache, einen Gegenstand oder einen Bezugspunkt mit ihrem Sozialpartner. Im zunehmenden Alter zwischen neun und fünfzehn Monaten blicken die Kinder noch stärker auf dieselben Gegenstände wie ihre Sozialpartner. Kinder in diesem Alter verfolgen auch die Änderungen im Blickverhalten ihres Sozialpartners. Sobald dieser ein anderes Objekt fokussiert, registrieren sie dies und richten dann weiterhin ihren Blick auf das Objekt, das sie selbst interessiert.

> *„Etwa im gleichen Alter beginnen die Kinder auch mit einer verwandten Verhaltensweise, dem **sozialen Referenzieren (social referencing)**. Das ist die Angewohnheit, Sozialpartner anzuschauen, um einen Rat oder eine Anleitung zu bekommen, wie man auf unbekannte oder bedrohliche Ereignisse reagieren soll" (Siegler, DeLoache, Eisenberg, 2005, S. 229).*

Dieses Phänomen, d. h. das Lernen durch die geteilte Aufmerksamkeit wird auch beim Erlernen der Sprache hervorgehoben. Wenn ein Erwachsener im Beisein eines Kleinkindes auf ein Objekt hindeutet und dabei sagt, wie dieses Objekt heißt, dann wird dieses Kind besser imstande sein zu lernen als Kinder, die das Objekt nicht fokussieren. Es heißt weiter im Kontext der geteilten Aufmerksamkeit:

> *„Je früher ein Kind mit der geteilten Aufmerksamkeit beginnt, desto schneller verläuft sein anschließender Spracherwerb" (Siegler, DeLoache, Eisenberg, 2005, S. 229-230).*

Die Intersubjektivität lässt sich nicht nur auf das Kleinkindalter beschränken. Sie entwickelt sich weiter und selbst im Schulalter sind Kinder in der Lage, sich gegenseitig etwas beizubringen und voneinander zu lernen.

Des Weiteren wird die soziale Stützung als ein wichtiger Aspekt bei den Lernprozessen von Kindern hervorgehoben. Sie wird definiert als

> *„ein Prozess, bei dem eine kompetentere Person zeitweilig ein Rahmengerüst bietet, welches das Denken des Kindes auf einer höheren Ebene ermöglicht, als es das Kind von selbst bewältigen könnte" (Siegler, DeLoache, Eisenberg, 2005, S. 230).*

Abschließend wird die Zone der proximalen Entwicklung im Kontext dieses Ansatzes behandelt.

> *„Zone der proximalen Entwicklung meint den Bereich der Leistungsfähigkeit zwischen dem, was das Kind ohne Hilfestellung kann, und dem, was es mit optimaler Unterstützung bewältigt" (Siegler, DeLoache, Eisenberg, 2005, S. 231).*

Nach Auernheimer wird bei der Erziehung des Kindes schon in der vorsprachlichen Entwicklungsperiode ein kulturspezifisches Verhältnis zu Menschen und Dingen zugrunde gelegt:

> *„Dabei sind nicht nur allgemein die Haltungen, gefühlsmäßigen Wertungen und kommunikativen Verhaltensweisen der Bezugspersonen kulturspezifisch, sondern insbesondere auch das implizite »Erziehungswissen«, das die Bezugspersonen im Umgang mit Kindern leitet. Der Ausdruck »Wissen« bedeutet nicht, dass alle Aspekte des Verhaltens gegenüber dem Kind durch bewusste Kontrolle gesteuert werden [...]*

Viele Komponenten sind unbewusste oder nur rudimentär bewusste Erfahrungen“ (Auernheimer, 1988, S. 63).

Die Handlungen der Bezugspersonen spielen bei Kindern in dem Stadium eine besonders wichtige Rolle, wo die Trennung von ICH und den ANDEREN, von ICH und der WELT gemacht wird.

„Sobald die Trennung von Ich und den anderen, von Ich und der Welt vollzogen ist, und das Kind persönliche Zuneigung und Interesse an den Dingen seiner Umgebung zu entwickeln beginnt, teilt sich ihm – das ist unmittelbar einsichtig – die emotionale Bewertung von Personen, Dingen, Handlungen seitens seiner Bezugspersonen mit. Im Kooperativ-gegenständlichen mit den Eltern, Geschwistern etc. übernimmt es deren Bewertungen zu seiner Orientierung. Die Empfindung von Ekel gegenüber bestimmten Objekten beispielsweise wird so kulturspezifisch erlernt“ (Auernheimer, 1988, S. 61).

Auernheimer geht unter anderem auch davon aus, dass schon die unterschiedlichen Praktiken der Säuglingspflege, wie z. B. die Zuwendung und Versorgung, sich im Bewusstsein des Kindes im Laufe der Zeit widerspiegelt, d. h. die Bedürftigkeit des Säuglings kulturell vermittelt wird.

„Damit aber Gegenstände für das Kind Bedeutungen erlangen können, muss es den Zustand des »Adualismus«, in dem (Körper-)Ich und Außenwelt zu einer undifferenzierten Einheit verschmolzen waren, mittels der ihm zugewandten Bezugspersonen verlassen und jene Welt aus fließenden Bildern durch ein Universum permanenter Objekte ersetzen, die, durch objektiv-räumliche, zeitliche und kausale Beziehungen untereinander verbunden, dem Ich und den anderen verfügbar sind. Das Schema des permanenten Objekts wird fast gleichzeitig mit der Trennung vom EGO und ALTER innerhalb des ersten Lebensjahres ausgebildet“ (Auernheimer, 1988, S. 61).

Während dieses Prozesses bzw. dieser Entwicklungsetappe wird zwischen dem ICH und der AUSSENWELT differenziert. Die Verhaltensweisen der Bezugspersonen werden zu eigen gemacht, d. h. internalisiert, was gleichzeitig auch für das

Kind die Entdeckung der eigenen Intentionalität bedeutet. Der Übergang vom zufälligen zum zielbewussten Handeln ist ein erster wichtiger Schritt beim Aufbau des Selbstbewusstseins des Säuglings.

Während der Säugling am Anfang unmittelbar auf äußere Reize reagiert, werden mit der Zeit seine Reaktionen immer selektiver. Er beginnt, sich seiner eigenen Wünsche bewusst zu werden und die entsprechenden Mittel zu seiner Erfüllung auszuwählen. Die eigenen Wünsche werden den Kindern durch die Wechselwirkung mit den Erwachsenen vermittelt, und die zielgerichteten Handlungen tragen zur Ausbildung des kindlichen Bewusstwerdens erheblich bei.

> *„Das Kind baut im zweiten Lebensjahr ein elementares Bild in dem Sinne auf, dass es eigene Eigenschaften wahrzunehmen lernt, was nicht zu verwechseln ist mit dem Selbstbewusst-Werden als reflexivem Prozess. Dabei sind die Erwachsenen für das Kind die Hauptquellen der Information über sich selber wie über andere"(Auernheimer, 1988, S. 62-63).*

Schon im dritten Lebensjahr gewinnt das Kind ein Bewusstsein seiner selbst und lernt sich mit den Augen der anderen zu sehen. Die Handlungen des Kindes sind durchdachte Handlungen und das Kind versteht sich als Autor seiner Handlungen. Somit ist der entscheidende Schritt zur Bildung von Motiven getan. Kurz danach treten auch die ersten Motivkonflikte auf. Diese Entwicklung heißt bei Leontjew die „erste Geburt der Persönlichkeit".

Zusammenfassend formuliert Auernheimer seinen Ansatz folgendermaßen:

> *„Bedürfnisse sind gesellschaftlicher Natur; denn als Motive können sie Tätigkeiten immer nur steuern im Horizont konkreter gesellschaftlicher Verhältnisse, im Horizont einer bestimmten Lebenspraxis. Unsere Wahrnehmung wird durch gesellschaftliche Bedeutungen konkretisiert. Selbst unsere Emotionen als eine Form der Widerspiegelung, in der wir Realität bewerten, sind deshalb gesellschaftlich, kulturell vermittelt. Bereits in der frühen Kindheit teilen sich dem Kind über die gemeinsame Tätigkeit und durch die Kommunikation mit den Bezugspersonen gleichsam „szenisch" kulturelle Wertungen mit. Die Sprache, mit der das Kind später seine Erfahrungen kodiert, transportiert zusätzliche gesellschaftliche Wahrnehmungs-, Denkweisen und Wertungen" (Auernheimer, 1988, S. 74).*

Nach Erikson ist die persönliche Ideologie einer Person im dritten Lebensbereich das Ergebnis einer Identitätsentwicklung. Junge Erwachsene gelangen nach einer gründlichen Prüfung der politischen und religiösen Werte, Orientierungen und Einstellungen ihrer Welt, in der sie aufwachsen, sich begegnen und eingebettet sind, zu eigenen Standpunkten und Identitätsentscheidungen. Sie kommen zu einer Festlegung darüber, *„welche davon sie für ihr künftiges Erwachsenenleben als handlungsleitend betrachten wollen"* (Keupp u. a., 1999, S. 170).

Keupp u. a. definieren in ihrer Studie soziale Netzwerke nicht nur als Interaktionsgemeinschaften, sondern auch als Orte, in denen sich soziale Differenzen, politische, kulturelle Orientierungen, Einstellungen und Werte abbilden. Auch konkrete Verhandlungen werden in diesen Beziehungen durchgeführt. Aus diesem Grund bezeichnen Keupp u. a. diese als *„soziale Relevanzstruktur"* (Vgl. ebd.).

Keupp u. a. attestieren den hiesigen Gesellschaften das Abhandenkommen bzw. das Fehlen von Institutionen, Utopien und religiösen Glaubensgrundsätzen,

> *„die eine glaubwürdige Orientierung und eine allgemein akzeptierte Weltdeutung vermitteln könnten. Die »Sehnsucht nach Sinn« ist damit freilich nicht verloren gegangen. Deutungsangebote, Werte und übergreifende Orientierungen scheint es heute allerdings nur noch auf der Ebene kultureller Einbindungen zu geben, die weniger gut abgrenzbar, weniger institutionalisiert und weniger eindeutig sind. Solche kulturellen Orientierungen machen sich oftmals an »kulturellen Identitäten« fest". (Keupp, ebd., S. 171)*

Die Diskussion um kulturelle Identität hat in diesem Kontext, meist bezogen auf benachteiligte Gruppen, an Bedeutung gewonnen. Unter diesen Gruppen werden sexuelle, ethnische und kulturelle Minderheiten aufgezählt. Die Gruppierungen würden die negativ zugeschriebenen, diskriminierenden Identitäten aufgreifen und im Rahmen ihrer Emanzipationsprozesse als Ausgangsbasis positiver Identifikation nutzen.

3. Der Begriff „Kultur“

Hier sehe ich eine Begriffsdefinition deshalb als notwendig, weil viele Wissenschaftler, die sich mit der Migrationsforschung befasst haben, den Begriff „Kultur“ sehr abstrakt und statisch definieren. Von einer derartigen abstrakten Begriffsdefinition leiten sie auch die „Kulturschock“-These ab.

> *„Die »Kultur« einer Gruppe umfasst die besondere und distinkte Lebensweise dieser Gemeinschaft oder Klasse, die Bedeutungen, Werte und Ideen, wie sie in den Institutionen, in den gesellschaftlichen Beziehungen, in den Glaubenssystemen, in den Sitten und Gebräuchen, im Gebrauch der Objekte und im materiellen Leben verkörpert sind. Kultur ist die besondere Gestalt, in der dieses Material und diese gesellschaftliche Organisation des Lebens Ausdruck findet. Eine Kultur enthält die »Landkarten der Bedeutung«, welche die Dinge für ihre Mitglieder verstehbar machen. Diese »Landkarten der Bedeutung« trägt man nicht einfach im Kopf mit sich herum: Sie sind in den Formen der gesellschaftlichen Organisationen und Beziehungen objektiviert, durch die das Individuum zu einem „gesellschaftlichen Individuum“ wird. Kultur ist die Art, wie die sozialen Beziehungen einer Gruppe strukturiert und geformt sind; aber sie ist auch die Art, wie diese Formen erfahren, verstanden und interpretiert werden [...]*
>
> *Das »Gesetz der Gesellschaft« und das »Gesetz der Kultur« [...] sind ein und dasselbe. Diese Strukturen – der sozialen Beziehungen und der Sinnbedeutungen – formen die in der Zeit ablaufende kollektive Existenz von Gruppen. Aber sie begrenzen, sie modifizieren auch die Art, wie die Gruppe lebt und ihre gesellschaftliche Existenz reproduziert. Männer und Frauen werden daher durch Gesellschaft, Kultur und Geschichte geformt und formen sich selbst. So bilden die bestehenden kulturellen Muster eine Art historisches Reservoir – ein vorab konstituiertes »Feld der Möglichkeiten« –, das die Gruppen aufgreifen, transformieren und weiterentwickeln. Jede Gruppe macht irgendetwas aus ihren Ausgangsbedingungen, und durch dieses „Machen“, durch diese Praxis wird Kultur reproduziert und vermittelt. Aber diese Praxis findet*

nur in dem gegebenen Feld der Möglichkeiten und Zwänge statt" (Clarke, 1979, S. 41-42).

In diesem, von Clarke u. a. entworfenen Kulturkonzept, erscheint die Kultur also als ein unabgeschlossenes, prozesshaftes und als ein in Bewegung befindliches System. Sie ist sowohl klassen- bzw. gruppenspezifisch als auch nationalspezifisch und zwar beides gleichzeitig. Diese Prozesshaftigkeit der Kultur bedeutet auf keinen Fall, dass Kulturen in ihrer Entwicklung nur Fortschritte erzielen. Dies fasst Haug folgendermaßen zusammen:

> *„In der kulturellen Entwicklung der menschlichen Gesellschaft hat es nicht nur Fortschritte, sondern auch Rückschritte gegeben. Die Menschen produzieren ständig Gutes und Böses, sodass Humanität stets durch Inhumanität begleitet erscheint. Von diesem Standpunkt aus kann gesagt werden, dass Kultur „nicht nur das Brot, sondern auch die Ausbeutung, nicht nur die Lebensweisen, sondern auch die Tötungsweisen, nicht nur die Vermenschlichung der Natur, sondern auch die Zerstörung der Natur umfasst" (Kula, 1986, S. 14).*

Hier kann behauptet werden, dass die Funktionen von Kultur Sinnkonstitutionen und Identitätsbildung, sowohl für die Gruppe als auch für den Einzelnen sind. Deshalb darf Kultur nur als ein prozesshaftes und nicht als ein für alle Gruppen der Gesellschaft das Leben verbindlich regelndes System verstanden werden. Als Schlussfolgerung kann daraus gezogen werden, dass die Identitätsbildung als ein lebenslanger Prozess aufzufassen ist.

> *„Unterschiedliche soziale Gruppen bzw. Individuen setzen sich miteinander auseinander, definieren sich selbst und andere immer wieder neu, erarbeiten sich auf diese Weise ihre „Identität", indem sie ihre „Landkarten der Bedeutung" und das mitgebrachte kulturelle Material den aktuellen Lebensbedingungen entsprechend transformieren" (Kalpaka, 1986, S. 24).*

Unter diesem Aspekt ist die Auffassung, die Migrantenkinder müssen ihre „kulturelle Identität bewahren", als auch die Erwartung, dass man seine mitgebrachte Identität ganz aufgeben kann, falsch.

Keupp u. a. weisen auf die Gefahr hin, dass der Begriff der „kulturellen Identität" konzeptionalisiert wird als ein Verständnis von Identität, dass keine Abweichung von dieser kulturellen Norm erlaubt. Genau dieses Verständnis von der kulturellen Identität wird u. a. von Keupp kritisiert, da sie zur Grundlage von Identität erklärt wird.

> *„Unter den Bedingungen einer pluralisierten Gesellschaft ist es genau das »Nicht-Identische«, was heutzutage Identität ausmacht: die spezifische Erfahrung, die einen von vielen/allen anderen unterscheidet, aber auch mit einigen wenigen anderen verbindet" (Keupp u. a., 1999, S. 172).*

Diese Art von Annäherungen an die kulturelle Identität birgt zum einen die Gefahr in sich, die Identität an der Gruppenzugehörigkeit festzumachen. Die kulturellen Erfahrungen werden dabei als eine Einheit beschrieben, ohne die Besonderheiten der Menschen, ihre regionalen und historischen Unterschiede zu betrachten. Zum anderen hilft das Konstrukt kultureller Identität, die sozialen Differenzen zu verschleiern, die sehr stark auf ökonomischer Benachteiligung beruhen.

> *„Kulturelle Diskriminierung hat in der kapitalistischen Gesellschaft zumeist eine handfeste ökonomische Grundlage und äußert sich dementsprechend. Die Besetzung von Stellen, das Einkommen, der Besitz – also im Wesentlichen materielle Ressourcen – differenzieren Gruppen in unserer Gesellschaft stärker als die von ihnen ausgeübten kulturellen Praktiken, die häufig als Vorwand für eine Ungleichbehandlung benutzt werden. Erst wenn es eine Gleichbehandlung auf der Ebene der ökonomischen »Hard«ware gibt, könnte man realistisch diskutieren, welche Differenzen darüber hinaus in der »Soft«ware vorhanden sind. Das setzt allerdings voraus, dass man die vielfältige Verflochtenheit von Machtmechanismen im Rahmen einer »Dominanzkultur« durchbricht" (Keupp u. a., 1999, S. 172-173).*

3.1. Theoretische Zugänge über die Identität

3.1.1. Ein Überblick über migrationsbezogene Identitätstheorien in der Literatur

Zunächst gehe ich hier kurz auf verschiedene Ansätze in der Literatur ein, die sich mit dem Thema Migration, Identität, Integration und Assimilation beschäftigen.

Ein Ansatz bezieht sich vor allem auf die zweite Generation hier lebender Migranten und basiert auf den sozialisationstheoretischen Überlegungen von Claessens. In ihrem Entwurf gehen Schrader u. a. davon aus, dass die Identitätsprobleme aus Kulturkonflikten resultieren. Schrader unterscheidet drei Typen der Schulkinder von Migranten und formuliert anhand dieser Unterteilung Integrationsschicksale, die die Integration bzw. Assimilation dieser Kinder entscheidend prägen.

- Schulkinder, die im Heimatland unter dem Einfluss heimatlicher Kultur sozialisiert wurden, besitzen eine monokulturelle Basispersönlichkeit. In der Fachliteratur in Deutschland werden sie als Seiteneinsteiger bezeichnet. (Die Altersgruppe dieser Kinder ist zwischen 6 und 16 Jahre). Sie können nicht assimiliert werden und behalten ihre Identität als Ausländer bei.
- Kinder, die im Vorschulalter eingereist sind, haben je nach Beeinflussung der Familie durch die deutsche Kultur eine unterschiedlich ausgeprägte Mischkultur. Ihr Alter bewegt sich zwischen 3 und 6 Jahren. Diese Kinder haben Defizite bezüglich der heimatlichen Kultur. Sie können keine eindeutige kulturelle Zugehörigkeit entwickeln. Dies führt zu Orientierungsproblemen und Identitätskonflikten. Die Assimilation dieser Kinder wird als schwierig eingeschätzt.
- Kinder, die im Alter von bis zu drei Jahren hier eingereist sind oder hier geboren wurden, wachsen in einer „Mischkultur" auf und Assimilation ist hier am leichtesten möglich (Vgl. Atabay, 2001).

> *„Diese hier mischkulturell entkultivierten und danach assimilierten Kinder werden sich größtenteils mit der fremden Kultur (oder eben nur mit ihrer Heimatkultur) identifizieren, sie sind quasi »Neu-Deutsche« und im soziologischen Sinne »Voll-Deutsche«!" (Schrader u. a., 1979 S. 71).*

Nach dem Modell von Schrader ist die „Integrations- und Assimilationsfähigkeit" der zweiten Generation als auch deren Zukunftschancen vom Einreisealter abhängig.

Dieser Ansatz wird auch im Zusammenhang mit „Kultur" bzw. der Definition dieses Begriffs verfolgt. Schrader definiert „Kultur" als etwas Statisches und spricht den Menschen die Lern- und Veränderungsfähigkeit ab. Hier spielt die These der Basispersönlickeit eine entscheidende Rolle. *„Die für allemal erworbene kulturelle Basispersönlichkeit macht gegen jeden Einfluss und gegen die vom Menschen gemachten Erfahrungen immun"* (Kalpaka, S. 28).

Das von Schrader entwickelte Modell wurde von vielen Autoren kritiklos übernommen. Hierzu möchte ich aus dem Buch von Weische-Alexa „Soziokulturelle Probleme junger Türkinnen in der BRD“ zitieren:

> *„Wenn zwei verschiedene Kulturen miteinander in Kontakt kommen, treten Spannungen auf, die sich in Verwunderung, Belächelung, Konkurrenz, Abneigung, Ärgernis etc. ausdrücken können, und die sich bei harten Gegenständen der Kulturinhalte und je nach Aggressivität der beiden Gruppen zum Konflikt ausweiten können, [...].“ (Weische-Alexa, S. 31-32).*

Nach Weber gewinnt der Begriff Identität in Bezug auf ausländische Jugendliche eine besondere Bedeutung. Denn diese stehen im Spannungsfeld zwischen zwei Kulturen und in einem Lebensalter des Umbruchs. Ebenso durchläuft das Individuum nach Erikson acht Phasen in seiner Persönlichkeitsentwicklung. Jede Phase ist durch einen psychosozialen Konflikt charakterisiert. Insbesondere im Stadium der Adoleszenz befindet sich der Jugendliche in einem Konflikt von „Identität versus Identitätsdiffusion“. In der Phase „Adoleszenz“ festigt sich also die Ich-Identität.

Wenn die psychosoziale Krise in der Adoleszenz nicht bewältigt wird, z. B. aufgrund starker Zweifel an der ethnischen oder gesellschaftlichen Identität, dann kann dies zur „Identitätsdiffusion“ führen. Hierbei können verschiedene Persönlichkeitsstörungen auftreten.

Weber verweist nun auf die Feststellung von Erikson, dass durch eine extrem widersprüchliche Identifikation sowie Entwicklungsbrüche Identitätskrisen entstehen können, die besonders schwer und unlösbar sind. Sie vergleicht die Situation von Einwandererkindern in den USA mit der Situation der Einwandererkinder in Deutschland.

> *„Was geschieht [...], wenn die vor der Einreise aufgebauten Identifizierungen mit der neuen Identifizierung in der BRD nicht zusammenzubringen sind, wenn sie sich nicht als Stationen eines zusammenhängenden, sinnvollen Lebensweges begreifen lassen?“ (Weber, 1989, S. 46).*

Sie formuliert folgende Behauptung, die mit der These von Schrader identisch ist:

„Aber nicht nur die Jugendlichen, die in ihrem Herkunftsland aufgewachsen und als Heranwachsende in die BRD übergesiedelt sind, sondern auch in der BRD geborene oder in früher Kindheit eingereiste Jugendliche unterliegen zusätzlichen Identitätsproblemen in der Adoleszenz. Diese ergeben sich aus den widersprüchlichen Erwartungen der Bezugspersonen, denn die neue Identität wird nicht im gesellschaftlichen Niemandsland gefunden, gleichsam in einem einsamen Prozess der Einschmelzung früherer Identitätskerne" (Weber, S. 47).

Diesem Ansatz zufolge kommen die Jugendlichen immer in eine Identitätskrise, weil sie „zwischen zwei Kulturen" leben.

Im Gegensatz zu den o. g. Theorien hat sich Keupp mit der „multiplen Identität" auseinandergesetzt:

„Es spricht einiges dafür, dass das Leben in »multiplen Realitäten« einen Bedeutungswandel erfahren hat. In der klassischen sozialwissenschaftlichen Literatur wurde eine solche Lebensrealität über das hohe Maß möglicher Rollenkonflikte und Rollenüberlastungen definiert, die als Risikofaktoren für psychische und körperliche Störungen angesehen wurden" (Keupp, 1988, S. 137).

Bisher war es für viele Autoren, die sich mit diesem Thema beschäftigt haben, nicht vorstellbar, dass eine Person verschiedene Rollen und die dazugehörigen Identitäten hat, ohne deshalb in ständiger Verwirrung zu leben.

Keupp weist auch darauf hin, dass in der Psychopathologie der Begriff multiple Persönlichkeit nur im Zusammenhang mit schweren Persönlichkeitsstörungen verwendet wurde. Des Weiteren geht er davon aus, dass die Lebenssituationen des modernen Menschen einen anpassungsfähigen, flexiblen und auf unterschiedliche Situationen reagierenden Menschen erzeugt hat, der diese unterschiedlichen Anforderungen an ihn gut übersteht, ohne dabei in eine Krise zu geraten (Vgl. Keupp, 1988, S. 137).

Kritiker der Kulturkonflikttheorie gehen davon aus, dass die Kultur sich durch die Auseinandersetzung mit den neuen Lebensbedingungen weiterentwickelt, weil sie weder Kultur noch Identität als statische Größen verstehen. So lehnen Bukow und Llaryora in ihrem Buch „Mitbürger aus der Fremde" die Kultur-Modernitätshypothese ab. Außerdem machen die Autoren noch auf die unterschiedlichen soziokulturellen Gruppen, Lebensweisen und Subkulturen aufmerksam, die es vor der Einwandererbewegung gab und weiterhin gibt. Deshalb glauben sie, gerade diese

Gesellschaften seien in der Lage, eine Fülle soziokultureller Differenzen im Rahmen unterschiedlicher Lebensformen zu verkraften. Bezüglich der Identität der ausländischen Jugendlichen fassen sie ihre Meinung folgendermaßen zusammen:

> *„Integration kann nur als Erwerb von Handlungsfähigkeit verstanden werden, mit deren Hilfe es dem ausländischen Jugendlichen möglich ist, eine Identität zu entwickeln, die seine gesamten Erfahrungen umfasst" (Bukow und Llaryora, 1988, S. 17).*

Bender-Szymanski und Hesse machen uns in ihrem Buch „Migrantenforschungen" darauf aufmerksam, dass sich die empirischen Befunde von vielen Wissenschaftlern auf Fehlinterpretationen stützen. Die beiden Autoren haben die empirischen Befunde analysiert und mögliche Alternativen dargestellt. Deshalb formulieren sie ihre Gedanken über Probleme und Aufgaben der Migrantenforschung folgendermaßen:

> *„Die Migrantenforschung ist im starken Ausmaß von den persönlichen Voreinstellungen der Wissenschaftler beeinflusst. Nicht nur in der einschlägigen deutschsprachigen Literatur zu diesem Thema finden sich Charakterisierungen von Migranten als deprivierte, defizitäre und pathologische Individuen, die mittels kompensatorischer Erziehung ihre kulturelle Deprivation bewältigen sollen oder als unterdrückte, ihrer Heimatkultur verhaftete und damit notwendigerweise im Einwanderungsland dysfunktional ausgestattete Personen, die von der Last ihrer traditionellen Kulturmerkmale befreit werden müssen. Gerade in diesem Forschungsbereich muss der Forscher besonders bemüht sein, die Gefahr gering zu halten, dass Beobachtungen allzu schnell als Bestätigung subjektiv vorhandener Modelle gewertet werden, müssen Analysen, die den Anspruch der Wissenschaftlichkeit erheben, besonders vorsichtig und sorgfältig vorgenommen werden" (Bender-Szymanski und Hesse, 1987, S. 207).*

Gontovos hat sich in seiner Veröffentlichung „Psychologie der Migration. Über die Bewältigung von Migration in der Nationalgesellschaft" befasst.

Gontovos beschreibt:

> *„dass Migranten bzw. Migrantenjugendliche in ihrem Migrationsleben nicht bloß einen „Konflikt zwischen Kulturen" erleben, wie viele Mi-*

grationsansätze angeben, sondern dass sie Migration als eine individuelle Strategie gegen ihre Anpassungs- und Ausgrenzungsprobleme verstehen, die sie durch die Homogenisierungs- und Disziplinierungspraxis der Nationalgesellschaften erleben. Es wird davon ausgegangen, dass Migranten nicht bloß an der Unterschiedlichkeit kultureller Standards beider Länder leiden, sondern grundsätzlich mit einer Anpassungspraxis der jeweiligen Nationalgesellschaft konfrontiert werden, bei der sie die Aufforderung erhalten, nach vorgegebenen Verhaltensmustern zu handeln, während sie zugleich an der Erfüllung solcher Vorgaben gehindert werden. Die Konfrontation mit anderen Standards kann erst dann für die Migranten ein Problem darstellen, wenn diese Standards ihnen eine Anpassung abverlangen" (Gontovos, 2000, S. 5).

Gontovos hebt einen besonders wichtigen Aspekt von Migrantenjugendlichen hervor:

„Welchen gesellschaftlichen Gegendruck erleben Migranten und Migrantenjugendliche, wenn sie sich den Zwängen der jeweiligen Gesellschaft entziehen und in ihrer Weise „nationalübergreifend" zu leben versuchen" (Gontovos, 2000, S. 5).

Die Lebenssituation von Migrantenjugendlichen ist eine spezielle Konstellation. Seit ihrer Kindheit haben diese einen Bezug zu mindestens zwei Kulturen. Diese Kulturen aber sind in sich in ihrer Nationalgesellschaft geschlossen und stellen jeweils unterschiedliche Anforderungen an die Migrantenjugendlichen. Die Leitkulturdiskussion in Deutschland macht sehr deutlich, mit welchen Anforderungen Migrantenjugendliche konfrontiert werden. Aber auch die Herkunftsländer unterscheiden sich vom Migrationsland in dieser Hinsicht überhaupt nicht. Beide Kulturen bieten in ihrer nationalistischen Grenzziehung Migrantenjugendlichen keinen Raum und Platz für ihre vielfältigen Erfahrungen und den Umgang damit.

„Diese unsichere Situation bietet ihnen aber zugleich die Möglichkeit, ein anderes Verhältnis zur Nationalgesellschaft zu entwickeln als Einheimische und als ihre Eltern, und dabei „nationale Zugehörigkeit" nicht als einen endgültigen Zustand, sondern als ein relatives Verhältnis zur Nationalgesellschaft zu verstehen, das sie in ihren verschiedenen Lebenssituationen nach ihren subjektiven Lebensinteressen unterschiedlich auffassen können" (Gontovos, 2000, S. 5-6).

Gontovos deutet darauf hin, dass in diesen Ansätzen zum einen die Art und Weise des Umgangs mit dem Thema die Widerspiegelung der Dominanzgesellschaft ist, zum anderen die „Kulturalisierung“ d. h. die Gleichsetzung der Migranten mit ihrer „Kultur“ zeigt. Diese Art der Herangehensweise führt dazu, dass

> *„nicht die Migranten als handelnde Subjekte, die in ihrem Verhältnis zur Herkunfts- und zur Migrationsgesellschaft mit realen, situationsspezifischen Problemen konfrontiert werden, in diesen Ansätzen im Vordergrund stehen, sondern die Differenzen der »Kulturen« und die im Spannungsfeld ihrer Begegnung entstehenden »Kulturkonflikte«. »Kultur« enthält in dieser Betrachtungsweise sowohl für den Wissenschaftler, der sie untersucht, als auch für die Migranten, die untersucht werden, eine festgelegte, von ihrem eigenen Leben unabhängige Bedeutung. Dabei rücken das Verhältnis der Migranten zur jeweiligen »Kultur« bzw. Nationalgesellschaft und die subjektive Bedeutung der »Kultur« bei der Realisierung von individuellen Lebensmöglichkeiten in den Hintergrund“ (Gontovos, 2000, S. 7).*

Der Autor setzt sich u. a. auch mit den Ansätzen des „interkulturellen Lernens“ kritisch auseinander. Dazu schreibt er:

> *„Dabei wird besonders viel Wert auf die Akzeptanz der »Kultur« der Migranten gelegt. Es wird aber weiterhin an der Unvereinbarkeit der »Kulturen« als Ursache ihrer Probleme festgehalten, wobei die Bedingungen, unter denen Migranten der »Kultur« des Aufnahmelandes begegnen, sowie ihre subjektiven Absichten hier in den Hintergrund treten“ (S. 20).*

Hier stellt der Autor Folgendes fest:

> *„Migranten stellen das selbstverständliche Weltbild der jeweiligen Mehrheitsgesellschaft sowie das Ritual von Anpassungsprozessen infrage und formulieren neue Lebensansprüche. Diese Bereicherungsmöglichkeit wird aber sowohl in der Schule durch die Lehrer als auch in der Mehrheitsgesellschaft abgewehrt, damit das eigene Weltbild nicht infrage gestellt wird. Stattdessen machen die Migrantenkinder repressive Erfahrungen und werden in der Schule sowohl im Emigrationsland*

als auch im Herkunftsland als »Defizit-Schüler« behandelt, indem sie in beiden Fällen Förderunterricht bekommen" (Gontovos, 2000, S. 29).

In seinen Schlussbemerkungen beschreibt Gontovos, wie eine gemeinsame Lösung aussehen kann:

„Durch ihre doppelte gesellschaftliche Zugehörigkeit stellen Migranten eine blinde nationale Loyalität infrage und eröffnen die Perspektive der Überwindung von nationalen Grenzen und der Erweiterung individueller Entwicklungsmöglichkeiten. Ihre Inanspruchnahme von Lebensmöglichkeiten aus beiden Gesellschaften richtet sich gegen die gängige Homogenisierungs- und Assimilierungspraxis des Nationalstaates und dessen gesellschaftlichen Anpassungsdruck. Ihr Anspruch: »Öffnung und Demokratisierung der Nationalgesellschaft« wird aber durch den Rückgriff auf die jeweils eine Nationalität zum Zweck einer unmittelbaren Gruppenabsicherung geschwächt und in seiner Realisierung verhindert. Eine Öffnung der jeweiligen Nationalgesellschaft setzt auf jeden Fall ein kritisches Verhältnis zur jeweiligen »nationalen Gruppe« und das gemeinsame Engagement von Migranten und Einheimischen zur Überwindung von nationalen Grenzlinien voraus. Nur eine gemeinsame Anstrengung von Migranten und Einheimischen kann eine gegenseitige Grenzziehung überwinden und eine national offene Gesellschaft realisieren, in der Migranten ein gleichberechtigtes Leben führen können und alle Betroffenen die Chance haben, über die herrschenden Standards zu reflektieren sowie ihre Lebensbedingungen nach ihren Interessen zu gestalten" (Gontovos, 2000, S. 183).

Badawia (2002) beschreibt in seiner Studie mit dem Titel „Der Dritte Stuhl" die bikulturelle Identität von Migrantenjugendlichen sehr beeindruckend anhand von Interviews. Der Fokus in seiner Studie richtet sich auf „den kreativen Umgang bildungserfolgsreicher Immigrantenjugendlicher mit der kulturellen Differenz". Dementsprechend beschreibt er, wie diese Jugendlichen ihre bikulturelle Identitätstransformation „als prozessual kontinuierliche Leistung im Sinne zunehmender Differenzierung, motivierender Selbstaktualisierung und reflexiver Selbstvergewisserung zur Bildung von Selbstreferenz auf der Basis von zwei Kulturen" für sich herausarbeiten.

Badawia schreibt schlussfolgernd:

„Diese junge Generation hebt bei jeder Gelegenheit, die sie bekommt, die Menschlichkeit, die Bereicherung von Individuen und Gesellschaften und die gegenseitige Anerkennung als die zentralen Eigenschaften im Umgang mit kultureller Vielfalt und Diversität hervor, um ihr Selbstverständnis zu präsentieren. Sie hat dabei sicherlich nichts Unbekanntes erfunden, aber sie verkörpert vor den Augen der Eltern und der Gesellschaft den gleichzeitigen Wandel zweier Kulturwelten und stellt sie vor die Herausforderung, sie als ihre gemeinsame Zukunft anzuerkennen" (Badawia, 2002, S. 357).

4. Modelle der Identitätsentwicklung

4.1. Erik H. Erikson

Erikson stellt die Identitätsentwicklung als eine psychosoziale Entwicklung dar, in der das Individuum in einer ständigen Wechselwirkung mit sich und mit der Gesellschaft steht. Er geht auch von verschiedenen Entwicklungsphasen eines Menschen aus. Diese Phasen werden im sogenannten Diagramm C von Erikson dargestellt: (Quelle Erikson, 1966, S. 150-151).

	1	2	3	4	5	6	7	8
I Säuglingsalter	Urvertrauen vs. Misstrauen				Unipolarität vs. vorzeitige Selbstdifferenzierung			
II Kleinkindalter		Autonomie vs. Scham und Zweifel			Bipolarität vs. Autismus			
III Spielalter			Initiative vs. Schuldgefühl		Spielidentifikation vs. (ödipale) Fantasie-Identitäten			
IV Schulalter				**Werksinn vs. Minderwertigkeitsgefühl**	Arbeitsidentifikation vs. Identitätssperre			
V Adoleszenz	Zeitperspektive vs. Zeitdiffusion	Selbstgewissheit vs. peinliche Identitätsbewusstheit	Experimentieren mit Rollen vs. negative Identitätswahl	Zutrauen zur eigenen Leistung vs. Arbeitslähmung	Identität vs. Identitäts-Diffusion	Sexuelle Identität vs. bisexuelle Diffusion	Führungspolarisierung vs. Autoritätsdiffusion	Ideologische Polarisierung vs. Diffusion der Ideale

VI Frühes Erwachsenenalter					Solidarität vs. soziale Isolierung	Intimität vs. Isolierung		
VII Erwachsenenalter							Generativität vs. Selbst-Absorption	
VIII Reifes Erwachsenenalter								Integrität vs. Lebensekel

Die Adoleszenz ist nach Erikson eine der Hauptkrisen, denn der Jungendliche müsse in dieser Lebensphase eine eigene Position finden und herausbilden. Erst dadurch würde der junge Mensch zu einer Ich-Identität gelangen. Die Ich-Identität wird nach Erikson durch die Auseinandersetzung mit gesellschaftlichen Erwartungen und den eigenen Fähigkeiten erreicht. Erfährt die Fähigkeiten des Heranwachsenden durch die Gesellschaft Akzeptanz und Anerkennung, so kann das Individuum sich als anerkanntes Mitglied der Gesellschaft fühlen. Somit wäre die psychosoziale Krise überwunden. Eine irreversible Identität entsteht durch die beidseitige Anerkennung, die das Individuum in seinem weiteren Leben handlungsfähig macht (Erikson, 1973, 1975, 1988).

Psychosoziale Krisen	**Relevante Bezugspersonen**	**Psychosoziale Funktionsweisen**	**Elemente der Sozialordnung**
Vertrauen vs. Misstrauen	Mutter	empfangen, geben	Ernährung und Pflege des Kindes
Autonomie vs. Scham, Zweifel	Eltern	behalten, hergeben	Einübung von Gehorsam
Initiative vs. Schuldgefühl	Familie	Tun, „tun als ob“ (spielen)	Eltern und Idole als Vorbilder
Werksinn vs. Minderwertigkeitsgefühl	Nachbarschaft, Schule	etwas machen, konstruieren	Dinge und Personen in der Umwelt
Identitätsfindung vs. Identitätsdiffusion	Gleichaltrige, Idole	Wer bin ich?	Meinungen, Einstellungen, Ideen, Ideologien
Intimität und Solidarität vs. Isolierung	Freunde, Sexualpartner, Rivalen	sich in anderen finden	Kooperation und Wettstreit
Zeugungsfähigkeit vs. Selbstabkapselung	Arbeitsplatz, Haushalt	schaffen, versorgen	Erziehung und Tradition
Integrität vs. Verzweiflung	gesamte Menschheit	eigene Entwicklung und Vergänglichkeit akzeptieren	Weisheit

(Quelle: Erikson,1966, S. 62-213).

In der Jugendphase muss der Mensch nach **Erikson** seine soziale Rolle festigen. In den meisten Kulturen wird die Jugend- bzw. Pubertätsphase als eine Zeit des Rollen-Experimentierens, ein „psychosoziales Moratorium“, gesehen. Die Notwendigkeit dieser Phase wird damit argumentiert, dass die jungen Menschen in dieser Zeit ihren Platz in der Gesellschaft finden (Vgl. Erikson, 1988).

Erst in der späten Adoleszenz findet nach Erikson die Verfestigung (consolidation) der Identität statt. Hier endet das Kindsein, und das Erwachsenensein beginnt. In dieser Phase ist die Synthese der Fähigkeiten, Überzeugungen und Identifikationen der Kindheit in ein einheitliches, kohärentes Ganzes abgeschlossen. Das Gefühl des einheitlichen, abgeschlossenen und kohärenten Ganzseins versorgt den jungen Erwachsenen mit einem Sinn für **Kontinuität**, die Vergangenheit und die Zukunft zu integrieren. Nach Erikson sind vor allem zwei Bereiche für die Identitätsbildung in der Adoleszenz entscheidend: „occupation“ und „ideology“ (Vgl. Erikson, 1988, 1975).

4.2. James E. Marcia

Marcia erweitert das Modell der Identitätsfindung von Erikson bzw. dessen psychosoziale Phasen der Ichentwicklung und ergänzt es, bzw. differenziert es aus. Marcia macht das Konzept der Identität durch das Indentity-Status-Interview empirisch überprüfbar. Er behandelt das Konzept der Identität in **vier Stadien**, die er als Identitätsstatus bezeichnet.

Die vier Identitätsstadien bzw. Zustände nach Marcia sind:

- **die übernommene Identität:** Diese Form des Identitätszustands beschreibt, dass die Person eine klare innere Verpflichtung in politischer oder beruflicher Hinsicht eingeht. Die Orientierungen sind in der Regel an die Vorstellung der Eltern verknüpft. In diesem Zustand würde die Person keine echte Krise durchleben.
- **die diffuse Identität:** Hier erlebt der Mensch keinerlei innere Verpflichtung, er ist entscheidungsunfähig, desorientiert und zeigt keinerlei Interessen. In diesem Zustand kann es zu Krisen kommen, aber nicht zwangsläufig.
- **das Moratorium:** Menschen in diesem Zustand befinden sich in einer Suchphase. Sie haben die Möglichkeit, aus verschiedenen Alternativen eine Auswahl zu treffen. Dies kann zu einer inneren Verpflichtung führen. Das

Moratorium ist mit einer Krise verbunden, da es den Menschen bewusst ist, dass sie sich irgendwann entscheiden müssen.

- **die erarbeitete Identität:** Die Krise ist bereits durchlebt, überwunden und hat diesen Identitätszustand erreicht. Der elterliche Einfluss oder der Einfluss durch andere Bezugspersonen wird in dieser Phase kritisch geprüft. Die Auseinandersetzungen haben in der Regel dazu geführt, dass Menschen zu eigenen Standpunkten gelangt sind, denen sie sich verpflichtet fühlen (Vgl. Haußer, 1995, Keupp u. a., 1999, Kraus, 2003, Fend, 2003, Oerter, 2006).

Kraus stellt fünf Typen der Identitätsdiffusion nach Marcia fest. Demnach sind zu nennen: Selbstfragmentierung, gestörte Diffusion, sorglose Diffusion, kulturell-adaptive Diffusion und Entwicklungsdiffusion (Kraus, 2003).

Marcia betrachtet die Identität unter drei Aspekten: strukturell, phänomenologisch und verhaltensbestimmt.

- Unter dem **strukturellen** Aspekt beschreibt er den Aufbau der Identität nach Eriksons Acht-Stufen-Modell,
- unter dem **phänomenologischen** Aspekt bezieht er sich auf die Art und Weise, wie die Person zu ihrer Identität gekommen ist
- und unter dem **verhaltensbestimmten** Aspekt untersucht er die beobachtbaren Komponenten des Prozesses der Identitätsbildung, und wie sich Identität letztlich im Verhalten zeigt.

Marcia benennt drei zentrale Dimensionen des Identitätsstatus:

- **die Krise**: das Ausmaß an Unsicherheit, Beunruhigung und Rebellion in einem Bereich
- **die Verpflichtung**: der Umfang von Engagement und Bindung in einem Bereich
- **die Exploration**: das Ausmaß an Erkundung eines Lebensbereichs mit dem Ziel einer besseren Orientierung und Entscheidungsfindung – entscheidende Strategie zur Bewältigung von Identitätsproblemen (Vgl. Haußer, 1995, Keupp u. a., 1999, Kraus, 2003, Fend, 2003, Oerter, 2006).

Marcia unterscheidet auch mehrere mögliche **Verläufe** im Ringen um die Identität:

- progressive Verläufe: erreichen über das Moratorium die erarbeitete Identität
- regressive Verläufe: enden bei einer diffusen Identität
- stagnierende Verläufe: verweilen bei der übernommenen oder diffusen Identität

Marcia versteht unter Entwicklungsdiffusion (developmental diffusion), dass die Person sich in der Entwicklung befindet. Des Weiteren geht er davon aus, dass für eine erarbeitete Identität die Bedingungen gegeben sind. Ausgesetzt, wenn auch nur zeitweilig, ist der Zustand der verbindlichen Festlegung. Hier bestehe dadurch also die Chance, die Alternativen bedenken und explorieren zu können. Man kann schlussfolgern, dass die Entwicklungsdiffusion am ehesten der ursprünglichen Identitätsdiffusion entspricht und somit eine Übergangsform zum Moratorium oder zur erarbeiteten Identität darstellt.

- Unter sorgenfreier Diffusion (carefree diffusion) beschreibt Marcia, dass die Personen unauffällig, angepasst und kontaktfreudig erscheinen. Die Kontakte dieser Personen sind meist oberflächlich und von kurzer Dauer. Diese Menschen würden keine verbindlich existierenden Werte entwickelt haben und sind nicht fähig, berufliche oder ideologische Verpflichtungen einzugehen (Vgl. Haußer, 1995, Keupp u. a., 1999, Kraus, 2003, Fend, 2003, Oerter, 2006).

Mit Störungsdiffusion (disturbed diffusion) beschreibt Marcia den Zustand bei Menschen, die ein Trauma oder eine unbewältigte kritische Lebenssituation durchlebt haben. Dies führe bei den betroffenen Menschen zu einem Mangel an inneren und äußeren Ressourcen und sie wissen nicht, wie sie mit dieser Lebenssituation fertig werden sollen. Dadurch würden diese Personen häufig isoliert leben und u. a. mit unrealistischen Größenfantasien durch das Leben ziehen.

Die kulturell adaptive Diffusion (adaptive diffusion) beschreibt Marcia so: Für die sich rasant verändernde Gesellschaft der Zukunft wird die kulturell adaptive Diffusion zunehmend Bedeutung erlangen und evtl. zu einer regulären Form der Identität werden. Die kulturell adaptive Diffusion bildet sich, wenn Unverbindlichkeit, Offenheit und Flexibilität gefordert werden. In so einer Gesellschaft erscheint es den Menschen als sinnvoll, sich beruflich und privat nicht festzulegen, um den kulturellen Anforderungen besser gerecht werden zu können. Mit klaren Wertvorstellungen und gefestigten Lebenszielen können diese Menschen sich an rasch wechselnde Bedingungen nicht so schnell anpassen. Die adaptive Diffusion wird von den sich ständig verändernden Gesellschaftsformen gefördert, wobei „Normalität" als Identitätsziel angestrebt wird.

Marcia unterscheidet zwischen Identitätsbildung und Identitätskonstruktion. Für ihn kommt die Identitätskonstruktion aufgrund einer individuellen Entscheidung zustande. Bei der Identitätskonstruktion geht es darum, dass ein Mensch sich damit auseinandersetzen muss, wer er sein will, welchem Glauben er angehören möchte, welcher Gruppe er sich anschließen möchte und welchen Beruf er ausüben möchte. Marcia geht u. a. auch davon aus, dass die meisten Menschen zunächst eine Identität haben. Diese würde sich im Sinne von Identitätsbildung aus Äußerlichkeiten zusammensetzen. Nach Marcia würden nur wenige eine selbst konstruierte Identität haben. Diese erfordere eine bewusste Auseinandersetzung mit all den Inhalten, die dazugehören. Die Identitätskonstruktion basiere nach Marcia auf einem Prozess von individuellen Entscheidungen (Vgl. Haußer, 1995, Keupp u. a., 1999, Kraus, 2003, Fend, 2003).

Laut Marcia bedeutet die Erfahrung, eine Identität zu haben, dass eine Person einen Mittelpunkt, ein Zentrum in sich hat. Dies könne auf Erfahrungen und Handlungen bezogen werden. Mit anderen Worten gesagt: Eine Person kann ihre Vergangenheit in einer bedeutungsvollen Art und Weise in die Gegenwart übertragen und in derselben Art und Weise für die Zukunft fortschreiben. Menschen, die ihre Identität selbst konstruiert haben, haben einen Sinn dafür, dass sie an diesem Prozess teilgenommen haben. Sie würden nicht nur wissen, wer sie sind, sondern sie würden auch wissen, wie sie es geworden sind. In diesem Prozess werden diese Menschen für sich nützliche Fähigkeiten entwickeln, auf die sie immer wieder zurückgreifen können. Im Gegensatz dazu spricht Marcia von denjenigen, die einen übernommenen (Identitäts-)Mittelpunkt haben. Sie erleben ihre Zukunft dagegen eher als Erfüllung von vorhandenen Erwartungen (Vgl. Haußer, 1995, S. 79-84, Kraus, 2003).

4.3. Das Bourdieusche Kapitalkonzept der Identität

Das Bourdieusche Konzept ist für meine Untersuchungspopulation von Migrantenkindern der dritten und vierten Generation von besonderer Bedeutung. Denn zu den Hauptarbeiten von Bourdieu gehören beispielweise „ungleiche Zugänge der verschiedenen Klassen zum Bildungssystem". Hier wird mitunter die Situation von Migrantenkindern sehr zutreffend beschrieben. Vor allem sein Beitrag zu den Kapitalformen ist in diesem Kontext zu nennen.

In Bourdieus Konzept ist der Begriff „Habitus“ von Bedeutung. Mit diesem Begriff operiert auch Elias. Elias’ Auffassung nach ist „sozialer Habitus“ die Gewohnheit im Denken, Fühlen und Handeln, die Mitglieder einer Gruppe gemeinsam haben. Bourdieu geht in seinen Ausführungen im Kontext dieses Begriffes davon aus, dass das gesamte Auftreten einer Person, vor allem sein Lebensstil, seine Sprache, seine Kleidung und sein Geschmack seinen „Habitus“ ausmacht. Nach Bourdieu kann man am Habitus einer Person ablesen, welchen gesellschaftlichen Rang oder Status diese Person besitzt. Ein gesellschaftlicher Auf- oder Abstieg einer Person mit einem, einer sozialen Schicht angemessenen Habitus sei laut Bourdieu möglich. Aber an dem Habitus ändert sich zumindest kurzfristig nicht viel.

Im weiteren Sinne beschreibt Bourdieu mit dem Begriff „Habitus“ auch, wie Menschen sich zu Dingen wie Essen, Wohnen, Sport, Kunst, Liebe und Religion verhalten. Wie ein Mensch spricht, tanzt, lacht, liest und vor allem, was er liest, was er mag, welche Freunde und Bekannte er hat, sind eng miteinander verknüpft.

> *„Der Habitus ist ein System von Grenzen. Wer beispielsweise über einen kleinbürgerlichen Habitus verfügt, der hat eben auch, wie Marx einmal sagte, Grenzen seines Hirns, die er nicht überschreiten kann. Deshalb sind für ihn bestimmte Dinge einfach undenkbar, unmöglich; es gibt Sachen, die ihn aufbringen oder schockieren. Aber innerhalb dieser seiner Grenzen ist er durchaus erfinderisch, sind seine Reaktionen keineswegs immer schon im Voraus bekannt“ (Bourdieu, 2005, S. 33).*

Nach Bourdieu umfasst „Habitus“ die objektive Kategorisierung von Angehörigen bestimmter sozialer Klassen innerhalb der gesellschaftlichen Strukturen. Die sozialen Akteure der jeweiligen sozialen Klassen erzeugen in ihrer gesellschaftlichen Praxis Verhaltensstrategien. Diese werden als kollektive Dispositionen verinnerlicht. Der Ausprägungsgrad des Habitus hängt nach Bourdieu von der Teilhabe an den gesellschaftlichen Gütern ab. Dabei spielen das ökonomische, kulturelle, soziale und symbolische Kapital eine entscheidende Rolle.

4.3.1. Das ökonomische Kapital

Unter dem ökonomischen Kapital wird die finanzielle und materielle Ausstattung eines Menschen betrachtet. Diese kann selbst oder auch vonseiten der Eltern bzw.

der Herkunftsfamilie zur Verfügung gestellt werden. Bourdieu geht von einer doppelten Annahme aus: Einerseits würde das ökonomische Kapital allen anderen Kapitalarten zugrunde liegen, andererseits kann durch die Verborgenheit des ökonomischen Kapitals eine spezifische Wirkung aufgezeigt werden (Vgl. Bourdieu, 2005).

4.3.2. Das kulturelle Kapital

Bourdieu unterteilt das kulturelle Kapital in drei Formen:

- *„in den verinnerlichten, inkorporierten Zustand, in Form von dauerhaften Dispositionen des Organismus,*
- *in den objektivierten Zustand, in Form von kulturellen Gütern, Bildern, Büchern, Lexika, Instrumenten oder Maschinen,*
- *in die institutionalisierte Form" (Bourdieu, 2005, S. 53).*

a. **inkorporiertes Kulturkapital:** Die Eigenschaften des kulturellen Kapitals setzen nach Bourdieu die Körpergebundenheit und die Verinnerlichung voraus. *„Die Akkumulation von Kultur in korporiertem Zustand – also in der Form, die man im Französischen »culture«, im Deutschen »Bildung«, im Englischen »cultivation« nennt – setzt einen Verinnerlichungsprozess voraus, der in dem Maße, wie er Unterrichts- und Lernzeit erfordert, Zeit kostet. Die Zeit muss vom Investor persönlich investiert werden [...] Das Delegationsprinzip ist hier ausgeschlossen" (Bourdieu, 2005, S. 55).*

Die Person, die am Erwerb von Bildung arbeitet, arbeitet an sich selbst. Sie bildet sich und würde mit „ihrer Person zahlen." Auf die frühkindliche, d. h. auf die primäre Erziehung in der Familie komme auch eine sehr große Bedeutung zu. Wie gut ein Kind die Erfordernisse der Schule erfüllen kann oder nicht, hängt auch von der Primärerziehung des Kindes in seiner Familie ab. Erfüllt das Kind die schulischen Erwartungen mehr als von ihm erwartet, dann spricht Bourdieu von einem positiven Wert, also von gewonnener Zeit und gewonnenem Vorsprung. Erfüllt aber ein Kind die Erwartungen der Schule nicht, dann wird von einem negativen Wert oder von doppelt verlorener Zeit gesprochen. Denn um die negativen Folgen zu korrigieren, wird das Kind nochmals Zeit benötigen.

> *„Inkorporiertes Kapital ist ein Besitztum, das zu einem festen Bestandteil einer »Person«, zum Habitus geworden ist. Aus »Haben« ist »Sein«*

geworden. Inkorporiertes und damit verinnerlichtes Kapital kann deshalb (im Unterschied zu Geld, Besitz oder sogar Adelstiteln) nicht durch Schenkung, Vererbung, Kauf oder Tausch kurzfristig weitergegeben werden. Die Inkorporierung von kulturellem Kapital kann sich – je nach Epoche, Gesellschaft und sozialer Klasse – in unterschiedlich starkem Maße, ohne ausdrücklich geplante Erziehungsmaßnahmen, also völlig unbewusst vollziehen. Verkörpertes Kulturkapital bleibt immer von den Umständen seiner ersten Aneignung geprägt. Es hinterlässt mehr oder weniger sichtbare Spuren, z. B. die typische Sprechweise einer Klasse oder einer Region. Dadurch wird auch der jeweilige Wert eines kulturellen Kapitals mitbestimmt, denn über die Aufnahmefähigkeit eines einzelnen Aktors hinaus kann es ja nicht akkumuliert werden" (Bourdieu, 2005, S. 56-57).

Bourdieu fährt weiter und meint, dass die Verbundenheit des kulturellen Kapitals mit dessen Träger auf eine vielfältige Art und Weise in ihrer biologischen Einzigartigkeit gegeben ist, da nicht alle Menschen über ausreichende ökonomische und kulturelle Mittel verfügen, um ihren Kindern die notwendige Bildung zu ermöglichen. Ohne diese Möglichkeit wird es auch dementsprechend schwierig, dass diese Kinder zu gegebenem Zeitpunkt *„für die Reproduktion der Arbeitskraft mit dem geringsten Marktwert erforderlich ist"* (Bourdieu, 2005, S. 57).

Durch diese ungleiche Verteilung von Kapital, bedingt durch die Struktur des Feldes, wird auch die Fähigkeit von Profiten, die Wirkung und Durchsetzung der Spielregeln ungleich.

Für die symbolische Wirksamkeit des kulturellen Kapitals betrachtet Bourdieu die Logik der Übertragung als Grundlage.

„Einerseits ist der Prozess der Aneignung von objektiviertem, kulturellem Kapital (also: die dafür erforderliche Zeit) bekanntlich in erster Linie von dem in der gesamten Familie verkörperten kulturellen Kapital abhängig; andererseits ist auch bekannt, dass die Akkumulation kulturellen Kapitals von frühester Kindheit an – die Voraussetzung zur schnellen und mühelosen Aneignung jeglicher Art von nützlichen Fähigkeiten – ohne Verzögerung und Zeitverlust nur in Familien stattfindet, die über ein so starkes Kulturkapital verfügen, dass die gesamte Zeit der Sozialisation zugleich eine Zeit der Akkumulation ist. Daraus folgt, dass die Übertragung von Kulturkapital zweifellos die am besten verschleierte Form erblicher Übertragung ist. Deshalb gewinnt sie in

dem System der Reproduktionsstrategien von Kapital um so mehr an Gewicht, je mehr die direkten und sichtbaren Formen der Übertragung sozial missbilligt und kontrolliert werden" (Bourdieu, 2005, S. 58).

Aus diesem Grund ist für Bourdieu das Bindeglied zwischen ökonomischem und kulturellem Kapital die erforderliche Zeit für deren Erwerb. Er meint, dass die familialen Unterschiede zum einen zu den Unterschieden beim Zeitpunkt des Beginns des Übertragungs- und Akkumulationsprozesses führen, und zum anderen zu den Unterschieden in den Fähigkeiten, die elementar wichtig bei kulturellen Anforderungen und deren lang andauernden Aneignungsprozessen sind. Nun schließlich hat derjenige die Nase vorn, dem die Herkunftsfamilie die Zeit für die Akkumulation von kulturellem Kapital ohne ökonomische Zwänge ermöglichen kann.

b. **objektiviertes Kulturkapital:** Unter objektiviertem Kulturkapital definiert und versteht Bourdieu beispielsweise den Besitz von Schriften, Gemälden, Denkmälern, Instrumenten, Maschinen usw. Das objektivierte Kulturkapital bzw. die Qualität, der Umgang und der Wert des objektivierten Kulturkapitals sind sehr eng mit inkorporiertem und verinnerlichtem Kulturkapital verbunden. Laut Bourdieu lasse das kulturelle Kapital sich materiell übertragbar machen. Genauso wie das ökonomische Kapital lassen sich manche Arten von kulturellem Kapital noch verborgener übertragen. Diese Art der Übertragung sei nur im juristischen Sinne als Eigentum zu sehen. Bourdieu hebt aber dasjenige Merkmal hervor, das die Aneignung ermöglicht, die nicht übertragbar ist. Hier ist von inkorporiertem kulturellem Kapital die Rede. Was kann ich mit einem Auto oder einem Gemälde anfangen, wenn ich den Führerschein nicht besitze oder die Wertigkeit des Gemäldes nicht schätze. Entweder gehe ich zur Fahrschule und erwerbe den Führerschein oder ich lasse mich, da ich viel Geld habe, von einem Chauffeur fahren. Wenn ich den Führerschein machen muss, dann benötige ich dazu die Zeit und das Geld. Bezüglich der Gemälde müsste ich mir Wissen aneignen, das mir dann von Nutzen ist.

> *„Die Erscheinungsform von kulturellem Kapital in objektiviertem Zustand ist die eines autonomen und kohärenten Ganzen, das – obwohl es das Produkt historischen Handels ist – seinen eigenen Gesetzen gehorcht, die dem individuellen Willen entzogen sind" (Bourdieu, 2005, S. 60-61).*

c. **institutionalisiertes Kulturkapital**: Darunter versteht Bourdieu den Bildungsstand bzw. den Besitz von schulischen und akademischen Titeln. Die Inhaber des inkorporierten Kulturkapitals und das inkorporierte Kulturkapital selbst sind laut Bourdieu den gleichen biologischen Grenzen unterworfen. Die Objektivierung von inkorporiertem Kulturkapital erfahre laut Bourdieu anhand des Erwerbes von Titeln einen Ausgleich. Formell würde es zunächst so aussehen, dass es eine Unabhängigkeit zwischen dem kulturellen Kapital und dem Träger eines schulischen Titels geben würde. Bourdieu hebt den Zusammenhang zwischen dem Geld- bzw. Marktwert und dem erworbenen Titel hervor. Deshalb geht er hier davon aus, dass sich der Wechselkurs zwischen kulturellem und ökonomischem Kapital durch die Bildungsexplosion de facto verändert hat. Durch die neueren Entwicklungen, z. B. den Abbau der Sozialstaatlichkeit (im Bildungsbereich die Zunahme der Kosten) gewinnt dies wieder an Aktualität.

4.3.3. Das soziale Kapital

Als soziales Kapital bezeichnet Bourdieu die Gesamtheit der aktuellen und potenziellen Ressourcen einer Person. Dazu gehören die Zugehörigkeit zu einer Gruppe und der Besitz eines Netzes. Diese institutionalisierten dauerhaften Beziehungen beruhen auf gegenseitigem Kennen und Anerkennen. Das Gesamtkapital in diesem Netz, das die einzelnen Gruppenmitglieder miteinander verbindet, dient zum einem der Sicherheit aller und bürgt zum anderen für die Kreditwürdigkeit der einzelnen Mitglieder. Die Aufrecherhaltung der sozialen Kapitalbeziehungen kann in der Praxis nur dann weiterexistieren, wenn sie auf einem gegenseitigen materiellen und/oder symbolischen Austausch basieren. Dazu muss jeder seinen Beitrag leisten. Der Umfang des Sozialkapitals ist von der Ausdehnung des sozialen Netzwerks abhängig, welches von der Person mobilisiert werden kann, und wird auch von dessen ökonomischem, kulturellem und symbolischem Kapital bestimmt.

Um Bourdieus Annahmen zu untermauern, nehme ich hier auf die 16. Shell-Jugendstudie „Jugend 2010“ Bezug, in der es heißt:

> *„Bei aller Vielfalt der Lebenswelten darf nicht übersehen werden, welche entscheidende Rolle die soziale Herkunft der Jugendlichen spielt. Die Herkunftsfamilie ist der Ausgangspunkt der Jugendlichen [...] und determiniert gleichzeitig in einem großen Maß deren Chancen. Ein großer Teil der Elternhäuser kann den eigenen Kindern äußerst gute*

ökonomische und soziale Rahmenbedingungen bieten. Damit verbinden sich in aller Regel sehr gute Bildungschancen für die Jugendlichen, deren soziale Kompetenzen und deren Selbstvertrauen sich in den Bildungsinstitutionen positiv entwickeln. Neben einer weiteren beachtenswerten Zahl an Eltern, denen es unter nicht ganz spannungsfreien Rahmenbedingungen gelingt, den eigenen Kindern einen guten Start zu bieten, darf nicht übersehen werden, dass ein nicht unerheblicher Anteil an Jugendlichen in Elternhäusern mit prekären Lebensumständen aufwächst" (16. Shell-Jugendstudie 2010, S. 53-54).

Hiervon sind nicht nur die Lebensumstände der Familien betroffen, die aufgrund lang anhaltender Arbeitslosigkeit materielle Einschränkungen hinnehmen müssen, es ist auch schwieriger, die gemeinsame Zeit mit den Kindern qualitativ gut zu verbringen.

Eine andere Feststellung der 16. Shellstudie lautet:

„Die Mobilität ist jedoch beinahe ausschließlich bei den mittleren Schichten zu beobachten. Betrachtet man das untere und das obere Ende der sozialen Statusgruppen, dann wird deutlich, dass es hier kaum zu einer Öffnung gekommen ist: Aufstieg von »ganz unten« und Abstieg von »ganz oben« sind eher unwahrscheinlich. Insbesondere das Risiko, in der unteren Schicht zu verbleiben, hat in den letzten Jahren zugenommen. Für diese Gruppe haben sich die Chancen auf eine höhere Bildung damit noch einmal verschlechtert" (16. Shell-Jugendstudie, 2010, S. 54).

4.4. Die Patchwork-Identität nach Heiner Keupp u. a.

Als neueres Identitätsmodell neben Marcia und anderen kann auch das von dem Sozialpsychologen Keupp und seinen Mitarbeitern entworfene Modell „das Patchwork der Identität" betrachtet werden.

Keupp u. a. schildern in dem Buch „Identitätskonstruktionen. Das Patchwork der Identitäten in der Spätmoderne (1999)", dass man an Eriksons Identitätskonzept nicht vorbeiziehen kann, denn dieser hat ein theoretisches Modell erarbeitet, das es zunächst abzuarbeiten gilt. Es lässt sich trotzdem nicht vermeiden, folgende Frage zu stellen: Kann man mit dem Modell von Erikson für die sich verändernde Gesellschaft, also die veränderten gesellschaftlichen Realitäten, Herausforderungen und

Dynamiken, eine Antwort auf die Identitätsentwicklung von Subjekten von heute geben. Keupp u. a. stellen fest, dass eine Weiterentwicklung des Modells von Erikson notwendig ist. Die gesellschaftlichen Veränderungen und die daraus entstandenen Herausforderungen an das moderne Subjekt sind in jeder Hinsicht vielschichtiger geworden. Die Diskussion um Identität, so Keupp u. a., ist nicht neu. Bereits vor Erikson haben andere, von Hegel bis Mead, die Identität als eine Konstruktion betrachtet. Keupp zitiert Bauman mit Aussagen wie der, dass Identität bereits von Geburt an ein Problem sei. Sie wurde „als Problem geboren".

> *„Identität hat deshalb von allem Anfang an Arbeitscharakter, lebt von einem Subjekt, das sich aktiv um sein Selbst- und Weltverhältnis zu kümmern hat. Es entwirft und konstruiert sich seine Selbstverortung, und es bedarf der Zustimmung der anderen zu seinen Entwürfen und Konstruktionen" (Keupp u. a., 1999, S. 27).*

Keupp und seine Mitarbeiter verfolgen in ihrem Projekt das Ziel

> *„Identitätsarbeit als aktive Passungsleistung des Subjekts unter den Bedingungen einer individualisierten Gesellschaft zu begreifen und sie in ihren wesentlichen Funktionsprinzipien zu rekonstruieren. Identität verstehen sie als das individuelle Rahmenkonzept einer Person, innerhalb dessen sie ihre Erfahrungen interpretiert und das ihr als Basis für die alltägliche Identitätsarbeit dient" (Keupp u. a., 1999, S. 60)*

Keupp u. a. gehen davon aus, dass die Identität nicht etwas ist, das man von Geburt an hat, sondern sie sehen sie als einen lebenslangen Prozess, der vom Subjekt selbst entwickelt wird. Die Identität sei ein fortschreitender Prozess der eigenen Lebensgestaltung von Subjekten, die sie in jeder der alltäglichen Handlungen neu konstruieren.

Das Subjekt macht zwangsläufig in seiner Identitätsarbeit innere wie äußere Erfahrungen, die je nach Situation unterschiedlich sein können. Diese inneren und äußeren Erfahrungen werden auch unter dem Begriff Teilidentität verstanden. Genau diese Teilidentitäten versucht das Individuum anzupassen und zu verknüpfen. Teilidentität oder die Selbsterfahrungsbereiche sind die verschiedenen Rollen, die ein Individuum in seinem Leben besetzt. Ein Mensch kann gleichzeitig Mutter, Kind, Schwester, Geschäftsfrau, Ehefrau, Sportlerin, Nachbarin usw. sein. Diese vielen Teilidentitäten und die dazu gehörenden Rollen sowie die inneren und äußeren Erfahrungen machen den Inhalt der Patchwork-Identität aus.

Der Mensch bleibt nicht der gleiche Mensch nach seiner Geburt. Eine ständige Veränderung findet fortwährend statt. Keupp u.a. zitieren diesbezüglich Platon:

> *„[...] auch jedes einzelne lebende Wesen wird, solange es lebt, als dasselbe angesehen und bezeichnet: zum Beispiel bleibt ein Mensch immer der Gleiche, von Kindesbeinen an bis ins hohe Alter. Aber obgleich er denselben Namen führt, bleibt er doch niemals in sich selbst gleich, sondern einerseits erneuert er sich immer, andererseits verliert er anderes: an Haaren, Fleisch, Knochen, Blut und seinem ganzen körperlichen Organismus. Und das gilt nicht nur vom Leibe, sondern ebenso von der Seele: Charakterzüge, Gewohnheiten, Meinungen, Begierden, Freuden und Leiden, Befürchtungen: alles das bleibt sich in jedem Einzelnen niemals gleich, sondern das eine entsteht, das andere vergeht" (1958, S. 127 f., zitiert nach Keupp u. a. 1999, S. 27).*

Die Auswirkungen der globalen und gesellschaftlichen Veränderungen ergeben mindestens fünf Diskursebenen, so Keupp u. a. Diese sind in nachfolgender Abbildung aufgeführt.

Fünf Spannungsfelder der Identitätsdiskussion nach Keupp u. a. (1999, S. 69).

Anthropologische Konstante Die Identitätsfrage ist zeitlos.	**Frage der Moderne** Die Identitätsfrage ist ein Problem der gesellschaftlichen Moderne.
Derselbe bleiben Identität bezeichnet ein So-sein, etwas Wesenhaftes.	**Sich selber finden** Identität ist bezogen auf einen Such- und Entwicklungsprozess, auf ein Sich-selbst-finden.
Gefährliche Vielfalt Identität braucht Kohärenz und Kontinuität.	**Vielfalt als Chance** Erst die Vielfalt des Selbsterlebens macht Kohärenz und Identität möglich.
Personeller Fokus Identität meint die Singularität.	**Soziale Konstruktion** Identität und Alterität sind untrennbar verbunden.
Basale Identität Identität beruht auf basalen, interpsychischen Prozessen, einem Identitätsgefühl.	**Narrative Identität** Identität ist sozial konstruiert. Das Medium der Konstruktion ist die Sprache. Die Strukturierung geschieht erzählend, narrativ.

(Quelle: Keupp u. a., 1999, S. 69).

Nach Keupp u. a. ist der Prozess der Identitätsentwicklung (wie oben in der Abbildung zu sehen) durch vier zentrale Koordinationsleistungen gekennzeichnet. Identität wird als rationale Verknüpfungsarbeit, als Konfliktaushandlung, als Ressourcenarbeit und als Narrationsarbeit bestimmt.

3.4.1. Identität als rationale Verknüpfungsarbeit

Keupp u. a. schildern den Prozess der Identitätsarbeit mit den Begrifflichkeiten wie retro- und prospektive Identitätsarbeit.

> *„Der retrospektiv-reflexive Prozess geht von den jeweiligen Selbsterfahrungen aus und bildet den eher reaktiven, Erfahrungen verarbeitenden und bewertenden Teil der Identitätsarbeit ab. Der prospektiv-reflexive Prozess stellt die jeweiligen Selbstentwürfe in den Mittelpunkt und bildet den eher aktiven und zukunftsorientierten, d. h. Erfahrung herstellenden, gestaltenden Teil der Identitätsarbeit ab" (Keupp u. a., 1999, S. 192).*

Beim retrospektiv-reflexiven Prozess würde die situationale Selbstthematisierung im Mittelpunkt stehen. Hierzu werden die Erfahrungen gezählt, die eine Person auf das eigene Selbst macht oder gemacht hat. Diese Fragen würden sich von den Fragen herleiten, „wer bin ich (aktuell)?" und „woher komme ich?". Es wird davon ausgegangen, dass jede dieser situationellen Selbstthematisierungen aus einer komplexen Wahrnehmung bzw. aus Erinnerungen unterschiedlicher Erfahrungsmodi bestehen. Aus diesem Grund werden in Anlehnung an Ottomeyer fünf zentrale Modi der Selbstwahrnehmung beschrieben. Diese lassen sich in emotionalen, körperlichen und sozialen Eindrücken sowie in einem kognitiven und produktorientierten Bild darstellen.

> *„Ein weiterer Ordnungsversuch des Subjekts besteht darin, diese vielfältigen und komplexen Selbstthematisierungen unter bestimmten Identitätsperspektiven zu bündeln. Dieser Verknüpfungsschritt alltäglicher Identitätsarbeit (Reflektionsprozess) ist stark kulturell und narrativ geprägt" (Keupp u. a. 1999, S. 193).*

Die Identitätsarbeit bleibe nicht bei der retrospektiven Selbstreflektion des Subjekts stehen. Das Subjekt mache sich Gedanken um seine Zukunft bei der Ausrichtung seines Handelns. Hierbei wird es anhand von Fragen wie: „Wer will ich sein?“ und „Wohin will ich mich entwickeln?“ begleitet. Deshalb ist es erforderlich, dass das Subjekt bei seiner alltäglichen Identitätsarbeit einen Integrationsprozess durchlaufen muss. Das Subjekt wird sich mit seinen vergangenen und aktuellen Erfahrungen auseinandersetzen und diese in seine Zukunftsorientierungen integrieren müssen.

Keupp u. a. sprechen in diesem Kontext von Identitätsentwürfen, Teilidentitäten und Identitätsprojekten.

> *„Immer, wenn das Ich sich selbst zum Gegenstand zukunftsbezogener Reflexionen macht, erwirkt es optionale Selbste [...] bzw. entwickelt es Identitätsentwürfe, konkretisiert diese zu Identitätsprojekten und setzt diese in alltägliche Lebensführung [...] um“ (Keupp u. a., 1999, S. 194).*

Unter Identitätsentwürfen werden z. B. imaginäre Vorstellungen, realitätsferne Vorstellungen, Träume, ferne Vorstellungen usw. aufgezählt. Aus diesen Identitätsentwürfen, die die Subjekte in ihren Teilidentitäten mit sich führen, würden sich konkrete Identitätsprojekte entwickeln. *„Im Unterschied zu den Identitätsentwürfen haben Identitätsprojekte quasi inneren Beschlusscharakter“* (Keupp u. a., 1999, S. 194).

Hier wird der Bezug zu Marcias Phasenmodell hergestellt.

> *„Für das Verständnis des Übergangs vom Entwurf zum Projekt, vom Projekt zur Realisierung, und für die Konzeption der Weiterentwicklung der Teilidentitäten ist es wichtig zu sehen, dass die prozessuale (Neu-) Regulation der Identität nicht einfach einen Wechsel von einen in einen anderen (neuen) Zustand darstellt“ (Keupp u. a., 1999, S. 195).*

Keupp u. a. gehen davon aus, dass die retrospektiven und prospektiven Prozesse in der alltäglichen Identitätsarbeit immer miteinander verbunden sind. Es gebe keine Erinnerung, die nicht in die Zukunft gerichtet sei und keinen Entwurf, der nicht aus dem Vergangenen gespeist würde.

3.4.2. Identität als Konfliktaushandlung

Die Suche des Individuums ist nicht nur die nach einem spannungsfreien Gleichgewicht, sondern das Individuum versucht, aus gegebenen Differenzen die daraus resultierenden Spannungen zu ertragen und immer wiederkehrende Krisen zu meistern. Es bleiben fast immer Differenzen zwischen der Selbst- und Fremdbewertung. Die differenten Aspekte in der identitätsbezogenen Selbsterfahrung bilden eine motivationale Spannung für neue Handlungen und Identitätsentwürfe. Ein anderes Konfliktpotenzial entsteht, wenn die Zukunftsperspektive miteinbezogen wird. Denn auch hier kommt es zu einer identitätstheoretischen Differenzierung. Hier kann es zu einer Umgestaltung des bisher geltenden Standards durch neue Lebensentwürfe/Projekte kommen. Keupp u. a. betonen in diesem Kontext, dass „die Identitätsarbeit von dem Spannungszustand zwischen dem, was man erreicht hat, und dem, was man noch erreichen möchte", lebt.

Die Autoren sehen die Grundspannungen als Quelle der Dynamik im Prozess der Identitätsbildung. „Passungsverhältnis" meint hier eine Dynamik einer andauernden Aushandlung der Unstimmigkeiten und nicht einen spannungsfreien Balancezustand. Aus diesem Verständnis heraus folgern die Autoren, dass die Identitätsarbeit auf die Herstellung eines konfliktorientierten Spannungszustandes zielt. Es gehe hier weder um ein Gleichgewicht und die Widerspruchsfreiheit noch um das Herstellen der Kongruenz, sondern es gehe ausschließlich um ein subjektiv definiertes Maß an Ambiguität und des Herausgefordertseins. Das jeweils gefundene Passungsverhältnis muss subjektiv stimmig sein. Wird dieses Maß erreicht, so wird von den Autoren dieses in der Folge als Gefühl der Authentizität bezeichnet.

4.4.3. Identität als Ressourcenarbeit

Keupp u. a. gehen davon aus, dass *„Identität in einem Aushandlungprozess des Subjekts mit seiner gesellschaftlichen Umwelt stattfindet"* (Keupp u. a., 1999, S. 198). Bei diesem Prozess wird den Ressourcen eines Individuums ein hohes Maß an Bedeutung beigemessen. Bei der alltäglichen Identitätsarbeit gehe es nicht um objektiv vorhandene Ressourcen, sondern um die Wahrnehmung oder Nichtwahrnehmung bzw. die Erschließung oder Nichterschließung der vorhandenen Ressourcen durch das Subjekt.

Keupp u. a. beziehen sich hier auf den Kapitalkonzepte nach Bourdieu, die bereits oben ausführlich dargestellt wurden. In diesem Kontext scheint mir der Teil wichtig, den die Autoren mit der Überschrift „**Ressourcentransfer von Kapitalien in identitätsrelevante Ressourcen**" versehen haben. Es heißt hier, dass es nicht nur wichtig ist, Ressourcen zu besitzen, sondern es komme vor allem darauf an, wie das Subjekt für sich die Übersetzungsarbeit für die wichtigen Ressourcen in seiner Identitätsentwicklung leistet.

„Hier sehen wir zwei wichtige Transformationsleistungen. In der ersten werden unter der Perspektive der Identitätsentwicklung bestimmte Kapitalien in andere Kapitalkonzepte verwandelt. In der zweiten werden »äußere Kapitalien« in identitätsrelevante innere Kapitalien/Ressourcen übersetzt“ (Keupp u. a., 1999, S. 202).

Keupp u. a. versuchen, anhand eines Schemas drei zentrale Übersetzungskategorien darzustellen.

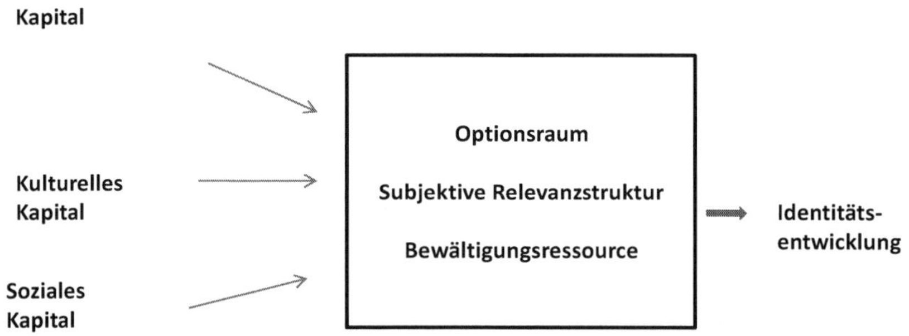

Quelle: Keupp u. a., 1999, S. 202.

Mit **Optionsraum** definieren die Autoren: *„Die in einem Netzwerk versammelten Personen bilden zugleich ein Netzwerk an möglichen Identitätsentwürfen und -projekten“* (Keupp u. a., 1999, S. 202). Hier können die Vorbilder und die biografischen Abläufe jeweils unterschiedlich eingeordnet werden. Damit ist beispielsweise gemeint, so wie diese oder jene Person möchte ich sein oder so möchte ich nicht sein.

Unter **sozialer Relevanzstruktur** wird verstanden:

„Die Entscheidung, welche identitätsrelevanten Perspektiven ich für meine Person zulasse, erfolgt stets in einem – oft impliziten – Aushandlungsprozess im sozialen Netzwerk.“ (Keupp u. a., 1999, S. 203).

Das soziale Netzwerk würde wie ein Filter für die von den Massenmedien angebotenen „Lebenspakete“ fungieren. Bei den Entscheidungen, die eine Person für sich trifft, beispielweise das Schlankheitsmodell zu seinem Identitätsprojekt zu machen, würden die für wichtig angesehenen Personen mitentscheiden. Hier kommt die soziale Anerkennung stark zur Geltung.

Die **Bewältigungsressource** bekommt die Rolle zugeschrieben, in der das soziale Netzwerk „in Orientierungskrisen als Rückhalt und emotionale Stütze" fungiert.

> *„Gerade wenn der Prozess der Identitätsbildung durch innere Spannungen oder äußere Umbrüche kritisch wird, ist es eine Frage – hier – des sozialen Kapitals, über welche Möglichkeiten des »Krisenmanagements« ein Subjekt verfügt, weil ihm in seinem Netzwerk entsprechende Unterstützung zuteil wird oder, umgekehrt, entsprechende Ressourcen (Liebe, Anerkennung, Zugehörigkeit) entzogen werden" (Keupp u. a., 1999, S. 203).*

4.4.4. Identität als Narrationsarbeit

Hier gehen Keupp u. a. davon aus, dass die Identitätsbildung im Wesentlichen mit dem Mittel der Narration gebildet werden würde. Unter Narration wird die erzählende Organisation verstanden, die die gesamten Erfahrungen des Individuums in einem Gesamtzusammenhang bringen. Hier wird insbesondere hervorgehoben, dass die Menschen ihr ganzes Leben und ihre Beziehung zur Welt als Narrationen gestalten. Bei Narration gehe es nicht nur um das Erzählen und Schreiben von Lebensläufen, „sondern um einen grundlegenden Modus der sozialen Konstruktion von Wirklichkeit" (Keupp u. a., 1999, S. 208). Dadurch werden die vergangenen Ereignisse zum einen sichtbar gemacht, und zum anderen dienen sie dazu, die Erwartung zukünftiger Ereignisse zu begründen. In sozialen Aushandlungsprozessen verändern sich die Selbstnarrationen ständig. Sie sind und werden zum sprachlichen Werkzeug eines jeden Menschen, sich zu etablieren. Keupp u. a. verstehen diese als symbolische Systeme, die für Rechtfertigung, Kritik und/oder die Produktion von innerer Stimmigkeit verwendet werden. Die Gestaltungsmöglichkeiten der Selbstnarration, so die Autoren, sind sehr vielfältig. Die Autoren beziehen sich in diesem Kontext auf die Teilidentitäten, die sich in verschiedenen Lebensbereichen wie Familie/Partnerschaft, Arbeit, Freundschaften und Freizeit entwickeln, und schlussfolgern daraus drei unterschiedliche Inhaltsbereiche der Selbstnarration.

- Stabilitätsnarration: Hier bleibt die reflexive Erzählposition des Individuums unverändert.
- Progressive Selbstnarration:
- Regressive Selbstnarration:

Bei den letztgenannten beiden Formen von Narration verändert sich das Individuum wegen der Evaluationsdimension über die Zeit. In den Untersuchungen von Keupp u. a. wird beispielsweise bestätigt, dass Jugendliche in der Regel progressive Narrationen formulieren. Die Geschehnisse der Narration sind nicht nur Narrationen eines einzelnen Individuums, so die Autoren, sondern es gehören auch die Handlungen der anderen dazu. Das würde heißen, dass narrative Konstruktionen immer handlungsstützende Rollenbesetzungen erfordern.

> *„Eine Selbstnarration kann nur dann erfolgreich aufrechterhalten und fortgeschrieben werden, wenn die handlungsstützenden Rollenträger bereit sind, die Darstellungen der Vergangenheit, der Gegenwart und der Zukunft mitzutragen" (Keupp u. a., 1999, S. 213).*

Die Bedrohung der Selbstnarration ist dann gegeben, wenn ein Teilnehmer oder ein Rollenträger sich abwendet. Denn die Konstruktion der Selbstnarration ist ein gegenseitiges voneinander Abhängen. Daraus leiten Keupp u. a. ab, dass die Stabilität unserer Selbstnarration eine öffentliche Angelegenheit ist. Das Mittel der Selbstnarration als zentrales Medium bei der Identitätsarbeit wird hier hervorgehoben.

Die Autoren sehen die Identitätsarbeit als etwas Alltägliches. Die Identität ist nicht etwas Angeborenes. Die Identitätsarbeit ist ein lebenslanger Prozess, den das Individuum im Laufe seines Lebens entwickelt und in seinen alltäglichen Handlungen neu konstruiert. Im Konzept von Keupp und seinen Mitstreitern existieren neben situationellen Selbstthematisierungen auch andere Konstruktionen. Einer dieser Begriffe, der uns bereits öfters begegnet ist, ist der Begriff der „Teilidentitäten". Teilidentitäten entstehen über die Reflektion situationeller Selbsterfahrungen und deren Integration. Identitätsgefühl ist die zweite Konstruktion, die hier benannt wird. Das Identitätsgefühl einer Person entsteht über die Verdichtung biografischer Erfahrungen und Bewertungen der eigenen Person auf der Folie der zunehmenden Generalisierung der Selbstthematisierung. Die biografischen Kernnarrationen bilden die dritte Komponente aus. Mit ihnen meinen die Autoren, dass dem Subjekt das Identitätsgefühl bewusst ist und dies zu einer narrativen Verdichtung der Darstellung der eigenen Person führt. Diese drei Komponenten führen im Ergebnis zur vierten Komponente, der „Handlungsfähigkeit" des Individuums. „Diese hat eine innere und eine äußere Komponente und markiert die Funktionalität der Identitätsarbeit für das Handeln eines Subjekts" (Keupp u. a., 1999, S. 217).

4.4.5. Identitätstheorien in der Krise?

Die Diskussionen zum Thema „Identität" sind sehr vielseitig.

> *„Das Thema Identität hat Identitätsschwierigkeiten. Die gegenwärtig inflationäre Entwicklung seiner Diskussion bringt nicht nur Ergebnisse, sondern auch Verwirrungen. Im wachsenden Maße gilt gerade bei der Identität: Alles fließt. So werden die Konturen des Identitätsproblems unscharf; es entwickelt sich zur Problemwolke mit Nebelwirkung: Identitätsdiskussionen werden mit erhöhtem Kollisionsrisiko – zum Blindflug" (Frey und Haußer, 1987, S. 3).*

Inzwischen gibt es auch zahlreiche Versuche, die den Zusammenhang zwischen der Wandlung der Gesellschaft im Sinne von Moderne bzw. Postmoderne und der Identität beschreiben.

Dazu Haußer:

> *„Die Gesellschaft ist optional geworden, die Lebenswelten pluralisiert und individualisiert. Sie erfordert daher vom Einzelnen ein höchst anpassungsfähiges „Multiple Self", einen in ständig wechselnder Gestalt auftretenden „proteanischen Menschen", der aber bei der Bestimmung seiner Identität völlig auf sich selbst zurückverwiesen wird" (Frey und Haußer, S. 10).*

Auch der Sozialpsychologe Keupp macht sich Gedanken, inwiefern die Gesellschaft sich verändert hat und inwiefern die traditionellen Identitätstheorien den Veränderungen gerecht werden. Er geht davon aus, dass die Strukturen der vormodernen Gesellschaften von Ordnung, Hierarchie und Autorität bestimmt waren. Deshalb besaßen die Menschen kaum Rechte und Möglichkeiten, sich für ihren Lebensweg selbst zu entscheiden. Sie waren eher gezwungen, an vorgegebenen Werten und Normen festzuhalten.

Nach Keupp hat erst der Modernisierungsprozess es möglich gemacht, eine Veränderung sowohl in den Strukturen der Gesellschaft als auch bei den Menschen und deren Handlungsweisen auszumachen.

Als eine der wichtigsten Veränderungen gilt hier die Mobilität der Menschen. Diese Entwicklung brachte aber auch Probleme mit sich. So besaß der Arbeiter nichts außer seiner Arbeitskraft. Um überleben zu können, musste er diese verkaufen. Man hatte neben der Freiheit, eine Arbeit zu haben, auch die Freiheit, arbeitslos zu sein. Während dieser Zeit hatten viele Menschen die gleichen Interessen, sie fühlten ihre Existenz bedroht. Deshalb organisierten sie sich, um gegen diese Bedrohung zu kämpfen.

> *„In diesem Kampf ist unter anderem auch der moderne Sozialstaat entstanden, als kompromisshafter Interessenausgleich zwischen Arbeit und Kapital. In diesem Prozess der kollektiven Interessensorganisation haben sich neuartige Strukturen engmaschiger Netzwerke, Formen der Absicherung von Lebensrisiken, herausgebildet" (Keupp, SZ 21./22. Juli 1990).*

Er fügt noch hinzu, dass in den westlichen kapitalistischen Ländern zumindest heutzutage nicht mehr um die materielle Existenzsicherung gekämpft werden muss, weil die Gesellschaften, von denen hier die Rede ist, die durchschnittlichen Formen der materiellen Existenzsicherung erreicht haben. Deshalb glaubt Keupp, dass der „Zerfall kollektiver Formen der solidarischen gegenseitigen Unterstützung" eine Folge dieser oben genannten Entwicklung ist.

> *„In diesen grundlegenden gesellschaftlichen Veränderungsprozessen entsteht eine neue Konstellation von Chancen und Risiken: Das „Soziale" ist nicht mehr schicksalhaft gegeben. Ich kann mich herauslösen. Der Trend zur Single-Gesellschaft (in einer Stadt wie München gibt es schon mehr als 50 Prozent Ein-Personen-Haushalte) setzt sich fort. Ich kann mir meine eigene soziale Szene aufbauen, deren Zustandekommen von Kriterien der Entscheidungsfreiheit, Freiwilligkeit und gemeinsamer Interessen bestimmt sind. Einen gesellschaftlichen Zwangszusammenhang verlassen zu können, ist eine Chance, ebenso, sich ein eigenes Netzwerk aufbauen zu können. Aber hier ergeben sich auch neue Risiken" (Keupp, SZ 1990).*

Es wird festgestellt, dass eine Veränderung in allen Bereichen der Gesellschaft stattgefunden hat und zugleich die Anforderungen an einzelne Mitglieder der Gesellschaft sich verändert haben. Deshalb werden die alten Identitätstheorien der gesellschaftlichen Wirklichkeit nicht gerecht.

> *„Als überholt gilt mit der Konzeptunierung von Kontrollüberzeugung als motivationaler Identitätskomponente nicht nur die klassische Eriksonsche Phasenthematik der Adoleszenz, und nur der Adoleszenz, son-*

dern auch das in der Selbstkonzeptforschung verbreitete Design vom Selbstkonzept als einer unabhängigen Variablen. Identität als Entwicklungsergebnis und zugleich als Entwicklungsbedingung – erst eine solche konzeptuelle Sichtweise schafft Raum für ein initiaitves, als Ergänzung zu einem rein reaktiven Subjektmodell"(Frey und Haußer, S. 21).

Vor allem Keupp nimmt in seinem Buch „Riskante Chancen" Abschied von Erikson und begründet dies folgendermaßen:

„Für eine immer größere Anzahl von jungen Erwachsenen zeichnet sich kein Ende des Moratoriums ab, sie können also im Sinne von Erikson nicht erwachsen werden. Sie finden keine berufliche Integration, und sie bauen nicht mehr die kleinfamiliäre Basis, die der Identität den dauerhaften psychosozialen Nährboden bietet. Zu fragen ist weiterhin, ob es uns überhaupt noch gelingen kann, die „inneren Besitzstände" angesichts einer sich immer schneller verändernden gesellschaftlichen Wirklichkeit zusammenzuhalten. Zu fragen ist letztlich, ob wir von Erikson und seinem Identitätskonzept nicht endgültig Abschied nehmen müssen, weil ihm die gesellschaftliche Basis abhanden gekommen ist" (Keupp, S. 141).

Keupp fährt mit folgender Kritik an Erikson fort:

„Das Identitätsverständnis von Erikson bringt in klassischer Weise ein Subjektverständnis zum Ausdruck, das ich im Anschluss an Macpherson [...] „possessiven Individualismus" nennen möchte. In seinem Zentrum steht die individuelle Akkumulation „innerer Besitzstände", die durch ein steuerndes und zentralistisch gedachtes Ich zusammenzuhalten sind. Je nach dem Potenzial an Ressourcen, die diesem Ich zur Verfügung stehen, wird es diese Aufgabe eher souverän oder eher als mühseligen, anstrengenden Prozess bewältigen, der auch oft nicht ohne massive neurotische Kompromisse oder gar psychotische Dekompensation abläuft. In diesem Modell drückt sich das Selbst- und Weltverständnis der bürgerlichen Gesellschaft des Westens aus, dessen typische Merkmale sich in scharfer Absetzung zu vormodernen, feudalistischen Strukturen herausgebildet haben (Keupp, Rostock 1990, S. 6).

5. Die Erziehung und die Sozialisationsbedingungen von türkeistämmigen Kindern und Jugendlichen in Deutschland

5.1. Die Familienstruktur der Migranten aus der Türkei

Ein allgemeiner Konsens besteht in der Literatur darüber, dass die Familie durch die Migration einen Strukturwandel erfahren hat. Die vorherrschende Familienform ist sowohl in der Türkei als auch in Deutschland die Kernfamilie. Neben der Kernfamilie gibt es auch die zersplitterte Familie; diese Familienform existiert unter türkeistämmigen Migranten in Deutschland nur noch als Einzelfall. Am Anfang der Migrantenbewegung waren die zersplitterten Familien in der Überzahl, weil viele nach ein paar Jahren wieder in das Heimatland zurückwollten. Aber auch Mehrgenerationenfamilien begegnet man nun seltener als zu Beginn der Migrationszeit.

Die Migrationsforschung erlebt ab Mitte der 80er-Jahre eine Wende. Das Defizitmodell wurde infrage gestellt und das Verständnis von Integration neu formuliert. Integration wird nun als Erwerb von Handlungsfähigkeit verstanden, die es ausländischen Jugendlichen ermöglicht, eine Identität zu entwickeln, die die gesamten Erfahrungen umfasst. Unterschiedliche Lebensformen und die Begegnung mehrerer Kulturen werden jetzt als Bereicherung der Identitätsentwicklung gesehen. Ins Zentrum des sozialwissenschaftlichen Diskurses rückt ein inter- bzw. multikultureller Ansatz. Diese Wende lässt sich auch bei den entsprechenden Forschungen über Migrantenfamilien feststellen (Vgl. Kalpaka, 1986; Auernheimer/ Hamburger, 1994, 1988; Griese, 1984). Als Beispiel hierfür kann die soziologische Untersuchung von Nauck „Arbeitsmigration und Familienstruktur. Eine Analyse der mikrosozialen Folgen von Migrationsprozessen" (1985a) genannt werden. Er geht in erster Linie auf den Strukturwandel von Migrantenfamilien als Folge der gesamtgesellschaftlichen Modernisierungsprozesse ein und formuliert zwei Ausgangsfragestellungen:

1. Welchen Einfluss nehmen Migrationsprozesse auf die verschiedenen Dimensionen der Familienstruktur?
2. Welchen Einfluss nimmt die Struktur der Migrantenfamilien auf die verschiedenen Dimensionen der Assimilation und Integration innerhalb der Eingliederungsprozesse von Migranten der ersten Generation?

Auf dieser Grundlage setzt er sich kritisch mit Untersuchungen von Holtbrügge, Renner, Boos-Nünning und Kudat auseinander, deren Ansätze oft von einfach formulierten Kausalzusammenhängen ausgehen, die zur Erklärung der Familienstruktur bei Migranten oft nicht ausreichen, und kommt zu dem Schluss:

> *„Es kann deshalb nicht verwundern, dass bislang wenige Vorschläge für die empirische Prüfung des Zusammenhangs zwischen Strukturveränderungen von (türkischen Migranten-)Familien und gesamtgesellschaftlichen Modernisierungsprozessen existieren und empirische Daten, die zur Prüfung des rekonstruierten theoretischen Modells brauchbar wären, überhaupt nicht existieren. Stattdessen liegen lediglich bivariante Analysen von Variablen vor, deren Status innerhalb des theoretischen Modells, wie aus der Darstellung ersichtlich, nicht sehr klar ist und die deshalb selbst zur partiellen empirischen Prüfung wenig beitragen können" (Nauck, 1985, S. 42).*

Im Zusammenhang mit dem Strukturwandel von Migrantenfamilien beleuchtet Nauck verschiedene Theorieaspekte wie die „schichtspezifischen Modifikationen von Modernisierungsmodellen", reaktive Verhaltensweisen von Migranten und die Theorie differenzieller Statuseffekte bei Migrantenfamilien. Vor allem die empirischen Arbeiten Naucks von 1985 bis 1994 über türkische Migrantenfamilien waren eine Wendepunkt in der Diskussion um türkeistämmige Familien in Deutschland. Er scheint einer der wenigen Autoren zu sein, der sich intensiv und kontinuierlich mit Migrantenfamilien aus der Türkei beschäftigt hat. Die Ergebnisse seiner Untersuchungen zeigen ein anderes Bild von türkischen Familien als das, was bis dahin in der Theorie postuliert wurde. Nauck ist der Auffassung, dass die bisherigen Untersuchungen viele Fragen offen ließen und keine adäquaten Antworten lieferten; deshalb sucht er mit seinen empirischen Analysen eine Antwort auf die Frage

> *„von welchen individuellen, familiären und sozial-kulturellen Bedingungen in der Herkunfts- und Aufnahmegesellschaft [...] die Ausprägung spezifischer Typen von Migrantenfamilien hinsichtlich der Verteilung von Entscheidungsmacht und der Allokation von Aufgaben ab(hängt)" (Nauck, 1985, S. 451).*

Er macht darauf aufmerksam, dass bei den Migrantenfamilien türkischer Herkunft in allen Handlungsfeldern die synkratischen Entscheidungen überwiegen. In Bereichen wie Kinderpflege und soziale Beziehungen z. B. seien die gemeinsamen Entscheidungen zahlreicher als Entscheidungen durch einen der Ehepartner. Weniger würden dagegen Aufgaben wie Haushalt und Erwerbstätigkeit gemeinsam oder abwechselnd erledigt. Außerdem sei es auffallend, dass im Unterschied zum Entscheidungs-Synkretismus in allen Handlungsfeldern eine autonome Aufgabenerfüllung überwiegt. Seltener begegne man auch autokratischen Typen der Familienstruktur.

Zusammenfassend stellt er fest:

> *„Bei aller Komplementarität der Aufgabenbereiche und der hohen Autonomie in der Aufgabenerfüllung bleibt jedoch festzuhalten, dass in über 70 Prozent der türkischen Familien synkratische Entscheidungsmuster überwiegen" (Nauck, 1985b, S. 454).*

Bezüglich der Familiendynamik verweist Nauck darauf, dass die Anzahl der Kinder Auswirkungen auf die innerfamiliären Interaktionsstrukturen hat.

> *„Je größer die Anzahl der zu versorgenden Kinder ist, desto mehr nimmt die Autonomie des Ehemannes in der Entscheidungsmacht als auch in der Aufgabenbewältigung zu und die der Ehefrau ab, und zwar sowohl im innerfamiliären [...] als auch im außerfamiliären Bereich [...]. Beim Ausmaß der synkratischen Entscheidungen und der kooperativen Aufgabenbewältigung zeigen sich dagegen keine Veränderungen" (ebd., S. 455).*

Auch der zeitliche Zusammenhang von individueller Migrationsbiografie und dem Familienzyklus habe Auswirkungen auf die Interaktionsstruktur der Familie. Entscheidend ist hierbei jedoch: Je eher im Familienzyklus die Ehefrau gewandert ist, umso größer ist die Entscheidungs- und Handlungsautonomie der Ehefrau in den inner- und außerfamiliären Bereichen.

> *„Die Zunahme der Entscheidungs- und Handlungsautonomie der Ehefrau im außerfamiliären Bereich hängt*
> *(a) mit der Länge der Verweildauer in der Aufnahmegesellschaft und*
> *(b) mit der Größe ihrer Entscheidungs- und Handlungsautonomie im innerfamiliären Bereich zusammen.*
> *Die zunehmende Handlungs- und Entscheidungsautonomie der Ehefrauen führt wiederum zu Veränderungen in der familiären Interaktionsstruktur. Bemerkenswert scheint auch die Feststellung, dass der*

gemeinsame Wanderungszeitpunkt von Ehefrau und Ehemann „mit einer allgemeinen Zunahme des synkratisch-kooperativen Strukturtypus koinzidiert" (a. a. O., S. 457).

Nauck berücksichtigt in seiner Arbeit u. a. auch die exogenen Einflussfaktoren beider Aufgabenallokation und Entscheidungsmacht türkischer Familien und stellt fest, dass es von größter Bedeutung ist, aus welchem Herkunftskontext die Ehefrau stammt. Begründet wird dies mit der Annahme,

„dass die Herkunftsfamilie ein kognitives und identifikatives »Modell« darstellt, das für die Reorganisationsstruktur der eigenen Familie in der Aufnahmegesellschaft wesentlich bleibt" (ebd.).

Ein zweiter exogener Faktor, der die Interaktionsstruktur im Bereich Entscheidungsmacht und Aufgabenalllokation bei Migrantenfamilien beeinflusst, ist laut Nauck die schulische Ausbildung der Ehepartner. Betont wird insbesondere, dass der Ausbildungsgrad der Ehefrau größeren Einfluss auf die Interaktionsstruktur hat als der des Ehemannes, und zwar in folgender Weise:

„Die (relative) Bildung der Ehefrau bewirkt einerseits eine Steigerung ihrer (relativen) Partizipation an Entscheidungsmacht und außerfamiliären Aufgaben, die (absolute) Bildung (beider Ehepartner) bewirkt aber auch andererseits die Präferenz für eine stärker synkratische und kooperative Organisation des Familienhaushaltes, womit erstmals auch die individuell-kognitiven und emotionalen Bedingungen einer »Modernisierung« der Familienstruktur im Sinne einer Erhöhung der Binnenkomplexität und eines Abbaus segmentär verwalteter Aufgabenbereiche sichtbar werden" (ebd., S. 458).

Auch die Auswirkungen der religiösen Bindungen wurden im Hinblick auf Entscheidungsmacht und Aufgabenallokation hin befragt. Das Ergebnis ist zum einen, dass religiöse Bindungen bei Migrantenfamilien einen wesentlichen Assimilationswiderstand ausmachen. Und zum anderen aber sei:

„mit der Abnahme religiöser Bindungen und der zunehmenden De-Segregations-Motivation [...] in den türkischen Migrantenfamilien sowohl eine Zunahme synkratisch-kooperativer Handlungsmuster zu verzeichnen als auch eine Zunahme der Entscheidungs- und Handlungsau-

tonomie der Frau, wobei keine wesentlichen Differenzen zwischen dem inner- und außerfamiliären Handlungsbereich festzustellen sind" (ebd., S. 459).

Nauck kommt aufgrund seiner Analysen zu folgendem Resümee:

„Da das Ergebnis dieser migrationsbedingten Veränderungsprozesse, ein mehrheitlich synkratisch-frauenzentrierter Familienstruktur-Typ und auch matriarchalisch-autonome Typen erheblich zunehmen [...] und da die individuellen Eigenschaften der Ehefrau einen durchgängig stärkeren Einfluss auf die familiäre Interaktionsstruktur nehmen, wäre es nicht unangemessen, von einem wachsenden »heimlichen Matriarchat« in den türkischen Migrantenfamilien zu sprechen" (ebd., S. 463).

In einer anderen Arbeit, „Kettenmigration in türkischen Familien" (1987), untersuchen Özel und Nauck die Herkunftsbedingungen und ihren Einfluss auf die Reorganisation der familiären Interaktionsstruktur von Migrantenfamilien in der Aufnahmegesellschaft. Die beiden Autoren stellen fest, dass gemeinsam gewanderte Ehepaare sich von Ehepaaren der Kettenwanderungstypen (d. h. einer der Ehepartner ist zuerst ausgewandert und hat den anderen nachgeholt) durch viele Merkmale unterscheiden. Die gemeinsam gewanderten Familien stammen in der Überzahl aus modernisierten und urbanisierten Herkunftskontexten. Sie haben geringere religiöse Bindungen und eine bessere Schulbildung. Außerdem besaßen diese Familien vor der Wanderung in der Regel ein hohes Berufsprestige und einen hohen Lebenskomfort (Vgl. Özel/Nauck, 1987).

Im Vergleich dazu erfolgt die Kettenmigration häufiger aus ländlichen und wenig modernisierten Wohngebieten. Diese Formen der Wanderungssukzession schaffen auch in der Aufnahmegesellschaft jeweils unterschiedliche Bedingungen für die individuelle Assimilation der Familienmitglieder:

„Insgesamt weisen gemeinsam gewanderte Ehepartner den höchsten Grad der kognitiven (Sprachkenntnisse), strukturellen (Berufsprestige; Einkommen; Wohnkomfort) und sozialen (interethnische Kontakte; Partizipation an Institutionen der Aufnahmegesellschaft) Assimilation auf; damit wird die eingliederungsunterstützende Funktion der Anwesenheit der Familie im Aufnahmekontext erneut deutlich. Pionierwanderung führt zu einseitigen Assimilationsvorsprüngen gegenüber den nachwandernden Familienmitgliedern und behindert deren Eingliede-

rung erheblich. Dies gilt insbesondere für die große Gruppe der nachwandernden Ehefrauen. Hingegen führt die zunehmende Aufenthaltsdauer bei nachgewanderten Ehemännern dazu, dass die anfänglichen Assimilationsdifferenzen ausgeglichen oder sogar ins Gegenteil verkehrt werden" (a. a. O., S. 63).

Am stärksten werden die weiblichen Pionierwanderer mit der Umstrukturierung des Eingliederungsprozesses im Aufnahmeland konfrontiert. Als Folge dieses Prozesses verfügen sie oft über eine autonome Entscheidungsmacht und Souveränität in der Aufgabenerfüllung. Allerdings: Je länger ihre Ehemänner sich im Aufnahmeland aufhalten, umso schneller gleichen sich die erworbenen Kompetenzen zwischen Ehefrau und Ehemann aus. Diese hohe Strukturflexibilität wiederum ist aber mit einer hohen Konfliktanfälligkeit in den Ehegattenbeziehungen verbunden. Das Ergebnis dieser Konflikte sind oft starke Selbstzweifel im Umgang mit den Kindern, ein überdurchschnittlich autoritärer Erziehungsstil und Erziehungsschwierigkeiten. Gegenüber den Familien der Pionierwanderer haben die Ehepaare, die gemeinsam auswanderten, in Bezug auf Integration und Assimilation bessere Voraussetzungen:

„Bei ihnen ist die normative Geschlechtsrollenorientierung am geringsten, während Synkretismus, Kooperation und Strukturflexibilität stark ausgeprägt sind. Sie haben deutlich weniger Kinder, zu diesen bestehen jedoch starke affektive Bindungen, und ihnen wird vergleichsweise viel Autonomie gewährt. Dies schlägt sich nicht nur in einer intensiven Beschäftigung der Eltern mit ihren Kindern und deren institutioneller Förderung nieder, sondern auch in der Beteiligung der Kinder an familiären Aufgaben. Insgesamt sind gemeinsam gewanderte Ehepaare mit den Lebensbedingungen in der Aufnahmegesellschaft, mit der Erziehungssituation und mit ihrem Familienleben am zufriedensten" (Özel/Nauck, 1987, S. 63 f.).

Bei Familien männlicher Pionierwanderer dagegen sei eine autoritäre Erziehung der Kinder besonders stark ausgeprägt. Der konservative Erziehungsstil dieser Familien komme daher, dass diese Familien die Erziehung in der eigenen Kindheit als Modell heranziehen. Als besonders problematisch werden die Eltern-Kind-Beziehungen bei Familien mit weiblichen Pionierwanderern dargestellt.

„Einerseits wird hier das selbst erlebte Erziehungsverhalten als Modell stark abgelehnt, andererseits sind die Selbstzweifel über den Umgang mit Kindern besonders ausgeprägt. Bei den Erziehungsstilen fällt insbesondere der starke Autoritarismus bei gleichzeitiger unterdurchschnittlicher Permissivität und Behütung auf. Offenbar steht das hohe Ausmaß an Autoritarismus bei gleichzeitigem Selbstzweifel in engem Zusammenhang mit der hohen Konflikthaftigkeit in Familien weiblicher Pionierwanderer"(ebd., S. 91).

In einem anderen Text (1989) geht Nauck der Frage nach, inwiefern die Tatsache der Migration bei Migranten auf individueller Ebene die Zahl der Kinder beeinflusst. Dabei äußert er sich kritisch zu Veröffentlichungen, die die Migration als exogenen Faktor in Bezug auf das generative Verhalten betrachten, und stellt fest, dass sich die individuellen Wertvorstellungen der Migranten in dieser Hinsicht nicht verändert hätten, aber im Blick auf die Opportunitätserwartung, den Nutzen vieler Kinder in der Familie, finde dennoch ein Wandel bei ihnen statt. In der Türkei hängt der Kinderwunsch bzw. der „Wert von Kindern" laut einer Untersuchung von Kağıtçıbaşı mit vielen Faktoren zusammen. Grundsätzlich sind drei Motivationsebenen zu unterscheiden: die Erwartungen der Eltern sind bestimmt durch den

„ökonomisch-utilitaristischen Nutzen (z. B. Beiträge zum Familienhaushalt; Alterssicherung), den 'psychologischen' Nutzen (z. B. Stärkung der affektiven Gruppenbildung; expressive Stimulation durch Umgang mit Kindern) und den »sozial-normativen« Nutzen (z. B. Statusgewinn; Kompetenz in der Elternrolle)"(Nauck, 1989, S. 193).

Der Wert von Kindern in der Türkei liegt in den Augen ihrer Eltern nach Kağıtçıbaşı überwiegend in der „ökonomisch-utilitaristischen" Nutzenerwartung. Dabei spielen die Hilfe im Familienhaushalt, die Hilfe bei der Steigerung des Familieneinkommens und auch die spätere Unterstützung und Alterssicherung eine wichtige Rolle (Vgl. ebd.).

Nauck belegt anhand empirischer Daten, dass:

a) der Wanderungszeitpunkt einen Einfluss auf die Anzahl der Kinder hat. Das wirkt sich so aus, dass Frauen, die vor der Familiengründung (d. h. vor der Geburt des ersten Kindes) emigriert sind, vergleichbar weniger Kinder haben.

b) eine geringere Schulbildung zu einer früheren Heirat führt. Je höher die Schulbildung der Frauen, umso später die Eheschließung.
c) die Migration auch unabhängig von der Schulbildung zu einer generellen Verzögerung des Heiratstermins führt (Vgl. ebd., S. 217).

Auch in einer späteren Veröffentlichung (1994) berichtet Nauck, dass bei türkischen Eltern in Deutschland unverändert hohe ökonomisch-utilitaristische Erwartungen an ihre Kinder (wenn auch in modifizierter Form) zu beobachten sind, z. B. die Erwartung einer finanziellen Unterstützung in Notfällen oder im Alter. In gleicher Weise setzen türkische Eltern die Mithilfe ihrer Kinder im Haushalt voraus, bei geschlechtsspezifisch verteilten Aufgaben. Nauck stellt abschließend fest:

> *„Insgesamt lassen diese Modifikationen nur den Schluss zu, dass es sich hier um eine situationsspezifische Umdeutung einer in ihrer kulturellen Tiefenstruktur stabilen integrativen Beziehung handelt, für die nach wie vor utilitaristische Erwartungen konstitutiv sind" (1994, S. 50).*

Allerdings haben die Befragungen von Eltern und Jugendlichen auch gezeigt, dass die Verhaltenserwartungen beider Seiten in hohem Maße übereinstimmen.

Nun stelle ich mit einer sehr großen Überraschung fest, dass es kaum nennenswerte Untersuchungen und Veröffentlichungen zum Thema „Türkeistämmige Familien in Deutschland" gibt. Bei meinen Recherchen zum Thema bin ich dennoch auf einige Veröffentlichungen gestoßen, die ich hier kurz darstellen möchte.

Es ist das Buch von Seiser (zugleich Diss. im WS 2005/2006) mit dem Titel „Konstanz und Wandel der Wertehaltungen in türkischen Migrantenfamilien. Ein intra- und intergenerationeller Vergleich zwischen türkischen Migrantenfamilien, nicht gewanderten türkischen Familien sowie deutschen Familien in der Bundesrepublik Deutschland" (erschienen bei edition vulpes 2006).

Seisers Arbeit ist eine empirische Untersuchung mit Fragebogen. Sie arbeitet anhand von Fragestellungen, zu denen sie bis zu 25 Hypothesen formuliert hat. Wie schon der Titel ihrer Untersuchung verrät, nimmt sie eine vergleichende Studie zwischen türkeistämmigen Migrantenfamilien, Familien, die in der Türkei leben und deutschen Familien vor. Die Analyse basiert auf einem Vergleich innerhalb der Generationen sowie zwischen den Generationen. Das Erhebungsinstrument liefert neben soziodemografischen Daten auch familienbezogene Wertehaltungen. Diese Bereiche hat sie wie folgt unterteilt:

1. Erziehung
2. Religion
3. soziale Kontakte
4. Beruf.

Den jeweiligen Bereich hat sie gesondert mit mehreren Items bzw. Fragen zu erschließen versucht. Mit insgesamt 95 Items werden familienbezogene Wertehaltungen von türkischen Familien in der Türkei sowie türkeistämmigen Migrantenfamilien in Deutschland erfasst. Bei den deutschen Familien umfasst dieser Bereich 94 Items.

Die Arbeit von Seiser verdient sicherlich mehr Aufmerksamkeit, dennoch werde ich hier nur ihre wichtigsten Ergebnisse mit dem Teil, der für diese Arbeit relevant ist, aufnehmen. Seiser resümiert, dass bei den türkischen Migranteneltern und deren Söhnen in Bezug auf die Wertehaltungen kaum eine Annäherung an die der deutschen Familien stattgefunden hat. Lediglich bei den Migrantentöchtern sei in einzelnen Wertedimensionen eine Annäherung festzustellen. Dieser Bereich liege bei den schulischen und beruflichen Leistungsorientierungen für ihre Kinder. Sie stellt bei den Migrantensöhnen fest, „dass türkische Migrantensöhne in keiner der erfassten Wertehaltungen Ähnlichkeit zu deutschen Gleichaltrigengruppen zeigen – eine Ausnahme bildet der berufliche Bereich –, sondern eher eine unterschiedliche Einstellung zu Deutschen besitzen. Hier findet der von Heitmayer u. a. (1997) festgestellte „ethnic revival" in dieser Arbeit eine Bestätigung" (Seiser, 2006, S. 355).

Seiser betont, dass man hier von einem kulturellen Unterschied zwischen deutschen und türkischen Familien sprechen könne und dass auch durch das Leben in Deutschland bei türkischen Familien keine nennenswerten kulturellen Veränderungen stattgefunden hätten. Kulturelle Unterschiede seien am deutlichsten bei türkischen Eltern und deren Söhnen festzustellen. Selbst bei den Töchtern sei eine Veränderung nicht in allen Wertebereichen zu finden.

> *„Türkische Eltern und deutsche Eltern sowie deren Söhne unterscheiden sich insbesondere in ihren Einstellungen zu sozialen Kontakten, in ihren religiösen Ansichten sowie in einigen Erziehungswerten. Türkische Probanden nehmen hier eine traditionellere Haltung ein. Besonders deutlich tritt eine hohe Bedeutsamkeit der Werte Respekt, soziale Anerkennung und Zusammengehörigkeit in den sozialen Beziehungen türkischer Migranten hervor" (Seiser, 2006, S. 355).*

Eine wichtige Veränderung scheint trotz traditioneller Wertehaltungen in türkischen Familien stattzufinden. Nach Seiser

> *„legen viele türkeistämmige Eltern im mittleren Maße Wert auf Autorität in der Erziehung ihrer Kinder und präferieren dafür überwiegend Werte wie Gleichberechtigung und Selbstständigkeit. Die elterliche Leistungsorientierung in der Erziehung ihrer Kinder ist bei den türkischen Migranteneltern als enorm hoch zu bewerten und stellt sicherlich einen massiven Druck auf die Kinder dar" (Seiser, 2006, S. 357).*

Seiser formuliert, ausgehend von ihren Ergebnissen, dass man sich von dem stereotypen Bild der türkischen Familie verabschieden muss, um kompetent mit ihr arbeiten zu können. Ein interessantes Ergebnis scheint jedoch die Rückkehrorientierung der Väter und deren Söhne zu sein. Diese würden sich auf die Integrationspolitik, die Schulbildungsproblematik ihrer Kinder und die mangelnden sozialen Kontakte berufen.

Um die Arbeit von Seiser auch kritisch zu würdigen, scheint mir in erste Linie ihr Integrationsmaßstab Anlass zu bieten. Seiser definiert eine gelingende Integration mit der Annäherungshöhe der Wertehaltungen von türkischen Familien an die Wertehaltungen der deutschen Familien. Diese Annahme oder Einstellung ist m. E. fragwürdig und diskussionsbedürftig.

Muss man die Wertehaltungen der deutschen Familien annehmen, um als integriert zu gelten? Oder müssen nicht viel mehr universelle Werte als Maßstab für alle Eltern als Grundlage ihrer Erziehungsvorstellungen gelten? Diese universellen Werte sind kulturunabhängig, und sind für alle Menschen gleich bindend, etwa die Rechte der Kinder.

Ein weiterer kritischer Punkt betrifft die Fragebögen und die dazugehörigen Items. Die Fragestellungen und die Antwortmodi scheinen mir nicht differenziert genug. Oder anders formuliert: Fragebögen als Messinstrument scheinen mir für diesen Bereich nicht wirklich geeignet zu sein. Es ist gut vorstellbar, dass Seiser auf bestimmte Fragen, die sie stellt, nur ganz bestimmte Antworten erhält. Außerdem finde ich zum einen die Zahl der Items zu hoch und zum anderen würde ich zur genaueren Erfassung von Einstellungen halbstrukturierte Interviews bevorzugen. Man hätte z. B. stichprobenartig zu jeder Untersuchungsgruppe auch Interviews führen können. Denn wir wissen doch alle, dass viele Befragte nach einer bestimmten Anzahl von Items nur noch ankreuzen. Natürlich ist mir bewusst, dass das Durchführen von Interviews mit einem enormen Zeit-, Geld- und Personalaufwand verbunden wäre. Trotz dieser Kritik möchte ich die sehr wertvolle Arbeit von Seiser und ihren Beitrag zu diesem Themenbereich nicht schmälern.

An dieser Stelle möchte ich auf meine beiden Veröffentlichungen hinweisen. In den Büchern werden in sehr ausführlicher Form auch die Erziehungsvorstellungen der Migrantenfamilien türkischer Herkunft dargestellt. Ein Titel lautet: „Die Kinder der „Gastarbeiter". Familienstrukturen türkeistämmiger MigrantInnen zweiter Generation (erschienen in überarbeiteter Form als zweite Auflage beim Centaurus Verlag 2011). In dieser Arbeit habe ich versucht, anhand meiner Interviewdaten mit Familien in groben Zügen drei Familientypen darzustellen. Es handelt sich dabei um

- religiös-traditionelle Familien
- Familien zwischen Tradition und Moderne und
- moderne Familien.

Ich habe, wenn auch nicht immer, den Versuch unternommen, generalisierbare Umgangsformen innerhalb dieser Familientypen aufzuzeigen. Meine zweite Arbeit befasst sich, wie der Titel es ausdrückt, mit dem Bindungsverhalten türkeistämmiger Eltern zu ihren Söhnen und die Entwicklung der Männlichkeit („Ich bin Sohn meiner Mutter", 2010). Dabei mache ich vor allem auf die Schwierigkeiten des Erziehens bei besonders belasteten, sogenannten Multiproblem-Familien aufmerksam. Dies sind wie immer auch nicht generalisierbare Feststellungen, Beobachtungen und Gedankengänge.

Neben der Migration als eine Veränderungsoption bei Migrantenfamilien schlägt Tan vor, innerhalb der Migrantenpopulation nach den konfessionellen und regionalen sowie den Schicht- und Milieuaspekten auszudifferenzieren. Migrantenfamilien werden, so Tan, in mehrfacher Hinsicht einer Belastungsprobe ausgesetzt. Auch deren Bewältigung wird unterschiedlich verarbeitet bzw. gestaltet. Migration bedeutet wesentlich mehr als ein Wechsel von einem Land in ein anderes und von einer Sprache in eine andere, sondern Migration beschleunigt die Modernisierungsprozesse. Es geht letztlich neben den kulturellen und sprachlichen Anpassungserfordernissen auch um den Umgang mit dem Modernisierungsstress (Vgl. Tan, 2008).

5.2. Erziehungsvorstellungen der Migranten aus der Türkei

In der Fachliteratur gibt es keine übereinstimmende Beschreibung über die Erziehungsvorstellungen der türkeistämmigen Familien. Viele Autoren sind der Auffassung, dass die Erziehungsziele, Erziehungsvorstellungen und Praktiken durch folgende Merkmale bestimmt sind:

- Die kulturellen Werte und Normen sind immer noch am Heimatland orientiert und größtenteils vom Islam bestimmt.
- Die Erziehung ist autoritär und hat Gehorsam und Anständigkeit zum Ziel.
- Die Familie ist immer noch durch patriarchalische Strukturen geprägt, d. h. die Frau wird unterdrückt, und der Mann bestimmt über die Frau und die jüngeren Familienmitglieder.
- Die Erziehung des Kindes ist durch „Erziehung zum Lernen und zur Leistung" bestimmt.

Als Resümee wird gezogen, dass „türkische" Erziehungziele und -methoden durch Traditionen geprägt sind und Leistung und Anständigkeit zum Ziel haben. Damit sind Eltern und somit auch „türkische" Erziehungsziele und -methoden nicht fähig, den Kindern ihren Lebensbedingungen entsprechende Orientierungshilfen anzubieten. Eine andere Herangehensweise an die Frage, warum türkeistämmige Familien ihren Kindern keine Orientierungshilfen bieten können, wird von Akpinar u. a. folgendermaßen dargestellt:

> *„Das Abgeschnittensein von den Kommunikationsstrukturen der deutschen Umwelt führt oft dazu, dass das Familienmilieu als Erfahrungs- und Lernort für die Auseinandersetzung mit der deutschen Gesellschaft ungeeignet wird und kaum zur Ausprägung derjenigen Verhaltensdispositionen beitragen kann, die zur Bewältigung von Problemen in der deutschen Umwelt erforderlich sind" (Akpinar/Lopéz-Blasco/Vink, 1979, S. 31).*

Dahingegen glauben viele Autoren, dass Institutionen wie Schule und Kindergarten die erzieherischen Aufgaben von Migrantenkindern übernehmen werden. Denn dort bekämen diese Kinder mehr an Orientierungshilfen vermittelt als zu Hause. Alle Autoren haben eins gemeinsam: Sie bestreiten die Notwendigkeit der „türkischen" Familie.

Rödig schreibt bezüglich der kindlichen Sozialisation:

„In der türkischen Sozialisation erfährt das Kind überwiegend Wertorientierungen nach türkischen Normen. Für die Erziehung ist überwiegend die Mutter zuständig, sofern sie nicht erwerbstätig ist. Aber diese Erziehung steckt in einem Dilemma, denn für die bekannten, nämlich türkischen Wertorientierungen und Verhaltensmuster existieren in der gesellschaftlichen Realität der Bundesrepublik Deutschland keine Bezüge. Die Frau kann dementsprechend kaum Verhaltenswerte weitergeben, die für die Kinder in der Bundesrepublik wichtig wären. Sie ist nur in der Lage, jene Werte zu vermitteln, die ihr durch ihre Sozialisation gegeben sind. Für ihre Kinder aber haben diese wenig Bedeutung, da die gesellschaftlichen Normen der Bundesrepublik Deutschland verschieden von denen der Türkei sind. Die Werte werden zu »inhaltlosen Ideologien«. Hinzu kommt, dass die Frau den Kindern nicht die deutsche Sprache vermitteln kann, weil gerade nicht-erwerbstätige Frauen kaum über deutsche Sprachkenntnisse verfügen. Schon in der frühkindlichen Sozialisation können die Kinder mit Normen konfrontiert werden, die im Gegensatz zu den von der Mutter vermittelten stehen. Dies kann zum einen durch ältere Geschwister geschehen oder aber auch durch den Kontakt mit deutschen Kindern auf der Straße usw. Verstärkt wird die Konfrontation durch den Eintritt in die Schule: Hier lernen sie Verhaltensweisen und Einstellungen von deutschen Kindern und Lehrern kennen, die ihnen zwar den Umgang mit diesen erleichtern, aber auf Ablehnung in der Familie stoßen, weil sie gegensätzlich zu den Werten der Familie sind. Die Kinder erleben also zwei Wertesysteme und nehmen das deutsche auch an, weil sie mit dem der türkischen Gesellschaft weniger vertraut sind und der deutschen Gesellschaft weniger distanziert gegenüber stehen als ihre Eltern. Die Annahme des deutschen Wertesystems durch die Kinder führt zu einer Entfremdung zwischen Frau und Kindern, es kommt zu Konflikten“ (Rödig, 1988, S. 94-95).

Außerdem sprechen die Kinder besser Deutsch und bekommen mehr von der deutschen Gesellschaft mit als ihre Eltern. Aus diesem Grund sind sie sozusagen Innovationsträger, denn etwas Innovatives kann nur vonseiten der deutschen Gesellschaft kommen, deshalb fühlen sich die Kinder ihren Eltern gegenüber überlegen. Dadurch wird in erster Linie die Autorität des Vaters geschwächt.

Wie wir aus diesem Zitat ersehen können, wird die türkische Familie hier überflüssig und hat keinen Platz in der hiesigen Gesellschaft.

Rödig vermittelt den Eindruck, Migranten, vor allem die Eltern, würden mit den täglichen Anforderungen überhaupt nicht konfrontiert werden, die ihnen von dieser Gesellschaft gestellt werden. In der Realität stehen die Migranten, sei es in der Arbeit, bei Behörden oder in den Medien tagtäglich den Anforderungen dieser Gesellschaft gegenüber. Außerdem setzt man sich auch unter Landsleuten mit Normen und Wertvorstellungen des Einwanderungslandes auseinander.

> *„Wenn also etwas integrationshemmend wirkt, dann ist es die tatsächlich vorhandene Situation in dieser Gesellschaft, in der Minderheiten und ihre Kulturen in allen Lebensbereichen diskriminiert werden" (Kalpaka, S. 168.)*

und nicht die Unfähigkeit, Überflüssigkeit und Rückständigkeit der Migrantenkultur.

Holtbrügge versucht in seinem Buch „Türkische Familien in der Bundesrepublik" durch eine empirische Untersuchung die Annahmen, von denen auch Rödig ausgeht, zu bestätigen.

Er befragte ca. 381 ausländische und 199 deutsche Eltern und versuchte, ihre Erziehungsvorstellungen miteinander zu vergleichen. Er teilt dabei die Untersuchungsitems in verschiedene Bereiche, z. B. den Autoritätsbereich, die familiäre Aufgabenteilung, die Rolle des Kindes usw. ein.

Im Autoritätsbereich bzw. im Bereich „wichtige Familienentscheidungen" stellt er Folgendes fest:

> *„In der Mehrzahl der türkischen Familien trifft der Mann in wichtigen Angelegenheiten die Entscheidung. Aber auch die Anzahl der Familien, in denen partnerschaftlich entschieden wird, ist bei Türken überraschend hoch. Bei den westdeutschen Familien ist die Tendenz zu partnerschaftlichem Verhalten eindeutig. Nur in jeder fünften deutschen Familie fällt der Familienvater allein die Entscheidung" (Holbrügge, 1975, S. 90-91).*

Für Holtbrügge ist das partnerschaftliche Verhalten bei westdeutschen Familien selbstverständlich. Überrascht reagiert er aber, dass dasselbe Verhalten bei türkischen Familien der Fall ist. Er interpretiert diese Tendenz bei türkischen Familien folgendermaßen:

„Diese Familien haben sich möglicherweise bereits an in Deutschland vorherrschende partnerschaftliche Leitbilder angepasst" (Holtbrügge, S. 90).

Diese Aussage von Holtbrügge ist für seine ganze Arbeit bestimmend. Sobald etwas nicht in sein „Türkenbild" passt, wird wie oben interpretiert.

Solche und ähnliche Ansichten von Rödig und Holtbrügge lassen überhaupt keinen Raum für die von Migranten gemachten Erfahrungen. Das bedeutet, Migranten werden nicht als eine auseinandersetzungsfähige Gruppe wahrgenommen, und sie werden von dem schöpferischen Prozess der Umweltgestaltung und Identitätsarbeit ausgeschlossen. Dieser Blick auf Migranten ist Teil einer rassistischen Struktur, die von einer kulturellen Höherwertigkeit und Flexibilität der Eingeborenen ausgeht. Andere empirische Untersuchungen stellen fest, dass die Migrantenfamilien keine homogene Gruppe bilden: Nauck beispielsweise macht in seinem Buch „Arbeitsmigration und Familienstruktur" darauf aufmerksam, dass bei türkischen Migrantenfamilien überwiegend, und zwar in allen Handlungs- und Entscheidungsfeldern, die Entscheidungen gemeinsam getroffen werden. Seltener sind patriarchalische, autokratische Entscheidungsformen aufzufinden.

Er untersucht bei seiner Studie drei Formen von Entscheidungsmustern: autonome Entscheidungen, autokratische Entscheidungen und synkratische bzw. gemeinsame Entscheidungen. Des Weiteren unterscheidet er auch folgende drei Aufgabenbereiche:

- männerzentrierte,
- frauenzentrierte und
- kooperative.

Dabei stellt Nauck fest, dass bei der türkischen Migrantenfamilie nicht der autoritäre patriarchalische Familientyp vorherrscht, sondern eher ein synkratisch-frauenzentrierter Typus. Er geht dabei u. a. davon aus, dass durch migrationsbedingte Veränderungsprozesse der Einfluss der Frau auf die familiäre Interaktionsstruktur immer deutlicher wird (Vgl. Nauck, 1985, S. 22, 50-51, 111-120).

Nauck begründet diesen Veränderungsprozess damit, dass

„mit Migration und der Anpassung an den veränderten sozial-kulturellen und ökologischen Kontext in der Aufnahmegesellschaft ein hoher Handlungsdruck auf die familiäre Gruppe gegeben ist, die sie dazu

zwingt, neue Formen der Aufgabenverteilung und Rollendifferenzierung zu entwickeln" (Nauck, S. 251).

Andere Autoren wie z. B. Bender-Szymanski und Hesse gehen davon aus, dass

- eine globale Verallgemeinerung der Erziehungsziele nicht haltbar ist,
- Erziehungsziele nicht mehr mit der Schichtzugehörigkeit in Zusammenhang gebracht werden können,
- es sich bei den Migranten nicht um eine homogene Gruppe handelt, was ihre Bewertung von Erziehungszielen betrifft (Vgl. Bender-Szymanski und Hesse, 1987, S. 48-50).

Meiner Meinung nach fehlt es in diesem Bereich noch an aussagekräftigen empirischen Untersuchungen, und der Verdacht besteht, dass die oben genannten Arbeiten zum Teil auf Vorurteilen basieren.

Auch Hebenstreit setzt sich in ihrem Buch „Frauenräume und weibliche Identität" mit dem Thema Frau und Emanzipation auseinander und übt folgende Kritik an den sich immer wiederholenden stereotypen Sichtweisen in der Literatur:

> *„Festgemacht wird die Moderne in erster Linie an (Lohn-)Arbeit. Arbeit wird in dieser Verknüpfung als ein Transmissionsriemen zur Emanzipation gesehen. Die Migrantin kann sich demnach nur emanzipieren, wenn sie berufstätig wird. Nur so könne es ihr gelingen, die kulturelle Tradition ihres Herkunftslandes zu überwinden und eine neue Identität anzunehmen. Der eigentliche Erkenntnisgewinn, den die Migrantinnen aus ihrer Berufstätigkeit ziehen können, besteht demnach in der Bewusstwerdung ihrer Benachteiligung als Frauen, einer Situation also, der mehr oder weniger alle inländischen und ausländischen Frauen ausgesetzt sind. Es geht hierbei nicht primär um die Möglichkeiten einer Selbst-Bewusstwerdung der Migrantinnen, sondern insbesondere um ihre Funktion im Prozess einer Veränderung der Gesellschaft. Die spezifischen Migrationserfahrungen der Frauen, ihre besonderen Weisen der Problemverarbeitung sowie die Möglichkeiten und Bedingungen des Aufbaus einer neuen Identität, in die Lernprozesse der Vergangenheit ebenso einfließen können wie neue Erfahrungen, bleiben in solcher Sichtweise unberücksichtigt" (Hebenstreit, 1986, S. 204-206).*

Gölbol (2007) befasst sich in ihrer Arbeit „Lebenswelten türkischer Migrantinnen der dritten Einwanderergeneration“ mit dem Thema „Erziehungsvorstellungen bei Migrantenfamilien türkischer Herkunft“. Sie hebt hervor, dass es als eine Selbstverständlichkeit betrachtet werden soll, dass die türkeistämmigen Familien in der Erziehung ihrer Kinder kulturspezifische Aspekte aufweisen. Gölbol bezieht sich auf die Arbeiten von Herwartz-Emden/Westphal und beschreibt, dass zum einen ein Wandel und eine Veränderung in der Familienstruktur sowie in den Erziehungsvorstellungen bei türkeistämmigen Migrantenfamilien stattgefunden haben. Diese Veränderung wird vor allem durch die Berufstätigkeit der Frauen und damit einhergehend eine stärkere Einbindung von Vätern in die Kinderbetreuung und -erziehung gesehen. *„Insbesondere traditionelle, geschlechtsspezifische Erziehungsmuster verlieren bei jüngeren Eltern ihre Bedeutung“* (Gölbol, 2007, S. 42).

Es wird betont, dass es einen Zusammenhang zwischen dem Bildungsniveau und den Erziehungszielen gibt. Die repressiven Erziehungsziele würden sich mit steigendem Bildungsniveau der Eltern und der Berufstätigkeit der Frauen verringern. Auch die Bildungsaspiration der Migrantenfamilien, vor allem bezüglich ihrer Töchter, sei relativ hoch. Außerdem sollten die Konflikte zwischen den Generationen nicht nur auf einen Kulturkonflikt reduziert werden. Diese Gefahr der Kulturalisierung sei, vor allem wenn es um die Erziehung der Töchter geht, in der Fachwelt sehr groß. Die Tatsache, dass junge Frauen (und Männer) türkischer Herkunft in ihrer Erziehung mit elterlichen Normen konfrontiert werden, die ihnen teilweise missfallen, soll hier ebenso wenig bestritten werden wie die Tatsache, dass Generationenkonflikte dabei durchaus auftreten. Bestreitbar ist jedoch die allzu schnelle Erklärung, dass aus diesen Konflikten beziehungsweise durch diese Konflikte ein Kulturkonflikt erwächst, der seinen Höhepunkt in einer unlösbaren Identitätsstörung bei den Jugendlichen erreicht. Wie konflikthaft die Konfrontation mit Normen erfahren wird, hängt vielmehr davon ab, wie intensiv sich die intergenerationale Kommunikation bzw. der Dialog zwischen den Eltern und Kindern gestaltet, und wie viele Handlungsspielräume und Veränderungsmöglichkeiten innerhalb der Familien gegeben sind und/oder von den Mädchen wahrgenommen werden.

> *„Die stattfindenden Konflikte sind als versuchte und vollzogene, altersbedingte Abgrenzungen der Jugendlichen gegen elterliche Normen zu begreifen, die in jeder Familie unterschiedlich stark auftreten und als Generationenkonflikt bezeichnet werden können. Somit erliegen Kinder aus Migrationsfamilien nicht zwangsweise einem Kulturkonflikt“ (Gölbol, 2007, S. 45).*

Im Generationenkonflikt wird auf die Wichtigkeit der intergenerationalen Kommunikation und auf die gegenseitige Perspektivenübernahme zwischen den Eltern, Kindern und Jugendlichen hingewiesen. Durch diese Sensitivität würde eine generationenspezifische Sichtweise ermöglicht werden. Das Auftreten von Generationenkonflikten könne man als die elterlichen Forderungen auffassen, die einem intergenarationalen Aushandlungsprozess nicht zugänglich seien. Weder die Eltern noch die Kinder und Jugendlichen wären imstande, jeweils die Perspektive der anderen anzunehmen.

> *„Intergenerationale Verhältnisse gestalten sich dementsprechend je nach Familienstruktur sehr unterschiedlich, da Eltern einerseits als Kontrollinstanz erfahren werden können, von denen man sich dann abzugrenzen versucht, wenn keine Perspektivenübernahme und keine Kommunikation stattfindet. Andererseits kann das Gegenteil der Fall sein, indem nämlich intergenerationale Kommunikation auftritt, weil elterliche Anforderungen als kommunikativ aushandel- und veränderbar angesehen werden. Hierbei kommt es darauf an, wie eine Person diese individuell erlebt und welche Strategien zur Konfliktvermeidung oder Konfliktaustragung angewandt werden" (Gölbol, 2007, S. 46).*

Zahlreiche Untersuchungen und Studien gelangen in den letzten Jahren zu dem Ergebnis, dass in einem hohen Maß eine emotionale Bindung und Familialismus bei der heutigen Jugend zu beobachten sind. Auch die Ergebnisse der 16. Shell-Jugendstudie haben sehr deutlich gemacht, dass die Jugend sich nicht mehr wie früher schnell von der Herkunftsfamilie ablöst, um sich damit abzugrenzen. Die ökonomische Entwicklung und die damit verbundene Gefährdung der Lebensbewältigung in der heutigen Zeit spielt neben vielen anderen Gründen eine wichtige Rolle.

> *„Auch in der 16. Shell-Jugendstudie wird dargelegt, dass die Familie für Jugendliche einen hohen Stellenwert besitzt. Gegenüber den Vorjahren ist die Familienorientierung sogar ein weiteres Mal angestiegen. Mehr als drei Viertel der Jugendlichen (76 Prozent) stellen für sich fest, dass man eine Familie braucht, um wirklich glücklich leben zu können [...] In Zeiten hoher Anforderungen in der Schule, der beruflichen Ausbildung und den ersten qualifizierten Tätigkeiten wird die Herkunftsfamilie zu einem sicheren sozialen Heimathafen. Hier findet eine große Mehrheit der Jugendlichen den notwendigen Rückhalt und*

die positive emotionale Unterstützung auf dem Weg ins Erwachsenenleben"(16. Shell-Jugendstudie, 2010, S. 17).

„Die soziale und emotionale Ablösung von den Eltern, der Aufbau einer Partnerschaft, die zu einer eigenen Familiengründung führen könnte, sind heute komplexe Prozesse" (16. Shell-Jugendstudie, 2010, S. 43).

Uslucan geht davon aus, dass die gesellschaftlichen Wandlungen sich auch auf die Erziehungseinstellungen auswirken. Er beobachtet bei Migrantenfamilien, dass

> *„Situationen des gesellschaftlichen Umbruches sowie die Migration eine Sollbruchstelle darstellen, bei denen ein routiniertes Anknüpfen an bewährte Erziehungsinhalte und -formen nicht mehr trägt. Migrantenfamilien stehen deshalb vor besonderen Herausforderungen: Einerseits bemühen sie sich, an kulturbezogene Einstellungen, Werte und Verhaltensweisen anzunehmen, gleichzeitig möchten sie jedoch, insbesondere bei ihren Kindern, eine Entfernung von den Werten der Herkunftskultur vermeiden, weil sich Kinder in der Regel rascher und intensiver als ihre Eltern an die Kultur des Einwanderungslandes akkulturieren. Dieses unterschiedliche Akkulturationstempo kann sich im Erziehungsalltag als spannungsvoll erweisen" (Uslucan, Migration und Kindeswohl, S. 1-7).*

Außerdem wird die Verhaltens- und Denkweise der Migranteneltern durch die Mehrheitsgesellschaft und deren Institutionen wie Kindergarten, Hort, Schule und verschiedene Sportvereine verstärkt, indem Migrantenfamilien immer wieder erfahren, wie schlecht sie bei der Erziehung ihrer Kinder sind. Sie werden belehrt oder empfinden es zumindest so. Nicht zu vergessen ist, dass die Mitarbeiter dieser Einrichtungen auch von der Fachwelt und deren Publikationen, wie oben beschrieben, nachhaltig beeinflusst werden.

Des Weiteren werden Migrantenfamilien durch ihre Kinder mit vielen Dingen konfrontiert, auf die sie sich nicht vorbereitet fühlen oder auf die sie nicht vorbereitet sind. Die Kinder können durch Kompetenzzuwächse sprachlicher und kognitiver Art ihren Eltern gegenüber mehr Autonomiebestrebung zeigen, und dadurch die Eltern mit deren Rollenerwartungen erschüttern und verunsichern. Die Eltern können ihre Autorität als gefährdet erleben und dies kann dazu verleiten durch verstärktes Disziplinieren diese wiederherzustellen. Hier wird oft auch die Differenz zwischen den Kulturen hervorgehoben. Die eigene Kultur wird dabei als etwas Höheres, Besseres und die andere Kultur als etwas Niedrigeres dargestellt. Auch die

Erfahrungen der Alltagsausgrenzung, der Diskriminierung und des Rassismus führen oft dazu, dass viele Migrantenkinder sich mit ihren Eltern solidarisieren. Die Kinder von Migrantenfamilien müssen einen Spagat vollführen. Einerseits sind sie kritisch gegenüber den Werten und Normen ihrer Eltern, andererseits fühlen sie sich den kulturellen Werten und Normen ihrer Eltern gegenüber verpflichtet und müssen sie in Schutz nehmen und verteidigen.

Familien türkischer Herkunft scheinen oft einen stärker behütenden und kontrollierenden Erziehungsstil zu praktizieren. Dies wird in der Literatur als eine Reaktion auf die Entfremdung ihrer Kinder bezüglich der kulturellen Werte und Normen gesehen. Uslucan hebt, bezogen auf die Familien zweiter Generation hervor, dass sie sich verpflichtet fühlen, ihren Kindern eine herkunftsbezogene Sozialisation anbieten zu müssen. Die Gefahr hierbei sei jedoch, dass diese Eltern selbst in ihrer eigenen Kultur nicht ganz zu Hause sind und die Folge daraus eine harte bzw. disziplinierende Erziehungspraktik sein könnte.

5.3. Der Islam und seine Bedeutung für die Migrantenfamilien aus der Türkei

In der Literatur herrscht die allgemeine Auffassung vor, dass die Erziehungsvorstellungen der Migranten aus der Türkei durch den Islam geprägt sind. Deshalb würden sie ihre Kinder zu gläubigen Moslems erziehen. Eine derartige Pauschalisierung birgt Gefahren in sich. Hier muss eine Differenzierung vorgenommen werden. Bereits in dritter/vierter Generation hier geborene und lebende Menschen und deren türkeistämmige Eltern gehören nicht alle dem orthodox-sunnitischen oder dem schiitischen Islam an. Auch diejenigen, die zur sunnitischen Richtung gezählt werden können, sind nicht alle extrem religiös und als „Fundamentalisten“ zu betrachten. Selbst innerhalb der sunnitisch-orthodoxen Gläubigen existieren große Unterschiede. Unter den in Deutschland lebenden Muslimen gibt es verschiedene Gruppierungen. Diese differenzieren sich oft auch dadurch, wie sie den Islam verstehen, interpretieren, den Koran auslegen und praktizieren.

Eine herzuvorhebende gravierende Unterscheidung muss zwischen dem „Sunnitischen Islam“ und den Aleviten gemacht werden.

Im Allgemeinen gibt es innerhalb der Muslime folgende Richtungen:

- die Sunniten
- die Schiiten
- die Aleviten
- die Ahmadiyya.

Innerhalb der türkeistämmigen Gruppe begegnet man in der Regel nur den Sunniten und Aleviten. Die meisten aus der Türkei stammenden Migranten gehören entweder zu den Sunniten oder den Aleviten. Die Schiiten leben vornehmlich im Irak, im Iran und in Syrien. Die Aleviten sowie die Sunniten leben mehrheitlich in der Türkei. Auch in den Balkanländern wie Bulgarien, Albanien leben Menschen alevitischen Glaubens. Die Ahmadiyyas scheinen überwiegend in Indien und Pakistan zu Hause zu sein (Vgl. Aydin, 2011).

5.4. Islamische Gruppierungen unter türkeistämmigen Migranten

5.4.1. VIKZ – Verband der Islamischen Kulturzentren e. V.

Die Gründung dieser Organisation geht auf das Jahr 1973 in Köln zurück. Die Initiatoren werden als Anhänger des Sufimeisters Süleyman Hilmi Tunahan (1888 bis 1959) bezeichnet, der sich aus der mystischen Tradition des Naksibendi-Ordens herausgebildet haben soll. Der Verband ist zentralistisch organisiert und hat mehr als dreihundert Niederlassungen in Deutschland. Er betreibt in vielen Städten Deutschlands eine Art Internat für Kinder und Jugendliche, in denen diese wohnen können und ihre religiöse Bildung und schulische Betreuung erhalten.

5.4.2. IGMG – Islamische Gemeinschaft Milli Görüş (auf deutsch: Nationale Sicht)

Die Gründung dieser Organisation geht auf das Jahr 1976 zurück. Die Initiatoren waren und sind die Anhängerschaft des islamisch-nationalistisch orientierten Politikers Necmettin Erbakans. Erbakan gründete in der Türkei im Jahre 1970 eine eigene Partei, „Milli Nizam Partisi", die wegen ihres Verbotes des Öfteren ihren Namen ändern musste. Milli Görüş ist laut Aydın mit über 27.000 Mitgliedern, 15 Regionalverbänden und 323 Moscheegemeinden die größte islamische Gruppierung in Deutschland.

> *„Ihre Hauptaufgaben sieht die IGMG in der religiösen Betreuung. Daneben zeigt sie eine vielseitige soziale Aktivität, zum Beispiel mit Frauen-, Jugend- und Studentenabteilungen sowie Sportvereinen. Weitere Aktivitäten von Milli Görüş sind zum Beispiel die Organisation von Gruppenpilgerfahrten und der Vertrieb religiöser Literatur" (Aydın, 2011, S. 30-31).*

Milli Görüş tauchte immer wieder in den Berichten des deutschen Verfassungsschutzes auf.

5.4.3. DITIB – „Diyanet İşleri Türk İslam Birligi (Türkisch-Islamische Union der Anstalt für Religion e. V.)

Diese Organisation wird vom türkischen Staat unterstützt. Sie vertritt in der Regel die von der Regierung vorgegebenen Inhalte und ist dem türkischen Amt oder der Präsidentschaft für religiöse Angelegenheiten bzw. den Konsuln der Türkei untergeordnet. Ihre Vorbeter, Hocas/Imame, werden von der türkischen Regierung finanziert und eingesetzt. Sie werden in der Regel aus der Türkei für einige Jahre nach Deutschland geholt. Laut Angaben von Aydın würde diese Organisation 900 Moscheen vereinen und ca. 170.000 Mitglieder in Deutschland haben. Die DITIB wurde 1982 als Regionalverband in Berlin und 1984 in Köln als Auslandsorganisation des Amtes oder der Präsidentschaft für religiöse Angelegenheiten gegründet. Sie ist dezentral organisiert, der Dachverband hat seinen Sitz in Köln. Die Aktivitäten dieser Organisation unterscheiden sich kaum von den Aktivitäten anderer islamischer Organisationen. Eine Besonderheit wird von Aydin hervorgehoben: In den letzten Jahren wurden in Ankara ausgekleidete Theologinnen mit den speziellen religiösen, sozialen und kulturellen Belangen der Frauen und Mädchen betraut.

5.4.4. Nurculuk-Bewegung (Nur-Bewegung)

Den Namen hat diese Bewegung von ihrem Gründer Said Nursi abgeleitet. Die Anhänger bezeichnen sich als Schüler des Risale-i Nur. Auf Deutsch bedeutet das „Schüler des Lichts", da der Begriff „Nur" mit Licht übersetzt werden kann. Die Bewegung ist sunnitisch geprägt und besteht in Deutschland seit 1967. „Seit 1979 gibt es den heutigen Dachverband „Jama`a tun-Nur Köln" (Aydın, 2011, S. 35). Die Nur-Bewegung betreibt keinen Moscheeverein. Die Mitglieder versammeln sich in sogenannten Medresen (Schulen), um die Schriften ihres Gelehrten zu lesen und zu diskutieren.

5.4.5. Gülen-Bewegung

Die Gülen-Bewegung leitet ihren Namen von ihrem Führer Fethullah Gülen ab. Sie ist eine weltweite Macht innerhalb des türkeistämmigen Islam geworden und scheint eine sehr straff organisierte islamische Bewegung zu sein. Sie rekrutiert ihre Anhängerschaft auf sehr unterschiedliche Art und Weise. Eine der wichtigsten Bausteine sind ihre Schulen, die inzwischen weltweit existieren. Meist werden in ihnen arme, aber intelligente Kinder aufgenommen, um ihnen die Möglichkeit einer Schulbildung zu geben. Nach Beendigung ihres Studiums müssen diese Menschen dann der Bewegung dienen. Die Gülen-Bewegung betreibt sehr viele Schulen mit Internat, in der Türkei beispielweise auch private sogenannte „Dershanes", die quasi eine privatisierte Form von Schulen gegenüber den sehr schlecht bestellten staatlichen Schulen sind, in denen die Kinder darin gedrillt werden, Multiple-choice-Fragen zu lösen. In der Türkei ist es inzwischen unmöglich geworden, eine Aufnahmeprüfung für die Universität zu bestehen, ohne eine „Dershane" besucht zu haben. Es sei denn, man war auf einem deutschen, einem französischen oder einem österreichischen Gymnasium.

Die Gülen-Bewegung scheint die türkisch-islamische Synthese sehr gut in die Praxis umzusetzen.

> *„Nach dem Zerfall der Sowjetunion gründete die Bewegung Anfang der Neunzigerjahre ihre ersten Auslandsschulen in den zentralasiatischen Turkstaaten. Bald danach entstanden weitere Schulen und Bildungseinrichtungen unterschiedlicher Art in anderen Kontinenten; es gibt sie mittlerweile in über 100 Ländern. Dazu gehören auch einige Universitäten, zum Beispiel die Fatih-Universität in Istanbul." (Aydın, 2011, S. 36).*

Der Führer der Bewegung, Fethullah Gülen lebt seit vielen Jahren in den USA, weil ihm in der Türkei eine Gefängnisstrafe drohte. Die Gülen-Bewegung ist, laut Aydin, in Deutschland erst Mitte der Achtzigerjahre entstanden und wird von der Tageszeitung ZAMAN in Europa und in Deutschland geführt.

> *„Dennoch nimmt die Gülen-Bewegung als personell bis zum Jahre 2010 viertstärkste der türkisch-muslimischen Gruppen in Deutschland hinsichtlich der Finanzkraft die erste Stelle ein. Ein wichtiger Grund dafür ist die besonders hohe Unternehmerdichte in ihren Reihen" (Aydın, 2011, S. 36).*

Heute ist es wohl unumstritten, dass diese Bewegung auch bei den Wahlen in der Türkei eine entscheidende Rolle gespielt hat. Auch wegen ihrer Finanzstärke in der Türkei hat sie viel mehr Entscheidungsmacht innerhalb der türkischen Politik gewonnen. Laut Aydın wird die Gülen-Bewegung finanziell von einigen Unternehmern sowohl in der Türkei als auch in den europäischen Ländern unterstützt.

5.4.6. Bruderschaften und Sufiorden

Im Islam existieren seit seiner Blütezeit auch einige mystische Strömungen. „Sie wurden mit dem arabischen Wort „tasawwuf" bezeichnet; einen Mystiker nannte man „Sufi" (ebd., S. 37). Sufis werden als Menschen betrachtet, die ihr Desinteresse an weltlichen Habseligkeiten zeigen.

> *„Der Sufi versteht sein Leben als „Weg" der Überwindung aller von Gott trennenden Dinge, und die unterschiedlichen Sufimeister fanden jeweils ihre Methode, um Gott möglichst nahe zu kommen, also ihren von Gebet, Meditation, Askese und mystischen Ritualen geprägten Weg"(ebd., S. 47-38).*

Der bekannteste unter den Sufiorden ist der Mevlevi-Orden, die sogenannten Tanzenden Derwische. Der Gründer des Ordens ist der Mystiker Dschalal ad-Din Rumi, der im dreizehnten Jahrhundert lebte. Andere Orden sind der Naksibendi-Orden und der Haqqaniyya-Orden, die sich auch als neue Osmanen bezeichnen.

5.4.7. Die Aleviten

Die Aleviten unterscheiden sich sehr wesentlich von allen anderen islamischen Glaubensrichtungen wie den Sunniten, den Schiiten und den Ahmadiyyas. Aleviten gehen nicht in die Moschee, dagegen haben sie sogenannte Cem-Häuser (Cemevi) als Gebetsraum. Dort wird keine Trennung von Frauen, Männern und Kindern vorgenommen. Das Gebetsritual ist in der Regel in türkischer, in bestimmten Städten der Türkei auch in kurdischer Sprache und wird von einem Geistlichen, genannt „Dede", vorgetragen. Die Gemeinde ist aktiv mitbeteiligt, auch in Begleitung von traditionellen Musikinstrumenten, genannt „SAZ", und Gesang sowie dem rituellen Semah-Tanz. Das heißt, die Sprache des Gebetes ist nicht die arabische Sprache wie bei den anderen Glaubensrichtungen. Die Aleviten fasten nicht im Monat Ramadan, sondern im Monat Muharrem, die Fastendauer ist zwölf Tage als Andacht an die ermordeten zwölf Imame. Alkohol ist ein Genussmittel, was bei anderen islamischen Glaubensrichtungen absolut verboten ist.

Es gibt in den letzten Jahren vermehrt Veröffentlichungen in der Türkei, vor allem durch Intellektuelle, die aus alevitischen Elternhäusern stammen. Diese machen darauf aufmerksam, dass der Alevitismus im Grunde seines Ursprungs nicht islamisch ist, denn die Lehre des Alevitismus und die des Islam haben auch von ihrem Zugang zum Menschen und zum Glauben überhaupt nichts Identisches.

Nichtsdestotrotz bekennt sich die Mehrheit der Aleviten, die in der Türkei sowie auch in Deutschland leben, zum Islam und versteht sich als eine andere Ausrichtung mit einer eigenen Interpretation.

Die Aleviten wurden in ihrer alten wie auch in ihrer jüngsten Geschichte fast immer verfolgt. Sie wurden als Ungläubige definiert und zum Opfer stilisiert. Es gibt keine Belege in der Geschichte, dass ein Gewaltakt, zumindest kollektiver Art, von ihnen auf andere ausgeübt wurde.

Die Aleviten gelten als eine sehr offene Gruppe, obwohl sie sich nach der Inbrandsetzung eines Hotels in der Provinzstadt Sivas im Jahre 1993 viel deutlicher zu ihrem Glauben angezogen fühlen und sich organisiert haben. Bei dem Brand kamen über dreißig Personen, fast alle von ihnen waren Künstler, Schriftsteller, Dichter und politisch engagierte Menschenrechtler, ums Leben. Nach diesem Vorfall haben sich Aleviten vermehrt in eigenen Vereinen und Dachorganisationen zusammengeschlossen, sowohl in der Türkei als auch in Deutschland. In Deutschland sind sie gut organisiert und konnten im Gegensatz zur Türkei ein eigenes Lehrbuch für ihre Glaubensrichtung entwickeln. Dieses wird vereinzelt in Bundesländern im Rahmen des Religionsunterrichts verwendet. Die Aleviten setzen sich in ihrem Grundsatz bei der Erziehung und Unterrichtung des Glaubens für Laizismus und Demokratie ein.

Sie haben in Deutschland einen Dachverband, eine Frauenorganisation mit Dachverband und einen Zusammenschluss ihrer Geistlichen, die sogenannte „Dedeler Birligi“.

5.5. Türkisch-nationalistische Organisationen

Es gibt innerhalb der türkeistämmigen Migranten drei nationalistische Organisationen.

5.5.1 ADÜTDF – Die Föderation der Türkisch-Demokratischen Idealistenvereine in Europa

Diese Organisation wurde als die europäische Geschwisterorganisation der MHP, der Nationalen Bewegungspartei, 1961 durch den Vorsitzenden Alparslan Türkeş in der Türkei gegründet. Diese Partei konnte sich als Koalitionspartei zum ersten Mal 1975 an der Regierungsbildung in der Türkei beteiligen. Sie ist bekannt für ihre Gewalttätigkeiten gegenüber Linken und Andersdenkenden in der Türkei. Ideologisch war für diese Partei der Pantürkismus an erster Stelle, später wurde auch der sunnitische Islam für sie immer wichtiger. Sie sind unter dem Namen „Ülkücüler“ –Idealisten – bekannt. Das Ziel dieser Organisation ist es u. a., auch alle „Turkvölker“ zu vereinigen und nach dem Vorbild des osmanischen Reiches das große Türkenreich zu gründen.

5.5.2. Avrupa Türk İslam Birligi (ATİB) – Union der Türkisch-Islamischen Kulturvereine in Europa e. V.

Wegen inhaltlicher Differenzen, vor allem wegen der Islamisierung in dieser Bewegung, kam es Mitte der 80er-Jahre zu einer Spaltung. Wie von ihrem Namen abzuleiten ist, ist der Islam für diesen Flügel der Bewegung wichtig. „Als Hauptzielsetzung wird die Bewahrung und Entwicklung der kulturellen Werte und ihre Weitergabe an die folgenden Generationen definiert“ (Bozay, 2005, S. 193).

Diese Organisation sieht den Islam als ein wichtiges identitäres Element des Türkentums. Politisch steht sie der islamisch-rechtsextremen Partei „Büyük Birlik Partisi – BBP“ (Große Einheitspartei) nahe, die sich im Jahre 1992 von der MHP (der Nationalen Bewegungspartei von Alparslan Türkeş) wegen ideologischer Differenzen abgrenzte.

5.5.3. *Avrupa Nizam-ı Alem Federasyonu (ANF) – Föderation der Weltordnung in Europa e. V. bzw. Avrupa Türk Birligi (ATB) – Verband der türkischen Kulturvereine in Europa e. V.*

Nach Bozay gehört diese Organisation zu den neueren rechtsextrem-nationalistisch-islamistisch orientierten Dachverbänden in Deutschland. Sie ist ebenfalls eine Abspaltung von der MHP und wurde im Jahre 1994 gegründet. Laut Bozay stehe diese Organisation der „Großen Einheitspartei“ in der Türkei viel näher. Die ATB und die ANF vertreten die gleichen politischen Inhalte und stehen in sehr enger Kooperation miteinander. Sie wollen die in Europa lebenden Türken zu ihren türkisch-islamischen Wurzeln führen und bei der Gründung eines „Großtürkischen Reiches“ aktiv mitwirken (Vgl. Bozay, 2005, Aydın, 2011).

Die Existenz all dieser Organisationen in ihrer Unterschiedlichkeit kann man wie folgt zusammenfassen: der staatlich verwaltete Islam, der politisierte Islam, der mystische Islam, der nationale Islam und die Aleviten. Es gibt aber auch diejenigen Menschen, die dem sogenannten Volksislam zugeordnet werden. Sie zählen sich zu keiner Gruppe, Organisation oder Vereinigung. Die Vielfältigkeit der Organisationen macht deutlich, dass unter den Migranten das Bedürfnis nach religiösen Inhalten gegeben ist. Wie schon in einem anderen Zusammenhang erwähnt wurde, gibt es auch andere Gründe, weshalb viele Menschen sich bei diesen Organisationen heimisch fühlen. Neben den religiösen Bedürfnissen versorgen sie auch andere Wünsche ihrer Mitglieder und Besucher. Es kann davon ausgegangen werden, dass viele Eltern versuchen, ihre religiösen Erziehungsvorstellungen auf sehr unterschiedliche Art und Weise ihren Kindern zu vermitteln. Addiert man die Anzahl der Mitglieder über alle Organisationen, so gewinnt man ein Bild über die Migranten aus der Türkei. Grob geschätzt kann hier behauptet werden, dass lediglich ein Viertel der türkeistämmigen Migranten innerhalb dieser Gruppierungen organisiert ist. Die große Mehrheit wird von diesen Organisationen nicht vertreten.

Welche Bedeutung in Bezug auf die Identität von Kindern und Jugendlichen der Islam bzw. ihr Glaube hat, werde ich in einem anderen Zusammenhang bearbeiten.

An dieser Stelle muss auch genannt sein, dass die Türkei ein Land mit einer Vielfalt an Nationalitäten, Ethnien, Kulturen, Sprachen und Religionen ist. Parallel dazu muss auch die Zusammensetzung der türkeistämmigen Migranten betrachtet werden. Ich möchte hier nicht unerwähnt lassen, dass die Kurden die zweitgrößte „Nationalgruppe“ in der Türkei ausmachen. Diese Bevölkerungsgruppe wurde in ihrer Geschichte und wird in der heutigen Türkei im Interesse des türkischen Nationalstaates verfolgt und verleugnet. Hier kann der ein oder andere Leser auf die Frage kommen, warum diese Problematik hier nicht thematisiert wird. Aus vielerlei

Gründen gehe ich auf die Kurdenfrage nicht ein. Der allerwichtigste zu nennende Grund ist der, dass es eine politische Frage ist. Natürlich gibt es auch einige kurdische Organisationen, Gruppierungen und Dachverbände, die das Interesse des kurdischen Volkes vertreten. Sie sind meist nicht aus religiösen Gründen entstanden, sondern aus einer politischen Motivation heraus. Aber natürlich existiert die Tatsache, dass auch kurdischstämmige Familien, Kinder und Jugendliche in Deutschland leben und sich ebenfalls in Identitätsfindungsprozessen befinden und sich mit all den dazugehörigen Themen und Inhalten auseinandersetzen. Aus der Perspektive der Religionszugehörigkeit betrachtet zählen sich die meisten Kurden zur islamisch alevitischen wie zur sunnitischen Richtung. Ein sehr kleiner Anteil von Kurden sind Christen oder Yezidi. Aus diesem Grund habe ich den Begriff „türkeistämmige Migranten" als zutreffenden Begriff gefunden. Bezogen auf die ethnische Identität gilt für die Kurden wie auch für die anderen (Nicht-Türken) die zusätzliche Auseinandersetzung mit der Dominanzkultur innerhalb der Migrantengruppierungen.

Wenn Kurden (islamischer Religion) ihre religiösen Bedürfnisse stillen wollen, dann begegnen sie sich jeweils in verschiedenen Moscheen oder Cem-evleri, also in den alevitischen Vereinen. Dann steht oft nicht die ethnische Zugehörigkeit im Vordergrund, sondern die religiöse. In den alevitischen Gemeinden gibt es immer wieder Diskussionen bezüglich der religiösen sowie ethnischen Zugehörigkeit. Da in den meisten alevitischen Gemeinden inzwischen auch Ehemalige, meist Linke und politisch Sozialisierte als Mitglieder anzutreffen sind, ist das Bewusstsein zu diesen Themen eher gegeben als in den vielen Moscheevereinen, die im Grunde auch jeweils einer politischen Richtung angehören.

6. Kritische Betrachtung des Islam und seine Bedeutung für die Muslime in Deutschland sowie die Rolle der religiösen Erziehung

Die gesellschaftlichen Veränderungen bringen für einen Teil der Menschen auch Unsicherheiten mit sich. Menschen, die in ihrem Alltag bezüglich ihrer Zukunft verunsichert werden, besinnen sich meist auf ihre traditionellen Halt und Sicherheit gebenden religiösen Inhalte. Diese bieten ihnen die Möglichkeit, die als sehr komplex erlebte Welt erträglich zu gestalten, was sich wiederum als kognitiv entspannend auswirkt.

> *„Das Alltagsleben sowie die erlebten Zufälligkeiten bekommen einen Sinn; werden in eine Ordnung eingerahmt (z. B. als Wille Allahs, als göttliche Vorbestimmungen, als Kismet etc. gedeutet). Ordnung schützt vor anomischen, also regel- und strukturlos empfundenen Verunsicherungen in Zeiten des rapiden sozialen Wandels. Diese alltäglichen Verunsicherungen erleben Migranten deutlich stärker als Einheimische. Angesichts erlittener Kränkungen im Alltag wird dabei der Islam in der Diaspora überhöht und für die eigene Identität ein relevanteres Merkmal als in der Herkunftskultur" (Uslucan, Pro und Contra Islamunterricht, S. 1).*

Durch diese erlebten Verunsicherungen, aber auch durch Unwissenheit oder bewusst entwickelte abwertende Vorstellungen über „die Deutschen" und das daraus entstandene Gegenbild über die deutsche Gesellschaft entwickelt sich eine starre Haltung bei einem Teil der Migranten gegenüber der deutschen Gesellschaft. Regellos vor allem in der Erziehung und Beziehungen, unstrukturiert und die Unübersichtlichkeit führen zu starren Gegenseitlichkeit. Je starrer die Haltungen und die Verunsicherungen, die erlebten Kränkungen, umso mehr gilt das Festhalten an den eigenen kulturellen, aber vor allem religiösen Praktiken und Erziehungsvorstellungen.

Eine starke, auf die Religion fokussierte bzw. religiöse Erziehung, die als den zentralen und einzig richtigen Erziehungsort die religiöse Familien betrachtet – und dem Erziehungsbild der demokratischen Strukturen als Auflösungserscheinung und somit ablehnend gegenüber steht –, läuft Gefahr, zu einem Integrationshindernis zu werden. Geleitet von der Sorge, dass Einrichtungen wie Kindergärten, Vorschulen,

Horte u. Ä. die Kinder in ihrer kulturellen Entwicklung negativ beeinflussen könnten, droht die Gefahr, dass diese Kinder die Tagesstätten nicht besuchen und deshalb nicht in den Genuss kommen, an entwicklungsfördernden, vor allem sprachfördernden Maßnahmen teilzuhaben. Diese Ängste sind dann am größten, wenn die Eltern auch tatsächlich nur wenige Möglichkeiten und Zugänge haben, ihr Kind effektiv zu kontrollieren. Aus diesem Grund scheint es angebracht, für mehr Transparenz zu sorgen, und die Ängste und Sorgen muslimischer Eltern ernst zu nehmen und diese stärker zu thematisieren. (Vgl. Uslucan)

Uslucan hebt die doppelte Rolle der Moscheen in diesem Kontext hervor und schreibt, dass die Moscheen bei der „Bildung des Geistes“ eine relevante Funktion bekommen:

> *„von ihnen gehen sowohl integrative wie auch segregierende, ausgrenzende Impulse aus, je nachdem, mit welcher Ausprägung der Islam dort gelebt und gepredigt wird. Moscheen können als »Umschlagplatz des Alltagswissens« zum einen Muslimen helfen, sich im Alltag zurechtzufinden und soziale Netzwerke zu knüpfen; sie sind Orte, an denen Muslime die Erfahrung der Zugehörigkeit zur Umma (Gemeinschaft) machen, die insbesondere dann von Bedeutung ist, wenn der soziale Alltag ihnen häufig Vorurteile und Ausgrenzungen bereitet bzw. Unterlegenheitsgefühle produziert. Dann kann eine Reaktion auf wahrgenommene Bedrohung der Identität in der Steigerung des Selbstwerts, in der positiveren Bewertung der eigenen Gruppe liegen. In der Moschee wird dann die eigene Identität unter seinesgleichen bewahrt und bestärkt; in diesem Sinne kann eine praktizierte Religiosität auch als Schutz vor einer Identitätskrise gedeutet werden und hat eine positive Funktion für die Psychohygiene“ (Uslucan, S. 9).*

Nach Uslucan können von Moscheen auch segregierende Impulse ausgehen,

> *„und zwar dann, wenn sie als Orte fungieren, in denen islam-zentrierte Überlegenheitsgefühle erzeugt werden, eine Selbstgenügsamkeit der Muslime suggeriert wird sowie die Differenzen zu der säkularen Welt verstärkt und bewusst zur Kontaktmeidung mit »Heiden« oder Christen aufgerufen wird. Ein so verstandener, fundamentalistischer Islam wird sich als äußerst problematisch erweisen, da er den notwendigen Dialog mit der Mehrheitsgesellschaft hemmt und das Zusammenleben erschwert; denn die Überzeugung, dass die eigene Gruppe im Besitz der*

unverrückbaren Wahrheit ist, also ein exklusiver Heilsanspruch von einer der beiden Seiten, Christen wie Moslems, vertreten wird, gestaltet die Ausgangssituation für einen Dialog denkbar ungünstig. Diese Gefahr ist jedoch, zumindest theoretisch, in dem historischen Endgültigkeitsanspruch des Islam gegeben. Jedoch scheint bei genauer Betrachtung gläubigen Muslimen nicht so sehr das Christentum als ernsthafte Konkurrenz zu fungieren, sondern vielmehr die Verlockungen der säkularen Welt" (Uslucan, S. 10).

Uslucan betont, dass aus psychologischer Sicht die dogmatischen Erziehungspraktiken nicht zu unterschätzen sind. Allgemein betrachtet befinden sich alle traditionell-dogmatischen Erziehungskonzeptionen in einem Widerspruch mit der säkularen Moderne. Hier können vor allem die Haltungen zum Themenbereich der Sexualität genannt werden, vor allem, wenn es um die weibliche Sexualität geht. Dann hegen fast alle Religionen dieser Welt eine restriktive Haltung und einen restriktiven Umgang (Vgl. Uslucan).

In den letzten Jahren werden die Forderungen von fast allen islamischen Dachverbänden, Organisationen und Gruppierungen bezüglich der flächendeckenden Einführung des Islamunterrichts als einem dem christlichen Religionsunterricht gleichberechtigten Unterricht vorgetragen. Die Frage hierbei ist, welche Vor- und Nachteile eine Einführung des Islamunterrichts in den deutschen Grundschulen mit sich bringt.

Die möglichen Vorteile einer Einführung des Islamunterrichtes in der Grundschule fasst Uslucan zusammen:

„1. Muslimische Schüler könnten sich gleichberechtigt bzw. auf gleicher Augenhöhe mit den evangelischen oder katholischen Schülern fühlen; sie werden nicht ausgegrenzt, wenn diese Religionsunterricht haben.

2. Sie können durch diesen Unterricht auch eine religiöse Mündigkeit bekommen und die eigene Religion in interreligiösen Diskussionen offen vortragen.

3. Deutsche Schüler erfahren viel mehr von ihren muslimischen Mitschülern und können Vorurteile bezüglich des Islam abbauen.

4. Durch die schulische Anknüpfung an die religiöse Orientierung der Eltern wird für die Schüler zugleich auch eine Rückbindung und ein Verstehen der Lebenswelt der Eltern gewährleistet und eine Mög-

lichkeit der intellektuellen Auseinandersetzungen mit der eigenen Tradition geschaffen.

5. *Bei einer Gestaltung des Religionsunterrichts in deutscher Sprache könnten Schüler mit muslimischem Hintergrund als Nebeneffekt eine weitere Förderung ihrer Deutschkompetenzen bekommen" (Uslucan, Pro und Contra Islamunterricht, S. 1-2)".*

Hier ist zu erwähnen, dass es möglicherweise ein Teil der muslimischen Eltern nicht mehr für notwendig erachten würde, die Kinder in den privaten Religionsunterricht bzw. in Korankurse zu schicken. Die, in vielerlei Hinsicht oft unübersichtlichen Kurse sorgen sowohl in der deutschen Öffentlichkeit als auch bei einem Teil der muslimischen Eltern für Unmut, Ängste und Sorgen. Berechtigterweise werden Fragen laut, welche Inhalte dort wirklich vermittelt werden, ob in diesen Einrichtungen auch Ausgrenzungstendenzen, Herabwürdigung und Vorurteile anderen Gläubigen gegenüber geschürt werden. Ob die Radikalisierung des Islam dort einen Nährboden und eine Heimat findet.

Ein anderer Aspekt ist auch, dass bei türkeistämmigen Muslimen die Aleviten ihren eigenen Religionsunterricht für ihre Kinder einführen möchten. Es gilt auch für die Schüler mit alevitischem Hintergrund, sich gleichberechtigt und auf gleicher Augenhöhe mit den evangelischen, katholischen und den Schülern mit dem sunnitschen Islamhintergrund zu fühlen. Somit werden auch sie nicht ausgegrenzt, wenn sich ihr Religionsunterricht inhaltlich von dem des sunnitischen Islam unterscheidet. Auch sie können durch diesen Unterricht eine religiöse Mündigkeit bekommen.

Diese Gedanken und Vorstellungen bringen viele Fragen mit sich, die noch klärungsbedürftig sind und worüber meines Erachtens noch keine endgültige Einigung herrscht. Es laufen Gespräche mit den Vertretern der islamischen Verbände, Gruppen, Organisationen und dem Ministerium des Inneren. Wer soll die Inhalte des Islamunterrichts vorgeben? Wer ist geeignet für eine derartige Gestaltung und Erteilung des Unterrichts? Werden diese Lehrer in Deutschland ausgebildet oder werden sie aus den Heimatländern der jeweiligen Migrantengruppe geholt? Wie viel Mitspracherecht wird den Regierungen eingeräumt, aus denen die Migranten ursprünglich stammen? Zu diesen Themen und Fragen hat die deutsche Islamkonferenz einiges veröffentlicht, was jedoch nicht Gegenstand dieses Buches ist.

Welche Nachteile im Grunde nicht nur der islamische Religionsunterricht, sondern der Religionsunterricht im Allgemeinen mit sich bringt, dazu möchte ich hier zunächst Uslucan zitieren:

„1. Mit Blick auf das interkulturelle bzw. multireligiöse Zusammenleben ist eigentlich jede Form – und nicht nur die islamische – eines bekenntnisorientierten religiösen Unterrichts problematisch: Denn die Gefahr der Bildung eines geschlossenen Überzeugungssystems, das zu einer Vereinfachung kindlichen Denkens neigt und möglicherweise zu einer Überschätzung, zu Überlegenheitsansprüchen und Abwertungen anderer Ansichten führt, ist nicht immer von der Hand zu weisen.

2. Extremformen solchen Unterrichts, die religiös begründete Denktabus und Dogmen erreichen, können entwicklungspsychologisch eine verzerrte Welt- und Wirklichkeitswahrnehmung des Kindes als Folge haben. Dies kann das kindliche Explorationsverhalten und die kindliche Kreativität beeinträchtigen.

3. Darüber hinaus führt eine hohe Geschlossenheit zwar zu einer Sicherheit des eigenen Denkens und Empfindens, aber auch zu einem ausgesprochenen Konformitätsdruck innerhalb der Gruppe (der muslimischen Kinder): Intensive Kontakte in der »In-group« lassen Abweichungen weniger tolerieren. Das kann die Entstehung eines dichotomen Weltbildes beim Kind, in Form von Wir-Ihr, Freund-Feind, gläubig-ungläubig etc. fördern.

4. Der Religionsunterricht in der Schule kann die bereits bestehende religiöse Erziehung im Elternhaus bestätigen und sogar bekräftigen, sodass dann mit Berufung auf ein religiöses Familien- und Erziehungsbild liberale Formen des Aufwachsens als Bedrohung erlebt werden, was zu einem Integrationshindernis werden kann, weil Eltern bei zu vielen und zu frühen Kontakten mit deutscher bzw. eher säkularer Umgebung eine kulturelle Entfremdung befürchten" (Uslucan, Pro und Contra Islamunterricht, S. 2)".

Des Weiteren berichtet Uslucan aus den empirischen Studien, die bei Modellprojekten des Islamunterrichts durchgeführt wurden. Die Ergebnisse dieser Untersuchungen haben ergeben, so Uslucan, dass die Mehrheit der befragten Kinder (61 Prozent), die den Islamunterricht als Modellprojekt in den Jahren 2005 bis 2008 besuchten, angaben, dass

„die Beschäftigung mit dem Islam keineswegs eine selbstgenügsame Haltung bedeutet, sondern sie weitestgehend offen für Kenntnisse anderer Religionen sind; sie scheinen in keinster Weise antiintegrative Ten-

denzen aufzuweisen, sondern sind primär an der Integration interessiert" (Uslucan, Pro und Contra Islamunterricht, S. 3)".

Die Ausführungen von Uslucan sind sehr plausibel und einleuchtend. Ein weiterer Aspekt kommt dazu. Wer partizipiert, geht mit den Themen anders um und hat es nicht nötig, andere abzulehnen, auszugrenzen und zu degradieren. Auch das angeeignete Wissen bzw. vor allem die Art und Weise, wie das Wissen vermittelt wird, ist entscheidend. Wird es als gegeben und unverrückbar, als unkritisierbar und unhinterfragbar weitergegeben, dann wird es entwicklungspsychologisch und kognitiv eine andere Wirkung haben, als wenn es als etwas Veränderliches, Bewegliches, Kritisierbares und mit unterschiedlichen Blicken zu Betrachtendes vermittelt wird. Ich unterstelle, dass in einer Schule das Wissen anders kommuniziert werden würde als in einem Moscheeverein oder in einer konservativen Kirchengemeinde.

Auch aus der Perspektive der Identitätsentwicklung betrachtet, ist Folgendes entscheidend: Wer sich sicher fühlen kann oder in seinen Gedanken sicher ist, in seinem Sein, seinem Können und Wissen, der wird vermutlich nicht das Problem haben, andere Gruppen, Kulturen, Menschen und einen anderen Glauben anzuerkennen.

7. Die sprachliche Entwicklung des Kindes

„Ein entfaltetes Sprachvermögen gehört zum wertvollsten »kulturellen Kapital« eines Menschen“ (Gogolin und Neumann, 1999, S. 96).

Das Kind gewinnt seine primäre Sprache von den engsten Bindungs- und Bezugspersonen, die in der ersten Lebenszeit in einem intensiven dialogischen Kontakt mit ihm stehen. Gogolin und Neumann berichten in ihrem Gutachten, dass der Spracherwerb sich als eine Wechselwirkung zwischen den angeborenen Voraussetzungen und den sozialen Einflüssen vollziehen würde. Des Weiteren heißt es:

„Jedes Kind bringt bei seiner Geburt das gesamte Rüstzeug mit, das es zum Spracherwerb benötigt […]. Damit ein Kind sich aber Sprache aneignen kann, benötigt es einen intensiven Kontakt mit den Menschen und Dingen in seiner Umwelt“(Gogolin und Neumann, 1999, S. 112).

Kinder erwerben im zweiten Lebensjahr, während sie zielgerichtetes Handeln und die ersten Bausteine des Ich-Bildes entwickeln, auch ihre Sprechfähigkeit. Durch diese Fähigkeit wird es dem Kind möglich, die gemachten Erfahrungen schrittweise zuzuordnen und auch seine Handlungen selbst zu organisieren:

„Die in der weiteren gemeinsamen Welterschließung gemachten Erfahrungen und Erlebnisse werden nun mit dem jeweils von der Umgebung des Kindes angebotenen sprachlichen Bedeutungen verknüpft. Insofern enthält die jeweilige Erstsprache des Kindes einen besonderen Stellenwert für seine weitere Entwicklung. Sie ist Mittel der Repräsentation für die im kooperativen Handeln erschlossenen gegenständlichen Strukturen, somit für die damit hergestellten subjektiven Beziehungen zu den Objekten. Sprache repräsentiert also eine bestimmte Ordnung der Welt und auch eine bestimmte Haltung zur Welt, sie macht eine Vorstellung von der Welt erst möglich und ist in der Tat werthaltig, aber immer in Abhängigkeit von der konkreten Lebenspraxis, von den dort gemachten Erfahrungen und den darin vermittelten Wertungen“ (Auernheimer, S. 67).

Das Kind, das sprachfähig ist, denkt und fühlt gleichzeitig in der Muttersprache. Deshalb ist der Stellenwert der Muttersprache im Leben eines Kindes sehr wichtig.

Uslucan stellt in seinem Text verschiedene Forschungen vor, die davon ausgehen,

> *„dass ohne eine etablierte Kompetenz in der Muttersprache ein Zweitspracherwerb nicht vollständig erfolgen kann bzw. dass ab einem gewissen Alter nur noch mit einem subtraktiven Bilingualismus, d.h. mit unzureichenden Kenntnissen in beiden Sprachen zu rechnen sei. [...] Empirische Studien zum Zweitspracherwerb zeigen, dass diese phonologisch dann korrekt erworben werden, wenn mit ihrer Aneignung vor dem Alter von elf Jahren begonnen wird. Bei dieser Konstellation ist eher ein akzentfreies Sprechen zu erwarten, was die Voraussetzung für eine gelungene sprachliche Integration darstellt [...]. Konsistent ist der Befund, dass eine elaborierte Kenntnis der Muttersprache eine grundlegende Voraussetzung bildet, um eine fremde Sprache grammatikalisch korrekt zu erwerben (ebd., S. 8).*

Bürgermann und Reinert fassen die Meadsche Theorie bezüglich Sprache und Identität folgendermaßen zusammen:

> *„a) Durch sprachlich vermittelte Erfahrungen erhält das Individuum Identitätszuschreibungen von Seiten der Interaktionspartner. In seiner inneren Form kann das Individuum vermittels symbolischer Haltungen einen eigenen Identitätsentwurf gestalten.*
> *b) Erst durch die »reflexive Intelligenz« wird ein »role-taking«, bezogen auf die eigene Person, möglich. Das Individuum kann somit eigene Handlungsansprüche, den eigenen Identitätsentwurf, objektivieren und gemäß der »Identitätsdarstellungen« seiner Interaktionspartner sinnvoll handeln, um sich so die Anerkennung seines Identitäts- und Handlungsentwurfs durch die anderen zu sichern" (Bürgermann, Reinert, 1984, S. 34-35).*

7.1. Die Rolle der Muttersprache bei der Identitätsentwicklung

Uslucan weist zu Recht darauf hin, dass die Sprache das vorzügliche Medium ist,

„mit dessen Hilfe sozialisierende Vorgänge eingeleitet und vermittelt, soziale Wirklichkeiten konstruiert und die sprachlichen Inhalte internalisiert werden. Die Sprache spielt eine entscheidende Rolle in der Identitätsbildung“ (Uslucan, Resilienz und Ressourcenförderung bei Jugendlichen mit Migrationshintergrund, S. 6).

Auf die Rolle bzw. den Wert der Muttersprache bei der Identitätsfindung wird im Memorandum zum muttersprachlichen Unterricht in Deutschland aufmerksam gemacht, und die unverzichtbaren Funktionen der Muttersprache werden folgendermaßen zusammengefasst:

„Nach Auffassung der Unterzeichner trägt die Sprache als Muttersprache jedoch wesentlich die gesamtpsychische Entwicklung und die Sozialisation des Kindes, denn eine ausreichende emotionale, gesellschaftliche und kognitive Entwicklung vollzieht sich in enger Bindung an die Sprache, an die Muttersprache. Im Einzelnen hat dabei die Muttersprache eine Reihe unverzichtbarer Funktionen:

1. *Die Sprache als Muttersprache hat eine wichtige Rolle bei der Herausbildung und Stabilisierung der individuellen Identität des Kindes; sie bedingt die Entwicklung der Basispersönlichkeit jedes Kindes.*
2. *In der Sprache als Muttersprache erfolgen das Benennen und die Versprachlichung des unmittelbaren Wahrnehmungsfeldes sowie die Orientierung in demselben.*
3. *Die Sprache als Muttersprache ermöglicht dem Kind das Erfassen, das Wiedergeben und das Verstehen der Welt, die jenseits seines unmittelbaren Wahrnehmungsfeldes liegt, sie ermöglicht dem Kind also die Aufnahme und die Mitteilung wichtiger Erfahrungen anderer.*
4. *Die Sprache als Muttersprache ist Träger gesellschaftlichen Wissens; sie ermöglicht dem heranwachsenden Kind die Teilnahme am transindividuellen Wissensschatz vergangener gesellschaftlicher Arbeit.*
5. *Die Sprache als Muttersprache bewirkt insgesamt die Übernahme und Aneignung gesellschaftlich erfolgreicher Muster des Handelns und Sprechens und trägt damit wesentlich zum Auf- und Ausbau der sprachlichen Handlungskompetenzen des Kindes bei.*
6. *Die Sprache als Muttersprache ist familien- und gruppeninternes Kommunikationsmittel. Sie dient der Mitteilung und Überlieferung*

wichtiger Geschichten, der Herstellung, Aufrechterhaltung und Veränderung sozialer Beziehungen in der Familie und Gruppe, dem Austausch von Wertvorstellungen und Ideensystemen, kurz: der täglichen Herstellung und Wiedererneuerung der kulturellen Identität. Gerade diese Funktion der Muttersprache ist in der Migrantensituation besonders bedroht, vor allem natürlich durch den möglichen Verlust der gemeinsamen Muttersprache bei den aufwachsenden Kindern und Jugendlichen. Wie sollen sich Eltern und Kinder tatsächlich verständigen, wenn sie unterschiedliche Muttersprachen sprechen, wenn also ein familieninterner sprachlich-kultureller Bruch entstanden ist? Wie sollen sie als Jugendliche Normenkonflikte abarbeiten können? Wie sollen gerade die Kinder die auch allgemein sozial entscheidenden Kommunikationsfunktionen der Sprache erwerben, entwickeln und differenzieren?

Fassen wir zusammen: Die Sprache als Muttersprache ist keine Qualität, die vom heranwachsenden Kind abgelöst und durch eine andere ersetzt werden kann, oder sogar beliebig austauschbar ist, sondern sie ist wesentlicher Träger der Erstsozialisation in der Familie, aber auch Voraussetzung und Bedingung weiterer außerfamiliärer Sozialisations- und Bildungsprozesse, die auch nach dem Schuleintritt fortdauern" (BAGIV – Bundesarbeitsgemeinschaft der Immigranten in Deutschland e. V., Hrsg., 1985, S. 17-19).

Uslucan hebt in seinem Text die Evidenz zwischen Bikulturalität und Bilingualität hervor und schreibt:

> *„Für Migranten bietet sich mit einer auf Dauer angelegten Migration die einmalige Chance, in einem natürlichen Kontext bilingual aufzuwachsen bzw. ein bilinguales Leben zu führen. Mit Bilingualismus ist dabei nicht nur die Fähigkeit gemeint, sich in zwei Sprachen verständigen zu können, sondern auch die Fähigkeit des Individuums, sich mit beiden beteiligten Sprachgruppen zu identifizieren. Gute Sprachkompetenzen sind eine Ressource, Schwäche dagegen langfristig ein Vulnerabilitätsfaktor gegenüber Akkulturationsstress" (ebd., S. 7).*

Uslucan referiert in seinem Text über empirische Befunde, die mit türkeistämmigen Jugendlichen durchgeführt wurden. Die Ergebnisse dieser Untersuchungen stellen fest, dass nicht die Aufenthaltsdauer allein mit einem höheren Akkulturationsniveau einhergeht, sondern eine höhere Sprachkompetenz das Akkulturationsniveau hebt.

> *„Höhere Sprachkompetenzen reduzieren interethnische Spannungen, ermöglichen eine differenzierte Selbstdarstellung und erleichtern dadurch die soziale Akzeptanz. Dagegen erwies sich eine lange Aufenthaltsdauer mit schlechter Sprachbeherrschung kontraproduktiv; denn dann stieg die Belastung mit zunehmender Fortdauer" (ebd., S. 7).*

Der Bilingualismus trägt auch positiv zur kognitiven Entwicklung von Kindern bei. Diese Kinder seien in den Bereichen der allgemeinen Intelligenz sowie in ihren kognitiven Stilen und Fähigkeiten vielen monolingualen Kindern gegenüber überlegen. Kinder, die bilingual erzogen werden, können gut zwischen Wort und Gegenstand differenzieren Außerdem fördere ein doppelter sprachlicher Input ihre metasprachlichen Fähigkeiten, und dies würde insgesamt dem Abstraktionsvermögen zugute kommen.

Uslucan referiert im Weiteren auch über die problematischen Seiten des Spracherwerbs.

> *„Für eine Vielzahl von Migrantenkindern gilt jedoch, dass sie ihre Muttersprache in vielfachen Interaktionen mit ihren Eltern erwerben, die ihrer eigenen Sprache aufgrund ihrer Bildungsdefizite nicht sehr mächtig sind, und somit deutlich schlechtere Chancen haben, auch die deutsche Sprache grammatikalisch korrekt zu lernen. Diese mangelhafte Kompetenz der eigenen Muttersprache kann dazu führen, dass von den Kindern vermehrt Bestrebungen unternommen werden, diese Lücke mit einer »Überanpassung« an die neue Kultur zu kompensieren und beispielsweise aus dem Wissen um die Lücken in der Muttersprache heraus auch dann die Zweitsprache verwenden, wenn sie den Sachverhalt auch in ihrer Muttersprache hätten kommunizieren können" (ebd., S. 9).*

Hier begegnet uns das Thema der Anerkennung bzw. Diskriminierung, das vor allem in der Frage der Identitätsbildung und -entwicklung einen wichtigen Platz inne hat. Im Bereich des Spracherwerbs mit möglicherweise einhergehenden Diskriminierungserfahrungen kann es oft dazu kommen, dass diese negativen Erfahrungen die Motivation und Bereitschaft, die zweite Sprache zu erlernen, sowie die Entwicklung einer positiven Wertschätzung gegenüber der Mehrheitskultur und deren Sprache verhindern. Die Diskriminierungserfahrung kann auch negative Auswirkungen auf den Lernerfolg des Kindes haben.

> *„Eine Diskriminierung kann bereits darin liegen, dass Sprachkompetenz von Migranten, die sie nämlich in der eigenen Sprache haben, eine systematische Nicht-Anerkennung als Kompetenz erfahren; da bei Migrantenkindern im pädagogischen Alltag ihre Kommunikation in der Sprache ihrer Eltern systematisch abgewertet und als störend für den Erwerb der Sprache der Mehrheitskultur betrachtet wird. Problematisch vor diesem Hintergrund ist daher auch die gelegentlich im Alltagsdiskurs geäußerte Empfehlung, Migrantenkinder sollten zu Hause mit ihren Eltern deutsch sprechen, um ihre Kompetenzen besser auszubilden. Diese »verschenken« zu leichtfertig das Kapital der Mehrsprachigkeit" (ebd., S. 9).*

Diese Haltung verlangt von den Migrantenkindern eine bewusste Ablehnung und Leugnung eines elementaren Teils *ihrer Identität*. Dies wird zum einen die Eltern-Kind-Beziehung belasten und sich zum anderen negativ auf das Selbstwertgefühl des Kindes auswirken. In vielen Familien ist die zu Hause gesprochene deutsche Sprache nicht unbedingt identisch mit dem „Schuldeutsch".

Im Zuge des Wandels und der Veränderungen in jeder Hinsicht erfährt die Sprache einen enorm hohen Stellenwert. Wirft man einen Blick auf Migrantenkinder und -jugendliche der dritten und vierten Generation, dann stellt man fest, dass die Muttersprache sowohl in Deutschland als auch der Türkei ein wichtiges Kriterium für deren Marktwert ist. Es eröffnen sich auf dem Bildungsmarkt und in der Berufswelt in beiden Ländern große Möglichkeiten. In Verbindung mit einer guten Bildung/Ausbildung und der nötigen Sprachkompetenz erweitern die Kinder nicht nur ihren Horizont, sondern steigern damit auch ihre Chancen auf dem Arbeitsmarkt. Aus dieser Perspektive betrachtet kommt auf die Eltern dieser Kinder und Jugendlichen wie auch auf die Bildungsträger eine wichtige Aufgabe zu. Sie müssen sich viel mehr mit der Ausstattung der sprachlichen Entwicklung dieser Kinder auseinandersetzen.

Meine Erfahrung während den Interviews war es, dass diese Kinder und Jugendlichen für die Zukunft ihres/unseres Landes als auch für die Zukunft der Herkunftsländer ihrer Eltern eine wichtige Rolle spielen werden. Sie werden bzw. sie sind eine kulturelle Brücke zwischen diesen Welten, in denen es keinen Platz für Ausgrenzung, Rassismus, Diskriminierung und Zerstörung geben sollte.

Im Allgemeinen wird die Hypothese aufgestellt, dass die sprachliche Situation der Migrantenkinder durch eine „doppelte Halbsprachigkeit" gekennzeichnet ist. Dirim lehnt diese Annahme ab und besetzt diesen Begriff mit der Begrifflichkeit der „Sprachalternation („code-switching"). Sie fügt also hinzu, dass diese Kinder und Jugendlichen innerhalb derselben Gesprächssituation mehr als eine Sprache gebrauchen (Vgl. Gogolin und Neumann, 1999).

> *„Die Zweisprachigkeit der Kinder erwies sich als „eine höchst flexible Kompetenz [...], durch die die Kinder in unterschiedlichen sprachlichen Marktverhältnissen agieren können" (Dirim zitiert nach Gogolin und Neumann, 1999, S. 136).*

Gogolin und Neumann führen weiter aus und heben es hervor, dass die Sprachkompetenz der Migrantenkinder nicht durch das Abzählen von „richtigen" und „falschen" Vokabeln beurteilt werden kann. Sie gehen davon aus, dass diese Kinder ein Sprachrepertoire von mindestens zwei Sprachen besitzen und eine ihren Kommunikationsabsichten und ihrer sozialen Situation entsprechende angemessene Auswahl treffen.

8. Schulische Sozialisation

(Aus "Die 2. Generation", 1976)

In den meisten Fachbüchern, die ich bezüglich der schulischen Sozialisation und Situation von Migrantenkindern für diese Arbeit herangezogen habe, besteht ein Konsens darüber, dass Migrantenkinder im deutschen Bildungssystem benachteiligt sind. Das deutsche Schulsystem konnte auch nach 50 Jahren Migration den Herausforderungen, vor allem von Migrantenkindern, noch nicht ausreichend gerecht werden.

> *„Die internationalen Vergleichsstudien haben auch ergeben, dass die Förderung von Jugendlichen mit Migrationsgeschichte in Deutschland weniger gut gelingt als in den meisten anderen Staaten. Die Befunde der PISA-Studie wiesen bezüglich Kinder und Jugendlichen mit Migrationshintergrund auf ein immenses Versäumnis deutscher Bildungspolitik und Schulen hin. Ihre defizitären schulischen Karrieren und Leis-*

tungen stellen eine dauernde Gefährdung aller Integrationsbemühungen dar. Die Unfähigkeit deutscher Schulen, soziale Benachteiligungen auszugleichen oder abzumildern, schlägt hier besonders zu Buche" (Ceri, 2008, S. 11).

Weiterhin wird die Bedeutung einer besseren schulischen und beruflichen Integration der unteren sozialen Schichten für den sozialen Zusammenhalt in der Gesellschaft hervorgehoben. Auch die Förderung des Humankapitals, wie die Sprachvielfalt, sei ein wichtiger Faktor für das wirtschaftliche Wohlergehen der Aufnahmeländer.

Die Bedeutung der Bildung und das Teilhaben von Menschen mit Bildung an einer demokratischen Gesellschaft werden als unentbehrlich betrachtet. Dies sei eben eine Verpflichtung und Verantwortung des Schulsystems.

„Damit Menschen ihren Platz in der Gesellschaft einnehmen und in ihr mitwirken können, bedarf es der Bildung. [...] Gesellschaften, die in der Welt bestehen und die die Welt mitgestalten wollen, sind auf die bestmögliche Bildung all ihrer Menschen angewiesen. [...] Gesellschaften, die in ihrer Zusammensetzung von kultureller und sozialer Heterogenität geprägt sind, müssen das Zusammenleben ihrer Mitglieder bereits in deren Bildungsprozessen vorbereiten. [...] Ein Verzicht auf Bildung, die auf ein friedliches Zusammenleben angelegt ist, fördert den Zerfall der Gesellschaft. Da Integration vor allem durch Bildung erfolgt, und zur gleichberechtigten Teilhabe an der Gesellschaft Bildung vorausgesetzt wird, kommt den gesamten Schul- und Ausbildungssystemen eine Schlüsselfunktion zu. Die Bildungsqualifikationen, welche für das spätere Berufsleben entscheidend sind, werden vor allem in der Schule erworben. Daher muss zunächst gefragt werden, welche Aufgaben und Verpflichtungen den Schulen gegenüber jedem Kind zukommen" (Ceri, 2008, S. 19).

Das Schulsystem in Deutschland ist auf eine sehr frühe Selektion der Schüler aufgebaut. Dadurch wird vielen Kindern aus der unteren sozialen Schicht, unter ihnen sind auch viele Migrantenkinder, sehr früh schon eine bessere Zukunftsperspektive fast unmöglich gemacht.

Die Zahlen belegen kontinuierlich sehr deutlich, dass an der Schulsituation von Migrantenkindern sich kaum etwas verändert hat. Weiterhin besucht eine deutliche Mehrheit der Migrantenkinder nach der Grundschule die Hauptschule. Eine sehr ernstzunehmende Anzahl von ihnen verlässt die Hauptschule ohne Abschluss, und nach wie vor schafft nur eine Minderheit von Migrantenkindern den Sprung auf das Gymnasium oder erreicht einen Fachhochschulabschluss (Vgl. Ceri, 2008).

Es besteht auch eine unbestreitbare Übereinkunft darüber, dass der Schulerfolg bzw. Misserfolg bei der Persönlichkeitsentwicklung und Identitätsbildung eine enorm wichtige Bedeutung hat.

8.1. Erklärungsmodelle

Die Zahlen machen deutlich, dass Migrantenkinder (insbesondere türkische Staatsangehörige) sowohl auf Bundesebene als auch in Bayern an weiterbildenden Schulen unterrepräsentiert sind. Oft wird dies als Bestätigung der „Kulturkonfliktthese" herangezogen. Es heißt dann, je größer die „kulturelle Distanz", umso weniger Erfolg in der Schule. Der Grund für das schulische Scheitern der Migrantenkinder liegt nicht darin, dass sie aus einem anderen Kulturkreis kommen, sondern im Schulsystem selbst. Die gesellschaftliche Diskriminierung setzt sich auch im schulischen Bereich fort. Als weitere Gründe für das schulische Versagen können folgende Punkte hinzugefügt werden:

- Sprachbarrieren, die bedingt sind:

a) Was das Erlernen sowohl der deutschen Sprache als auch der Muttersprache betrifft, gibt es kaum geeignete Bücher und Materialien für Migrantenkinder.
b) Die Muttersprache der Migrantenkinder hat keine große Bedeutung in der Schule. Die Alphabetisierung beispielsweise wird nicht in beiden Sprachen gleichzeitig eingeführt.

- Die Lehrer haben keine spezielle Ausbildung, um eine bikulturelle Erziehung bzw. Bildung zu gewährleisten. Häufig sind sie mit dieser Aufgabe überfordert.
- Teilweise sind sie sogar ablehnend und feindselig gegenüber den nichtdeutschen Schülern eingestellt. Sie sind auf ein bikulturelles Leben ihrer Schüler nicht gut vorbereitet und sie glauben teilweise, „neue Deutsche" aus ihnen machen zu müssen.
- Die soziale Stellung eines Kindes ist sehr wichtig bei der Lernmotivation. Aufgrund von Sprachschwierigkeiten und ansatzweise diskriminierenden

Verhaltensweisen vonseiten der Mitschüler und Lehrer kommt es oft zur sozialen Isolation des nicht deutschen Schülers mit den dazugehörigen Folgeerscheinungen.

- Die elterliche Hilfe bei den Hausaufgaben bleibt den türkeistämmigen Schülerinnen und Schülern oft versagt. Aufgrund der geringen Deutschkenntnisse des oft niedrigen Bildungsniveaus und der hohen beruflichen Belastungen können die Eltern ihren Kindern keine Lernhilfe geben.
- Bedingt durch die hohe Kinderzahl und die beengten Wohnverhältnisse bei den türkeistämmigen Familien gestaltet sich die häusliche Lernsituation für das einzelne Kind schwierig.
- Viele türkeistämmige Eltern haben an den schulischen und beruflichen Werdegang ihrer Kinder sehr hohe Erwartungen. Das schulische Versagen schreiben sie nicht dem Schulsystem zu, sondern ihrem Kind. Dieses wird mit der Problematik jedoch alleine gelassen.

8.2. Lösungsmodelle

Ich bin der Ansicht, dass das Bildungssystem angesichts der Existenz der Migrantenkinder und wegen der Benachteiligung der unteren sozialen Schichten gänzlich reorganisiert werden müsste. Solange kein neues Bildungssystem geschaffen wird, das den Bedürfnissen der Migrantenkinder und somit auch den unteren sozialen Schichten dieser Gesellschaft gerecht wird, wird sich bei der Chancengleichheit nichts ändern, unabhängig davon, ob diese Kinder die jeweilige Sprache des Aufnahmelandes sehr gut oder gar nicht beherrschen. Geändert werden müsste auch die Ausbildung der Lehrkräfte.

Auch die deutschen Kinder leiden unter dem Schulsystem. Die Schule hat einen sehr hohen Stellenwert im Leben eines jungen Menschen – sie stellt sehr oft die Weichen für den beruflichen Auf- und Abstieg, den sozialen Status und für vieles mehr.

Welchen Stellenwert die Schule inzwischen im Leben der Kinder und Jugendlichen hat, macht Singer in seinem Buch „Maßstäbe für eine humane Schule“ deutlich:

> *„Schulanforderungen bestimmen immer mehr das Leben von Kindern und Jugendlichen. Den größten Teil ihrer Zeit verbringen Schüler im Unterricht und mit Hausaufgaben. Deshalb wird ihre Entwicklung mehr als früher von der Art der Schulumwelt geprägt. – Schule droht »total«*

zu werden: sie füllt mit Macht das Leben der jungen Menschen aus. Aber sie wollen nicht für dieses Leben verantwortlich sein, sondern nur für den schmalen Ausschnitt der Wissensvermittlung" (Singer, 1981, S. 9).

Roth beschäftigt sich in seinem Buch „Bildung braucht Persönlichkeit. Wie Lernen gelingt (2011)" ebenfalls mit dieser Problematik. Seine Gedankengänge und Vorschläge halte ich für wichtig und sinnvoll, deshalb sollen sie hier gewürdigt werden. Roth geht im Kapitel 12 „Bessere Schule, bessere Bildung" gesondert auf die Rolle der Schule ein und fragt; „Was soll Bildung, was kann die Schule?" Und er antwortet darauf:

„Danach ist es Aufgabe schulischer und außerschulischer Bildung, (1) dem Lernenden zu helfen, sich zu einer psychisch gesunden Persönlichkeit zu entwickeln; (2) ihm Wissen und Fähigkeiten zu vermitteln, die ihn auf ganz unterschiedliche spätere Lebenstätigkeiten vorbereiten, und ihn in die Lage versetzen, eigenständig und kritisch mit dem Wissen umzugehen; und (3) soziale Kompetenzen zu entwickeln, die ihm erlauben, seine eigenen Interessen unter Anerkennung und Berücksichtigung der Interessen anderer zu verfolgen, Gerechtigkeit, Solidarität, Toleranz und Freiheit in der Gesellschaft zu bewahren und zu vermehren" (Roth, 2011, S. 285).

Roth behandelt vor allem die problematischen Seiten des Einzelgängertums im Lehrerdasein und schlägt vor, dass auf Freiwilligkeit beruhende Lehrerteams gebildet werden sollen, *„die gemeinsame Bildungs- und Unterrichtskonzepte vertreten und diese ausprobieren wollen"* (ebd., S. 286). Er verdeutlicht seine kritische Haltung gegenüber den bereits bestehenden Lehrertreffen, die schließlich auf organisatorische Aufgaben oder „Problemschüler" reduziert werden. Er schlägt vor, dass es bei den Besprechungen mehr um die Inhalte des Unterrichts, die didaktische Aufarbeitung und den fachübergreifenden Unterricht gehen sollte. Roth hebt insbesonders Folgendes hervor:

„Ein in meinen Augen weiterer wichtiger Schritt sind Tests für alle Schüler zur Einschulung in mehrjährigen Abständen. Getestet werden müssen dabei diejenigen Eigenschaften und Fähigkeiten der Schüler, die oben als Ziele von Schule und Bildung genannt wurden, d. h. es geht nicht nur um Intelligenz, Wissen und Fähigkeiten, sondern auch

um den Entwicklungsstand der Schülerpersönlichkeit und der sozialen Kompetenzen. Derartige Tests liegen bisher nur vereinzelt vor, sie müssen weiterentwickelt und in ihrer Qualität streng überprüft werden. Schließlich gehört eine partnerschaftliche Beziehung der Schule und Bildungsstätte mit den Eltern bzw. Erziehungsberechtigten zu den dringenden Erfordernissen. Hier muss die Schule ohne Scheu Defizite ansprechen und gemeinschaftlich zu beheben versuchen" (ebd., S. 287).

Roth spricht sich für die Ganztagsschule als den Verwirklichungsort ein. Unter anderem behandelt er die Schüler-Lehrer-Beziehungen. Die Lehrer müssen von der althergebrachten Rolle des Allwissenden und Allmächtigen Abschied nehmen. Stattdessen müsse der Lehrer eine Respektsperson sein, *„eine Autorität im Auftreten, in der psychosozialen Kompetenz und in seinem pädagogisch-didaktischen Vorgehen und seinem Fachwissen"* (ebd., S. 288).

Der Lehrer müsse die Persönlichkeit seiner Schüler und deren familiäre und sozioökonomische Situation entsprechend erfassen.

Nach Roth ist eine der wichtigsten Aufgabe der Schule auch die Förderung der Persönlichkeitsbildung der Schüler.

„Entsprechend handelt es sich um die Ausbildung folgender Kernkompetenzen der Persönlichkeit:
(1) Stress- und Frustrationstoleranz,
(2) Selbstberuhigung,
(3) Motiviertheit,
(4) Impulshemmung,
(5) Bindung und Empathie,
(6) Realitätssinn und Risikowahrnehmung" (ebd., S. 291).

Roth betrachtet die Schule auch als den Ort, in dem die Schüler auch einen Umgang mit Konflikten und Gewalt lernen sollen. Dazu müsse die Lehrpersönlichkeit und die Steigerung der Lehrerkompentenzen in den Bereichen Konfliktmanagement, Führungsqualitäten, Stressmanagement, didaktische Fähigkeiten und bessere Unterrichtsplanung sowie Selbstmotivation in den Vordergrund gerückt werden.

Auch die Unterrichtsformen müssten sich verändern. Dies gilt auch für die Zeitstruktur des Unterrichts. Nach Roth müssten mindestens zwei Unterrichtsstunden zur Verfügung stehen, um Unterrichtsformen wie Frontal- und Lehrgangsunterricht, Gruppen- und Projektunterricht sowie Frei- bzw. Einzelarbeit praktizieren zu können.

Schließlich hebt er den Stellenwert des fachübergreifenden Unterrichts hervor und die Notwendigkeit der Wiederholung und Überprüfung des gelernten Stoffes, um diesen besser behalten zu können.

8.3. Die Rolle der Muttersprache in der Schule

„Zwei Sprachen sind wie zwei Landschaften,
unvergleichbar in ihrer Art,
vergleichbar in ihren Charakteristiken.
Man muss sich in sie einleben,
um das Faszinierende an beiden zu erkennen,
um doppelt reich zu werden".
Irene Frandsen-Roeger (Pädagogische Beiträge, 12/87, S. 28).

Viele Autoren machen darauf aufmerksam, dass der Alphabetisierungsunterricht bei den Migrantenkindern aus der Türkei generell auf Deutsch durchgeführt wird.

Weiterhin wird dem Erstlese- und Schreibunterricht eine besondere Verantwortung bei der Entwicklung der Muttersprache beigemessen. Wenn dieser nur unzureichend gestaltet ist, können Störungen in dem Sinne auftreten, dass bereits erworbene Fähigkeiten zurückgebildet werden. So kann auch die Entwicklung der Muttersprache zum Stillstand kommen. Die Entstehung der bereits erwähnten „doppelten Halbsprachigkeit" wird vorbereitet.

Die Folgen der doppelten Halbsprachigkeit sind:

- Da einerseits die Muttersprache wenig ausdifferenziert entwickelt ist und auf der anderen Seite die deutsche Sprache nur ansatzweise beherrscht wird, erschwert dies den Kindern eine bewusste Trennung der Sprachen. So entstehen unterschiedliche Sprachstrukturen in den Köpfen der Kinder, die ihre sprachliche Entwicklung eher behindern als fördern.
- Bei vielen „doppelten Halbsprachlern" gibt es Momente, in denen sie ihre Emotionen nur mit der einen oder der anderen Sprache zum Ausdruck bringen können (oder auch nicht). Dies behindert auch eine freie zweisprachige Entwicklung.
- Die sprachliche Kommunikation ist eingeschränkt auf einen bestimmten Wortschatz.

- Am wichtigsten scheint hier zu sein, dass die doppelte Halbsprachigkeit zur Minderung der schulischen und beruflichen Chancen führt. Außerdem wird der angebotene muttersprachliche Ergänzungsunterricht an Grund- und Hauptschulen den Entwicklungsanforderungen und Aufgaben, vor die die Jugendlichen gestellt sind, bislang in keiner Weise gerecht.
- Kommt es bei den „doppelten Halbsprachlern" noch zu auftretenden Minderwertigkeitsgefühlen, kann dies zu massiven Identitätshemmungen führen.

Als Folge der Migration hat sich auch die Sprache der Migranten verändert. Diese Veränderung kann auch so verstanden werden, dass die meisten von ihnen ihre Muttersprache in der Art und Weise sprechen, wie sie es aus der Region oder dem Milieu kennen, aus dem sie gekommen sind. Vor allem auch in den Herkunftsländern hat sich die Sprache fortentwickelt, da Sprache etwas Lebendiges ist. Die meisten der Migranten können diese Weiterentwicklung ihrer Muttersprache jedoch nicht verfolgen und sie sich aneignen. Durch das Leben in Deutschland hat sich eine „Mischsprache", also eine „migrantenspezifische Muttersprache" etabliert oder herausgebildet. Auch die soziale Klasse der meisten Migranten spielt hier eine Rolle. Es sind meist bildungsferne Menschen und somit bedienen sie kaum die Schriftsprache in ihrer Muttersprache.

Es ist inzwischen eine akzeptierte Tatsache, dass die Zwei- bzw. Mehrsprachigkeit die Realität für viele Kinder geworden ist. Insofern müsste für Kinder ohne Deutsch als Muttersprache die Zweisprachigkeit eine Bereicherung sein. Würde die Zweisprachigkeit gezielt gefördert, dann wäre es dies auch. Aber die Forschung und deren Ergebnisse liefern andere Fakten. Die von den Kindern bereits gemachten Erfahrungen bieten für die Förderung der Zweisprachigkeit eine günstige Basis.

Gogolin fasst die Situation der Migrantenkinder folgendermaßen zusammen:

> *„Durch ihre frühe unvermeidliche Begegnung mit verschiedenen Sprachen sind die Kinder aus ethnischen Minderheiten vor Aufgaben gestellt, die einsprachige Kinder in dieser Weise nicht bewältigen müssen. Sie müssen sich in der mehrheitssprachlichen Umwelt orientieren und zurechtfinden. Sie müssen zwischen beiden Sprachen wechseln – was voraussetzt, dass sie lernen, die beiden Sprachen voneinander zu unterscheiden. Sie müssen »ein Gefühl« oder Kriterien entwickeln, womit sie feststellen, mit welcher Person oder in welcher Situation die eine oder andere Sprache tauglich ist. Sie müssen Strategien entwickeln, die ihnen über Momente der Ausdrucksnot oder der Verstehensnot hinweg-*

helfen. Sie können in die Lage kommen, dass sie für Personen, die einsprachig sind, Übersetzungen, Übertragungen leisten müssen. Nur wenn sie solche Aufgaben bewältigen, ist das »sprachliche Überleben« der Kinder in der zweisprachigen Umwelt gesichert. Die Leistungen, die die Kinder für die Bewältigung solcher Anforderungen erbringen müssen, basieren auf der Entwicklung »metasprachlicher Fähigkeiten«, zu diesen rechnet man das Differenzieren zwischen Sprachen, das Reflektieren über Sprachen, das Wechseln, das Übersetzen und Übertragen, das Spielen mit Sprache, Sprachsensibilität" (Gogolin,1987, S. 28).

Gogolin weist auf die Bemerkungen vieler türkischer und deutscher Lehrer hin, wonach Migrantenkinder beide Sprachen nicht richtig beherrschen würden. Sie nimmt an, dass Lehrer die Migrantenkinder mit Kindern vergleichen, die in einer einsprachigen Umwelt aufgewachsen sind.

„Diese Sichtweise führt dazu, dass die spezifischen sprachlichen Bildungsvoraussetzungen der Kinder aus ethnischen Minderheiten systematisch aus der Wahrnehmung ausgeblendet, im Unterricht systematisch vernachlässigt werden. Die Kinder aus ethnischen Minderheiten kommen als Zweisprachige in die deutsche Schule. Sie haben dadurch ihren deutschen Mitschülern und Lehrern sprachliche Kenntnisse und Fähigkeiten uneinholbar voraus. Wenn die Schule es versäumt, an diesen Fähigkeiten anzuknüpfen, sie durch Unterricht zu fördern und zu entfalten, schadet sie den Kindern – sie ist dafür verantwortlich zu machen, wenn die Kinder verstummen und verdummen" (Gogolin, 1987, S. 26).

Eine Veränderung der derzeitigen Situation ist nur möglich, wenn die zweisprachige Lebenssituation der Migrantenkinder berücksichtigt wird und eine bilinguale und bikulturelle Erziehung bereits im Kindergarten beginnt. Um dieser Erziehung gerecht zu werden, müssen deutsche und nichtdeutsche Erzieher und Lehrer dementsprechend ausgebildet werden.

Unabhängig davon, ob diese Kinder hierbleiben wollen oder eine Rückkehr vorhaben, muss die Alphabetisierung sowie der Erstlese- und Schreibunterricht in beiden Sprachen gleichzeitig durchgeführt werden.

Eine Förderung der Zweisprachigkeit ist nicht denkbar ohne Unterricht in beiden Sprachen und zwar mit der gleichen Selbstverständlichkeit und Konsequenz, mit der deutsche Kinder während ihrer gesamten Schulzeit Deutschunterricht erhalten.

Da der Unterricht an den faktischen sprachlichen Voraussetzungen der Kinder anknüpft und ihre Fähigkeiten im Hinblick auf ihre lebensweltlichen Bedürfnisse ausbilden soll, ist ihnen ein positives Recht auf Unterricht in ihrer Erstsprache einzuräumen.

Zur Förderung der Zweisprachigkeit muss der gesamte Unterricht beitragen. Jeder Unterricht – auch der Fachunterricht – ist gleichzeitig Sprachunterricht, denn die Vermittlung, das Lernen von Sach- und Fachwissen ist ohne das Medium Sprache nicht möglich (Vgl. Gogolin, S. 28-29).

Es gibt inzwischen Alphabetisierungsmodelle, die in beiden Sprachen gleichzeitig eingeführt wurden und sich bewährt haben.

Wenn man der Auffassung ist, dass das Beherrschen zweier Sprachen eine Bereicherung für die Migrantenkinder ist, wenn also die Zukunft bzw. der Schulerfolg damit zusammenhängen, dann ist es unbedingt erforderlich, dass in dieser Hinsicht möglichst bald etwas geschieht. Diese Modelle sollen nicht mehr als Modellprojekte, sondern in den ganz normalen Alltag der Schulen gehören.

9. Die Identitätsarbeit der türkeistämmigen Migrantenkinder der zweiten Generation „zwischen zwei oder mehreren Kulturen“

„Du weißt nicht,
wie es ist,
überall ein Fremder zu sein!
Ihr Vögel auf den Bäumen, ihr wisst nicht, wie es ist, überall ein Fremdling zu sein!

Ich bin in der BRD geboren. Meine Eltern arbeiten in der BRD.
Manch' einer sagt: „Du bist Deutsche“.
Andere sagen: „Du bist eine deutsche Türkin“.
Aber was bin ich wirklich?
In meiner Schule sind alle Kinder Deutsche. Hans, Helga [...]
Neben ihnen fühle ich mich bedrückt.
Sie lassen mich nicht an ihren Spielen teilnehmen.
Deutsch ist meine erste Sprache.
In der Schule lerne ich mit deutschen Kindern.
Wir sind im gleichen Alter.
Meine Eltern arbeiten in ihren Fabriken und sind abgespannt.
In meinem Herzen hat sich Liebe angesammelt, die ich an meine Freunde verteilen möchte.
Sie wollen sie nicht.
Mein Vater sagt: „In unserem Urlaub fahren wir in die Türkei. Die Türkei ist unsere Heimat.“
In meinen Träumen umarme ich Ayşe, Emine und Ali.
Ihnen gebe ich meine angesammelte Liebe aus vollen Händen.
Großmutter hat uns abgeholt. Sie hat ihre Hände zur Begrüßung entgegengestreckt.
Ich habe einen Knicks gemacht wie in Deutschland und ihre Hand geschüttelt.
Ihre faltigen Hände sind immer geküsst worden.
Das Gesicht von Großmutter hat einen anderen Ausdruck bekommen.
Ihre Freude entfloh. Sie schaute mich mit Helgas Augen an.

Großmutter hat mich nicht mehr geliebt.
Die Liebe in meinem Herzen ist zu Stein geworden, von dieser Schwere bin ich ermüdet.
In meinem Traum habe ich Ayşe, Emine und Ali umarmt, aber sie haben mich nur aus der Ferne angeschaut. Durch ihre Blicke fühle ich mich minderwertig, denn sie schauten verächtlich.

Unsere Sprache ist uns fremd geworden, wie auch unsere Spiele und unser Handeln.
Meine türkischen Freunde riefen mich Deutsche!
Ich habe ihnen nicht die Hälfte meines Kuchens gegeben, das hat Ayşe verärgert.
„Bei uns ist es Tradition, unser Essen untereinander zu teilen. Du bist selbstsüchtig wie sie geworden", hat sie gesagt.
„Du sprichst nicht unsere Sprache. Du bist keine von uns."
Gewiss, aber wohin gehöre ich?
Nenne mir ein Land, das lächelt. Ich will lernen, wie man das Brot teilt."
(Türkan Gedik, aus Psychologie Heute, Februar 1981, S. 51).

Das Gedicht von Türkan Gedik beschreibt den Aushandlungsprozess und den Kampf um Anerkennung, den viele Migrantenkinder und -jugendlichen in beiden Kulturen führen müssen. Die Ausgrenzungstendenzen werden in diesem Gedicht sehr beeindruckend beschrieben.

Auch die Heimatlosigkeit der Sprache wird hier zum Ausdruck gebracht. Heimatlosigkeit, schreibt Zafer Şenocak,

> *„beginnt damit, dass Sprachen keine Heimat mehr haben. Das Türkische in Deutschland ist oft heimatlos, so wie die deutsche Sprache bei vielen Türken keine Heimat gefunden hat" (Şenocak, 2011, S. 15).*

Die Interviews von Jugendlichen, die ich hier wiedergebe, stammen aus dem Jahre 1993/1994, als ich zum ersten Mal türkeistämmige Migrantenkinder und -jugendliche der zweiten Generation zum Thema „Identität" befragt habe.

Ich habe mich bereits 1993/1994 zum ersten Mal mit dem Thema „Identitätsentwicklung von türkeistämmigen Migrantenkindern und -jugendlichen der zweiten Generation" in Deutschland befasst. In dieser neuen Arbeit geht es um die dritte und vierte Generation von türkeistämmigen Migrantenkindern und -jugendlichen.

Ich habe noch Kontakt zu einigen Jugendlichen, die ich 1993/94 interviewt habe, bzw. ich bekomme mit, was aus ihnen geworden ist. Turğut ist heute verheiratet, Vater von zwei Kindern und führt ein eigenes Auto-An- und Verkaufsgeschäft. Derya hat über den zweiten Bildungsweg das Abitur gemacht und ein sozialwissenschaftliches Studium absolviert. Sie ist verheiratet, hat zwei Töchter und ist in einer Einrichtung beschäftigt, die sich mit Migrantenkindern, -jugendlichen und -familien befasst. Aus Sinan ist ein bekannter Schauspieler geworden, der viel gefragt ist. Sevgi hat nach ihrem Abitur das Fach BWL studiert, ist zum zweiten Mal verheiratet und ist inzwischen Mutter von zwei Kindern. Sie arbeitet im Gesundheitswesen.

In den bisherigen Veröffentlichungen, v. a. bis Mitte der 80er-Jahre, wurde die Diskussion über die kulturelle Identität der Migrantenkinder und -jugendlichen sehr einseitig geführt.

In den meisten Publikationen war/ist vom „Kulturschock" die Rede, verursacht – so die Kulturschock-Autoren – durch das Leben zwischen zwei Kulturen. Als betroffen galten die zweite/dritte Generation und die nachfolgenden, denn gerade sie wüssten nicht, wo sie hingehörten.

Das „Hin- und Hergerissensein" zwischen der Kultur des Heimatlandes (diese wird sehr oft als traditionell) und der Kultur des Aufnahmelandes (diese wird immer mit modern und als erstrebenswert dargestellt) kennzeichnet die „unklare Identität" der Kinder und Jugendlichen. Man sprach von „Identitätsstörungen", „Identitätsdiffusion", „Identitätsverwirrung", dem Verlust der Identität sowie Identitätskrisen, unter denen diese Kinder leiden würden. Dabei gingen diese Autoren von einer statischen Kultur- und Identitätsdefinition aus.

In den letzten Jahren haben kritische Stimmen, u. a. auch nicht-deutsche Wissenschaftler, ausgehend von handlungstheoretischen und stigmatheoretischen Ansätzen die „Konflikttheorien" für Migranten der zweiten und dritten Generation infrage gestellt. Dabei machen sie auf die Diskriminierung der Migranten aufmerksam.

Die Annahme, dass die normativen Konflikte zu einer „Identitätsdiffusion" bei den Migrantenjugendlichen führen müssen, entspricht nicht der Realität. Gerade die unterschiedlichen Werte und Normen können bei günstigen Voraussetzungen für ihre Persönlichkeitsentwicklung förderlich sein. Dies bedeutet für die Jugendlichen eine Herausforderung, denn sie müssen Fähigkeiten und Fertigkeiten erwerben, die für ihre Lebenssituation adäquat sind. Aus diesem Grund kann behauptet werden, dass die meisten Migrantenjungendlichen im Sinne von Marcia eine erarbeitete Identität entwickeln. So wie Badawia (2002) in seiner Studie den Begriff „der bikulturellen Identitätstransformation" beschreibt, sind Migrantenkinder und

-jugendliche kontinuierlich einer kognitiven Differenzierung, selbstmotivierenden Selbstaktualisierung und einer autoreflexiv individualisierten Selbstvergewisserung unterworfen. Die Jugendlichen sind sich dessen bewusst, dass sie durch die Unterschiedlichkeit der Kulturen, Werte und Normen geformt und geprägt werden. Darüber äußert sich der fünfzehnjährige Turğut folgendermaßen:

> *„Wir leben hier, und zwischen deutschen und türkischen Sitten gibt es Unterschiede. Wenn die Eltern versuchen, die Kinder mit Gewalt zu richtigen Türken zu erziehen, dann gibt es Probleme. Ich meine, wir leben in Deutschland und deshalb muss man Kompromisse eingehen" (Interview 1993: Turğut, 15 Jahre, in Deutschland geboren).*

Aus den Äußerungen des fünfzehnjährigen Turğut geht hervor, dass man nicht behaupten kann, Migrantenkinder seien sich ihrer Situation nicht bewusst und wüssten nicht, wohin sie gehören, und ihre Identität sei von einem Kulturschock geprägt. Aber worauf Turğut aufmerksam macht, ist, dass zwischen beiden kulturellen Feldern die Normen, Sitten und Bräuche unterschiedlich sind. Turğut ist sich dessen bewusst, dass er durch diese Unterschiedlichkeit geformt und geprägt wurde und dies drückt er mit der Formel der Kompromissbereitschaft aus. Gerade deshalb will er nicht, dass er und seine gleichaltrigen Freunde mit Gewalt zu richtigen „Türken" erzogen werden.

Die Aussagen von Turğut bestätigen auch die Annahme Auernheimers:

> *„Überhaupt muss betont werden, dass Schwierigkeiten der Handlungsorientierung in zwei diskrepanten Normensystemen keineswegs einen Kulturkonflikt bedingen müssen. Dafür finden ausländische Jugendliche im Alltag häufig sehr pragmatische Lösungen. „Zum Beispiel wird die Diskrepanz der Verhaltenserwartungen durch die klare Trennung der Lebensräume erträglich gemacht. Eine normative Desorientierung, wie vielfach angenommen, scheint relativ selten. Die Jugendlichen können durchaus unterscheiden, was da und dort an normativen Ansprüchen angemessen ist. Die Lösung oder besser Vermeidung von Normkonflikten durch die Getrennthaltung von Lebensbereichen oder die Ausgrenzung bestimmter Situationen ist für ausländische Arbeiterjugendliche besonders naheliegend" (Auernheimer, S. 125).*

Dazu die Aussage der siebzehnjährigen Derya:

„Es kommt darauf an, z. B. wenn ich weggehe, dann kann ich schon lange wegbleiben. Das tue ich von Haus aus nicht. Ich bin also daran nicht gewöhnt, dass ich abends weggehe oder so. Das ist von Natur aus so, dass ich früher nach Hause komme. Ich will das auch nicht provozieren, dass ich nachts um eins, zwei nach Hause komme, ich meine mir passiert ja nichts. Aber dann schimpft mein Vater meine Mutter, die kriegen dann Krach und das will ich auch nicht, dass ihre Ehe dann irgendwie wegen uns Kindern gestört wird oder so" (Interview 1993, Derya, 17 Jahre, seit 12 Jahren lebt sie in Deutschland).

Derya ist sich dessen bewusst, was zu Hause geschehen wird, wenn sie erst nachts um ein Uhr nach Hause kommen würde. Deshalb verzichtet sie darauf, und das scheint ihr nichts auszumachen. So wird das Leben für sie erträglich, in dem sie Lebensräume klar trennt und sich auch dementsprechend verhält. Das heißt nicht, dass sie auf alles verzichtet, was zu Konflikten führen könnte. Sie verzichtet z. B. nicht darauf, ins Jugendzentrum zu gehen, obwohl der Vater dagegen ist. Es ist ihr auch klar, dass die Folgen beider Verhaltensweisen unterschiedlich sind.

In der hiesigen Gesellschaft existieren etliche soziale Gruppen und Schichten und somit zugleich auch verschiedene Subkulturen nebeneinander. Diese sind trotzdem imstande, sich zu erneuern und fortzuentwickeln. Das Problem ist nicht, dass man mit mehreren Kulturen konfrontiert ist, sondern unter welchen Bedingungen dies geschieht.

Tichy ist der Auffassung, das Problem ist nicht das Neben- und Miteinanderleben unterschiedlicher kultureller und ethnischer Gruppen an einem Ort, sondern Probleme entstehen erst dann, wenn einzelne Gruppen ausgegrenzt, diskriminiert und abgedrängt werden. *„Dann wird aus dem Miteinander ein hasserfülltes Gegeneinander"* (Tichy, 1990, S. 162).

Die Migration führt zu einem Bruch mit der Tradition des Heimatlandes, deshalb kann man die Verhaltensformen der Migranten in Deutschland nicht mit den Verhaltensformen von Menschen in ihren Herkunftsländern vergleichen.

Die Migranten sind in Deutschland mit anderen Problemen konfrontiert als in ihren Herkunftsländern. Deshalb kann man dem Verhalten von Migranten nicht die Funktion des Wiedererkennens und der Bestätigung dessen, was man schon immer über die „Türken" gewusst hat, geben.

„Dabei wird außer Acht gelassen, dass unter den Bedingungen von Migration und Marginalität Elemente der kulturellen Tradition des Herkunftslandes so transformiert werden, dass sie Antworten auf aktu-

elle Probleme liefern. Und dies hat wenig mit Nostalgie oder reiner Traditionspflege zu tun" (Kalpaka, S. 25).

Hierfür ist die Biografie von Muna Algan ein hervorragendes Beispiel:

Muna Algan ist in Hannover geboren, lebt in Berlin und ist 26 Jahre alt. Sie stammt aus einer gläubigen Familie, die nach den Regeln des Islam lebt. Sie wurde auch dementsprechend erzogen. Muna hat das katholische Gymnasium besucht. Muna trägt ein Kopftuch, seit sie 14 Jahre alt ist. Diese Entscheidung hat sie selbst getroffen. Muna will in Deutschland bleiben und leben. Sie bezeichnet sich in erster Linie als eine Muslimin und dann als Türkin. Sie fühlt sich in jeder Hinsicht in Deutschland wohl.

„Ich weiß nämlich, wie ich mit den Behörden umgehen muss". In der Türkei glaubt sie, in dieser Hinsicht Schwierigkeiten zu bekommen.

„Das Leben ist dort ganz anders, so viel Freiheit werde ich nicht haben. Ich kann hier tun und lassen, was ich will und als Frau überall hingehen, wohin ich will. Man respektiert mich, auch mit meiner islamischen Kleidung" (Kirpi, 1990, Nr.1, S. 58).

Auf die Frage, ob sie wegen ihrer Kleidung nicht diskriminiert werde, antwortet sie:

„Man wird diskriminiert. Es ist nicht so, dass man hier wunderbar lebt. Aber bei mir ist das Positive, dass ich mich wehren kann, weil ich die deutsche Sprache beherrsche. Wenn die merken, dass man überlegen ist, dann haben die Angst" (Kirpi, S. 58).

Dass Frauen, die ein Kopftuch tragen, auch unterdrückt werden, ist für sie ein Vorurteil. Muna beschreibt ihre kulturelle Zugehörigkeit so:

„Ich gehöre z. B. nicht der türkischen Kultur an, ich gehöre auch nicht der deutschen Kultur an. Aber ich habe die Möglichkeit gehabt, beides kennenzulernen, und aus beiden Kulturen das zu nehmen, was mir gefallen hat und dies zu vereinen. Und gerade die türkische Tradition ist sehr frauenfeindlich. In erster Linie stütze ich mich auf den Islam, denn der Islam gibt mir meine Rechte als Frau" (Kirpi, S. 59).

Muna interpretiert den Islam für ihre Begriffe folgendermaßen:

„Diese falschen Bilder vom Islam sind entstanden, weil die Türken – ich kenne mich nur bei den Türken aus, es gibt sicherlich bei den Arabern dasselbe – die Rechte, die uns Gott gibt, durch die Tradition ersetzt haben. Und die Tradition ist sehr frauenfeindlich. Beispielsweise die Frauen hier, die müssen sowohl draußen arbeiten als auch den Haushalt führen. Aber der Islam z. B. sagt, nach der Scharia (Offenbarung Allahs) muss der Mann für den ganzen Haushalt aufkommen. Putzen, kochen, Wäsche waschen, das muss der Mann machen. Wenn er das nicht schafft, muss er jemanden einstellen dafür. Er ist dafür verantwortlich, nicht ich. Und wenn ich jetzt arbeite und Geld verdiene, dann gehört dieses Geld mir. Ich muss nichts beisteuern zur Miete, zum Strom usw. Das sind Rechte, die ich mir als islamische Frau sichern kann. Und einem Mann, der nach dem Islam lebt, dem kann ich sagen: »Du, du möchtest ja nicht in Sünde kommen, also, dann benimm dich dementsprechend. Wer Furcht hat vor Gott, der macht es nicht«" (Kirpi, S. 59).

Die Aufgabe der Frau gegenüber dem Mann formuliert Muna, ausgehend vom islamischen Recht, folgendermaßen:

„Es gibt drei Sachen. Als erstes muss die Frau dem Mann gehorchen. Der darf aber nicht etwas verlangen, was gegen den Isalm ist. Dann muss sie mit ihm schlafen, oder sie sollte versuchen, das zu tun. Obwohl es da auch wieder Sachen gibt. Wenn ein Mann mit einer Frau schlafen möchte, dann muss er sie erst einmal dazu bringen, dass sie Lust dazu hat. Das ist auch nicht der Fall leider bei uns Türken, aber auch bei den Deutschen nicht" (Kirpi, S. 59).

Muna repräsentiert äußerlich mit ihrem Kopftuch genau das „türkische Frauenbild", das in den Köpfen vieler Menschen mit „der armen doppelt unterdrückten türkischen Frau" verknüpft wird. Aber so, wie sie sich selbst darstellt, ist sie eine emanzipierte, selbstbewusste islamische Frau. Sie ist durch beide Kulturen geprägt. Der Islam hat einen hohen Stellenwert in ihrem Leben. Aber das Spannende bei ihr ist, wie sie den Islam versteht, ihn lebt und praktiziert. Sie interpretiert den Islam so, dass auch sie bzw. ihre Realität einen Platz hat. Hier will ich weder den Islam verherrlichen noch die Unterdrückung der Frauen in Abrede stellen. Worauf ich hinweisen möchte, ist, dass die Unterdrückung einer Frau nicht von ihrem Kopftuch abhängig gemacht werden kann und darf.

Die These, dass Migration eine kulturelle Um- und Neubildung zur Folge hat, wird auch durch die Interviews, die ich mit den Jugendlichen geführt habe, bestätigt.

Durch die Auseinandersetzung mit verschiedenen und sehr unterschiedlichen Kulturen, Normen und Sitten haben auch die türkeistämmigen Jugendlichen eine „eigene Kultur" entwickelt, indem sie die unterschiedlichen Normen und Sitten miteinander verbunden haben.

> *„Meine Eltern sind sehr religiöse Menschen. Mein Vater geht in die Moschee. Ich bin von klein auf sehr religiös erzogen worden und war auch mit fünf Jahren auf der Koranschule, mit zwölf Jahren habe ich teilweise Koranunterricht gegeben" (Interview 1993, Sinan, 19 Jahre, geboren in Deutschland).*

Hier haben wir den Sohn einer frommen Familie, der alle Pflichten des Islam erfüllt. Aber Sinan hat z. B. in vieler Hinsicht eine andere Vorstellung als sein Vater bzw. seine Familie.

> *„Obwohl ich mit meinen Eltern gut zurechtkomme, gibt es trotzdem ab und zu Probleme und Auseinandersetzungen. Vor allem, wenn Mädchen anrufen, dann sagen sie, was ist das? Sie denken dabei immer an etwas Schlimmes: Sie können sich nicht vorstellen, dass es auch zwischen Jungen und Mädchen normale freundschaftliche Beziehungen geben kann" (Sinan).*

Sinan erzählte mir auch, dass er eine Freundin hat und auch mit vielen Mädchen befreundet ist. Ich fragte ihn, ob dies für ihn nicht widersprüchlich sei, auf der einen Seite gläubig zu sein und allen Pflichten des Islam nachzukommen und auf der anderen Seite mit Mädchen freundschaftliche Beziehungen zu haben.
Sinan:

> *„Ich sehe das Ganze nicht so eng, vor allem in Deutschland kann man dem nicht aus dem Wege gehen. Also, ich komme sehr gut mit dem Islam und mit dem Leben hier zurecht. Man kann es kombinieren."*

Die Äußerungen von Muna, Sinan und anderen Jugendlichen erwecken bei mir den Gedanken, dass der Islam eine andere Dimension bei Migrantenjugendlichen hat als bei ihren Eltern. Sie befreien den Islam von seinem Dogmatismus und versuchen ihn mit ihrer eigenen Realität in Einklang zu bringen. So eine Entwicklung wäre eine ernstzunehmende und positive Entwicklung.

Auch Yeliz ist der Auffassung, dass bei türkischen Jungen eine Wandlung zu sehen ist:

> *„Ich rede mehr mit türkischen Freunden über intime Probleme. Auch mit türkischen Jungen kann ich über meine intimen Probleme reden. In den letzten Jahren hat es sich so entwickelt, dass man auch mit denen über solche Probleme reden kann. Früher, als ich noch klein war, hätte ich mich nicht getraut, mit einem Jungen darüber zu reden. Jetzt wandelt sich das, sie sind auch bereit, mit einem Mädchen über alles Mögliche zu reden. Das kann man auch machen" (Interview 1993, Yeliz, 20 Jahre, seit 16 Jahren lebt sie in Deutschland).*

Hier scheint also auch das Rollenverständnis von Mann und Frau, Jungen und Mädchen im Umbruch zu sein.

> *„Also, im Ganzen kann ich sagen, dass ich mehr Probleme mit der Mutter habe. Und der Vater hat die Rolle des Vermittlers zwischen uns beiden. Mein Vater hat Verständnis dafür, dass ich es haushaltsmäßig nicht so schaffe" (Yeliz, 20 Jahre, seit 16 Jahren in der BRD).*

Auch Derya ist mit der Rolle nicht einverstanden, die man den türkischen Mädchen gerne zuschreibt.

> *„Ich koche nicht gerne oder, sagen wir so, das tut dann mein Vater oder meine Mutter, wenn sie zu Hause sind. Ja, mein Vater kann gut kochen, da er ja so lange alleine war. Er kocht jetzt auch manchmal, wenn meine Mutter nicht da ist. Er weiß schon, dass ich es nicht mache. Ich habe bis jetzt kein einziges Näh- oder Häkelzeug in die Hand genommen" (Interview 1993, Derya).*

Fast alle von mir interviewten Jugendlichen waren mit der herkömmlichen Rollenverteilung nicht einverstanden. Vor allem die Mädchen konnten sich überhaupt nicht vorstellen, die Rolle der Hausfrau in der Ehe einzunehmen.

> *„Ich möchte nicht so abhängig sein von der Familie. Also, ich möchte schon Kinder. Aber ich glaube nicht, dass ich den ganzen Tag mit den*

Kindern zu Hause sitzen kann oder so. Es würde mich schon einengen. Wenn, dann würde ich halbtags arbeiten, nicht dass ich die ganze Zeit daheim sitze und koche, aufräume und auf die Kinder aufpasse" (Derya).

Zusammenfassend kann behauptet werden, dass bei Migrantenjugendlichen in allen Lebensbereichen eine Wandlung, eine Umorientierung stattfindet. Für sie haben viele kulturelle Werte, Normen, Sitten und Bräuche der Herkunftskultur als auch der Kultur der hiesigen Gesellschaft eine geringe bzw. eine andere Bedeutung in ihrem Leben. Oft werden Elemente beider Kulturen durch eine kritische Durchsiebung übernommen, bzw. aus beiden Kulturen wird etwas Neues herauskristallisiert. Migrantenjugendliche befinden sich in einem Prozess, in dem sie mit vielen Hürden zu kämpfen haben. Sie müssen sich in beiden Kulturen Gehör und Anerkennung verschaffen. Dabei stoßen sie auf Ablehnung, weil sie oft von beiden Seiten als eine „Gefahr" gesehen werden.

„In den kulturellen Lebenspraxen, in denen sich Identität herausbildet, werden einerseits die gesellschaftlichen Strukturen reproduziert, andererseits auch Alternativen entwickelt bzw. neue Formen produziert, um der Welt einen Sinn zu geben. Kulturelle Formen sind zugleich Widerstand gegen die Herrschaft und die Art und Weise, in der sich soziale Gruppen in Herrschaftsstrukturen einbauen, sie akzeptieren und stützen. Dieser Widerspruch ermöglicht jeweils eine bestimmte Form von Handlungsfähigkeiten in den Strukturen. Es ist eine Möglichkeit, sinnvoll zu leben, je nach Standpunkt der jeweiligen Gruppe.

Den Einwanderern stehen bei der Entwicklung neuer kultureller Formen und der Erarbeitung ihrer Identität eine Menge Hindernisse im Wege. Sie wurden bisher nicht als kulturtragende und auseinandersetzungsfähige Gruppe wahrgenommen. Von dem schöpferischen Prozess der Umweltgestaltung und der Identitätsarbeit waren sie, und sind sie immer noch aus der Kultur ausgeschlossen, in der sie sich bewegen, gleichzeitig aber auch behindert in der Ausbildung einer Einwandererkultur" (Kalpaka, S. 29).

Die kulturelle Identität der Migrantenkinder ist weder als „typisch türkisch" noch als „typisch deutsch" zu bezeichnen.

Ich vertrete die These: Die kulturelle Identität der Migranten und ihrer Kinder wird durch eine Selektion der beiden Kulturen maßgeblich bestimmt. Dies hat auch Muna zutreffend formuliert:

> *„Ich habe die Möglichkeit gehabt, beides kennenzulernen, und aus beiden Kulturen das zu nehmen, was mir gefallen hat und dies zu vereinen" (Muna, 26 Jahre, Kirpi Nr.1, S. 58).*

Auch Sevgi formuliert ihr „Ich" bzw. ihre kulturelle Identität folgendermaßen:

> *„Ich habe für mich einen Mittelweg gefunden, wo ich nur ich bin. Weder türkisch noch deutsch. Also, ich lehne viele türkische und auch deutsche Werte und Normen ab. Sie spielen für mich keine wichtige Rolle" (Interview 1993, Sevgi, 20 Jahre, seit 10 Jahren lebt sie in Deutschland).*

Während dieses Selektionsprozesses findet in erster Linie auch eine Auseinandersetzung mit der Herkunfts- bzw. der eigenen Kultur statt. Diese Auseinandersetzung verläuft nicht immer harmonisch. Während dieses Prozesses werden auch viele Werte und Normen umformuliert, oder anstelle alter Werte werden neue gesetzt. Dies ist nicht immer ganz einfach.

> *„Die Ehre, ich finde, das ist ein total veralteter Begriff. Man muss etwas anderes dafür einsetzen. Das ist einfach veraltet, das kann man nicht mehr benützen. Ehre ist nicht mehr, dass deine Frau oder deine Tochter Jungfrau ist, bevor sie heiratet. Das hat für mich mit Ehrlichkeit einer Person zu tun, ob der Mensch ehrlich zu sich und zu anderen ist. Wenn er das tut, dann ist er für mich ein ehrenvoller Mensch" (Interview 1993, Yeliz, 20 Jahre).*

Auch Elif, die bereits in die Türkei zurückgekehrt ist und wegen ihrer lockeren Kleidung kritisiert wurde, sagte zu dem Begriff Ehre Folgendes:

> *„Was geht es sie an, wie ich mich anziehe! Ich gehe doch nicht nackt. Sind die Männer im Dorf denn so schwach, dass sie die Kontrolle über sich verlieren, wenn sie ein nacktes Knie sehen? Was ist das für eine Ehre, die vom nackten Knie oder vom bedeckten Knie abhängt? Ist es nicht viel ehrloser, wenn ein Mann seine Frau schlägt? Nein, das fin-*

> *den sie ganz in Ordnung, aber das nackte Knie, das regt sie auf!" (Lubig, 1988, S. 18).*

Auch Kalpaka geht davon aus, dass Veränderungen sich schon deshalb innerhalb der jeweiligen Kultur durchsetzen müssen,

> *„weil diese Kultur auch imstande ist, an die Stelle der alten Überlebens- und Widerstandsstrategien neue zu setzen, die sich aus der jeweils eigenen Geschichte ergeben. Auch dieser Weg ist nicht harmonisch, ein Prozess voller Krisen, in dem viele auf der Strecke bleiben. Aber es ist der einzige Weg, der überhaupt die Entwicklung neuer Lebensformen ermöglicht, wenn auch nicht garantiert" (Kalpaka, S. 32).*

Laut Auernheimer sind bei den Migratenjugendlichen folgende Orientierungsproblematiken erkennbar:

1. Auernheimer ist der Auffassung, dass die kulturellen Werte und Normen sich als ideelle Form gesellschaftlicher Erfahrung gleichen. Das bedeutet, diese gelten nur als solche Erfahrungen, die in einer bestimmten gesellschaftlichen Lebenspraxis gemacht worden sind. Deshalb, so Auernheimer, müssen sich kulturelle Vorstellungen in dem Maß, in dem sich die Lebenspraxis verändert, auch verändern. Dies sei der Orientierung dienlich.
2. Auernheimer weist auf die Wichtigkeit der Bezugsgruppe und der eigenen Stellung in der Gesellschaft von Kindern und Jugendlichen hin und geht davon aus, dass ausländische Jugendliche verunsichert werden, weil sie die Missbilligung und Ablehnung sowohl der Herkunftsgruppe als auch der Aufnahmegesellschaft erfahren. Dies führt zur Handlungsunsicherheit, zu Schwierigkeiten bei der sozialen Selbstzuordnung und zur Selbstdefinition bei Jugendlichen.
3. Auch Zukunftspläne und eine gesicherte Existenz spielen bei der Identitätsbildung eine wichtige Rolle.
4. Auernheimer macht u. a. die Identitätsfindung der Jugendlichen davon abhängig, „wie und inwieweit sich ihre Herkunftsgruppe politisch und kulturell mit der gesellschaftlichen Wirklichkeit in der Bundesrepublik auseinandersetzt, inwieweit sie ihr Bewusstsein als Minorität entwickelt, wie arm oder reich an „kulturellen Strukturen" sie ist."
5. Migrantenjugendliche sind in ihren Aneignungsmöglichkeiten beschränkt. Die Jugendlichen werden in zweifacher Hinsicht vom kulturellen Erbe aus-

geschlossen. Der Grund dafür ist sehr oft die mangelhafte schriftsprachliche Kompetenz in der Muttersprache. Dabei spielen die Versäumnisse im Bildungswesen und die außerschulische Kulturarbeit eine wichtige Rolle (Vgl. Auernheimer, S. 126-129).

Im Zusammenhang mit der „Identitätsarbeit zwischen zwei Kulturen“ sind auch noch die Bewahrungstheorien zu nennen. Diese These geht davon aus, dass ausländische Kinder und Jugendliche ihre kulturelle Identität bewahren sollten. Darum bemühen sich immer noch viele Pädagogen, Psychologen, Soziologen und Politiker dafür, dass Migrantenjugendliche ihre „kulturelle Identität“ bewahren. Unter ihnen auch solche Politiker, denen sonst das Wohl der Migranten wenig am Herzen liegt. Auch die Notwendigkeit einer speziellen Ausländerpädagogik (heute Interkulturelle Pädagogik genannt) wurde und wird durch die Kulturkonflikthypothese begründet. Durch die Umdeutung der sozialstrukturellen Probleme in Kulturprobleme beteiligen sich auch die sog. „Ausländerpädagogik“ sowie die „interkulturelle Pädagogik“ (die nicht mehr ist als ein anderer Name für Ausländerpädagogik) an der Ideologisierung des Problems.

Nach Czock gleicht „das Konzept Kulturschock einem Passepartout, mit dem alle Probleme und Verhaltensweisen der Immigranten, vom Beharren auf Spaghetti bis zur Familie, sich erklären ließe“ (Czock, in: ISS, 1988, S. 78-79).

Laut Czock kann die „Bewahrungstheorie“ leicht zu folgenden Ergebnissen führen:

- *„Die kulturalistische Leseart der Migration und ihrer Folgen führt, indem sie die ökonomische, rechtliche und soziale Dimension der Migration ausklammert, zur Ideologisierung. Die Kulturkonflikt-Hypothese wird zur tragenden Säule dieser Ideologisierung. Die Verwendungszusammenhänge der Kulturkonflikt-Hypothese sind vielfältig.“*
- Delinquentes Verhalten von ausländischen Jugendlichen wird durch die Kulturkonflikt-Hypothese erklärbar. Czock spricht in diesem Zusammenhang auch von einer Basispersönlichkeit. Die Befürworter der kulturellen Basispersönlichkeits-Theorie, basierend auf der traditionellen Kulturanthropologie, gehen davon aus,

  „dass Bevölkerungsgruppen mit kulturspezifisch ausgeprägter Basispersönlichkeit mit großer Wahrscheinlichkeit in einen Normenkonflikt für kriminelles Verhalten gestürzt werden, wenn sie – wie im Falle der Wandlung von der Agrar- in die Industriegesellschaft

– mit einer herrschenden Wertordnung konfrontiert werden, die konträr zu ihren bisherigen Verhaltensregeln steht“ (ebd., S. 78-79).

Dahingegen erklären zahlreiche Wissenschaftler das o. g. Erklärungsmuster als falsch und untauglich. Sie glauben eher, „dass die soziokulturellen Momente und Mechanismen, also Phänomene des Zugangs zu ökonomischen, beruflichen, politischen und ökologischen Chancen, ein wesentlich größeres Gewicht beanspruchen als Faktoren, die sich als reine Kulturkonflikte begreifen lassen.

- Ebenso wird ein Zusammenhang von Migration und psychischer Krankheit mit der Kulturkonflikt-Hypothese erklärt (Vgl. Czock, S. 79).

Dabei werden die Erfahrungen sozialer Isolation sowie die Abweisung durch die Einwanderungsgesellschaft verschwiegen. Dies gilt ebenso für die soziale Rangordnung und die Höherbewertung der Kultur des Aufnahmelandes. Die Anforderung an Migranten, sich assimilieren zu müssen, ist daher enorm hoch. Das heißt: Nicht die politischen, ökonomischen und sozialen Ursachen sind es, die das Leben unerträglich machen, sondern die biologischen, kulturellen und psychosozialen Konstitiutionsmerkmale werden als Grund für das Leiden der Migranten genannt. Hier könnte man fragen: Wie lassen sich die psychischen Krankheiten von Einheimischen erklären?

10. Die Identitätsarbeit der dritten und vierten Generation

Ich stelle hier fest, dass es einen großen Unterschied zwischen der zweiten und dritten Generation von Migrantenkindern bezüglich ihrer Geburtsorte und der Orte, wo sie aufgewachsen sind, gibt. Es ist zwar auch ein Teil der Angehörigen der zweiten Generation in Deutschland geboren und aufgewachsen, jedoch ist meiner Erfahrung nach ein sehr großer Teil von ihnen in den Herkunftsländern der Eltern geboren. Manche wurden in sehr jungem Alter nachgeholt, ein Großteil aber kam erst nach dem 10. Lebensjahr nach Deutschland. Kinder und Jugendliche, die der dritten und vierten Generation angehören, sind, abgesehen von wenigen Ausnahmen, in Deutschland geboren und aufgewachsen. Somit waren sie von der ersten Sekunde ihres Lebens an mit einer bikulturellen Welt konfrontiert. Der entscheidende Unterschied ist dabei, dass diese Kinder keine Trennung von ihren leiblichen Eltern erleben mussten. Dies hat auch eine sehr wichtige Funktion in der Entwicklung der Kinder, vor allem aus bindungstheoretischen Gründen.

Während des Schreibens hatte ich immer wieder das Gefühl, als ob hier die normale, unauffällige Entwicklung von Migrantenkindern und -jugendlichen, gegenüber wem auch immer, verteidigt werden müsse. Auch die gesamte Fachliteratur, die mir zu Händen kam, erweckte bei mir diesen Eindruck. Ich denke, das hat neben der „Kulturkonflikt-Theorie“ unter anderem auch mit der sogenannten Theorie der früheren Ausländerpädagogik (später interkulturelle Pädagogik) zu tun. Auf diese Thematik werde ich am Ende dieser Arbeit noch näher eingehen.

10.1. Das Untersuchungsfeld und die Untersuchungsmethode

10.1.1 Das Untersuchungsfeld

Um das Feld gut abgrenzen zu können, habe ich gezielt Kinder und Jugendliche ausgewählt, bei denen beide Elternteile türkeistämmig sind und die zur dritten/vierten Generation zu zählen sind. Im Grunde ist nur die dritte Generation relevant, denn die vierte Generation ist vom Alter her noch nicht so ausgereift, als dass man über das Thema Identität ein Interview führen könnte. Mit dritter Generation ist gemeint, dass von mindestens einem der Elternteile schon die Eltern nach

Deutschland emigriert waren, und die Kinder und Jugendlichen als Enkelkinder der ersten Migrationsgeneration hier bereits geboren und aufgewachsen sind. Mit einer Ausnahme wurden nur Interviewpartner befragt, auf die dies zutrifft.

10.1.2. Die Interviewpartner

Ich habe ein Gruppeninterview mit sieben türkeistämmigen Mädchen im Alter zwischen 13 und 14 Jahren durchgeführt. Zur Zeit des Interviews besuchten zwei Mädchen die Hauptschule, zwei gingen auf die Realschule, eine in die M-Klasse und zwei auf das Gymnasium. Die Mädchen treffen sich regelmäßig mit einer Betreuungsperson in einer Einrichtung. Die Betreuerin ist ebenfalls türkeistämmig und sie hatte die Erlaubnis der Eltern, während des Interviews eine Beobachterrolle einzunehmen.

Einige Personen wurden bewusst aus verschiedenen Milieus ausgesucht. Diese sind eine 23-jährige Frau und ein 32-jähriger Mann, die sich zu den türkischen Idealisten und Nationalisten zählen. Die Frau ist Studentin und trug während des Interviews ein Kopftuch. Der Mann hat ein technisches Studium abgeschlossen und hat in einer Firma eine leitende Position.

Zudem habe ich eine junge Frau von 20 Jahren interviewt, die in einer sozialen Einrichtung arbeitet, und ebenfalls Kopftuchträgerin ist. Sie wollte nicht irgendeiner islamischen Richtung zugeordnet werden. Das Kopftuch war das entscheidende Kriterium für die Auswahl als Interviewpartnerin. Die Frau war mir von einem Kollegen als Interviewpartnerin empfohlen worden.

Zwei weitere Personen habe ich im Verein der Aleviten in München angesprochen: eine junge 21-jährige Bankkauffrau und einen 21-jährigen jungen Mann, der im dritten Semester studierte.

Hinzu kommen Interviews mit zwei jungen Männern von 22 und 16 Jahren, die aufgrund ihrer Suchtauffälligkeit und Gewalttätigkeit mit der Justiz in Berührung gekommen waren und an einem Antiaggressionstraining teilnehmen mussten.

Drei junge Frauen (25, 21 und 19 Jahre alt) und einen jungen Mann (21 Jahre alt) lernte ich nach dem Zufallsprinzip über verschiedene Wege kennen. Es sind eine Studentin, ein Student, eine Hotelfachfrau und eine Erzieherin.

Schließlich habe ich zwei junge Männer (16 und 17 Jahre alt) interviewt, die in einem Münchner Moscheeverein mit einem angeschlossenen Internat für Jungen untergebracht sind. Es war mir vor allem wichtig, wie diese jungen Männer mit ihrer Situation umgehen.

Eines möchte ich hier klar benennen. Diese Arbeit erhebt keinerlei Anspruch auf Repräsentativität und soll keine Verallgemeinerung für alle türkeistämmigen Migrantenkinder und -jugendlichen sein. Es wäre sehr fatal, hieraus ein allgemeines Urteil resultieren zu lassen. Denn bereits bei meiner Suche nach Interviewpartnern war es schwer, eine Zuordnung aufzustellen. Es sind sehr unterschiedliche Lebensentwürfe selbst innerhalb einer Gruppe anzutreffen, sodass ich es möglichst vermeiden möchte, für alle gültige und generalisierbare Ergebnisse darzustellen.

Das komplexe Thema Identität wird bei Migrantenkindern und -jugendlichen oft auf die kulturelle Identität reduziert. Bereits hier beginnt die Schwierigkeit. Um welche kulturelle Identität soll es sich hier handeln? Geht es um die nationalkulturelle Identität, um die religiös-kulturelle Identität oder um die ethnische oder sexuelle Identität?

Keupp schreibt dazu, anlehnend an Stuart Hall, Folgendes:

> *„Der Begriff der »kulturellen Identität« konzeptualisiert ein Verständnis von Identität, in dem gerade die Abweichung von der kulturellen Norm – soweit diese noch beschreibbar ist – zur Grundlage von Identität wird. Unter den Bedingungen einer pluralisierten Gesellschaft ist es genau das »Nicht-Identische«, was heutzutage Identität ausmacht: die spezifische Erfahrung, die einen von vielen/allen anderen unterscheidet, aber auch mit einigen wenigen verbindet. Freilich wird darin die Problematik des Konzepts deutlich. Zum einen erscheint es letztlich wieder als Versuch, Identität an einer Form von Gruppenzugehörigkeit festzumachen. Es ist dann eben das »Ostdeutsche« oder die »türkische Herkunft«, worauf Identität begründet wird – als wären nicht auch ostdeutsche oder türkische Erfahrungen individuell sehr verschieden. Es verbirgt sich häufig ein neuer Substantialismus hinter dem Verweis auf kulturelle Identität, als ob nicht auch kulturelle Praktiken sehr differenziert, regional verschieden und historisch bedingt wären. In den Kulturwissenschaften wird inzwischen von einer solchen »Ethnisierung« kultureller Praktiken gewarnt, die nur zu einer anderen Form von Diskriminierung führt als ein traditioneller Nationalismus" (Keupp u. a., 1999, S. 172).*

Keupp u. a. verweisen darauf, dass die Konstruktion der kulturellen Identität zur Verschleierung der sozialen Differenzen führen würde. Diese beruhen aber im Wesentlichen auf der ökonomischen Benachteiligung.

„Schon Korff (1979) spricht von der »kulturellen Kompensation ökonomischer Rückständigkeit«. Kulturelle Diskriminierung hat in der kapitalistischen Gesellschaft zumeist eine handfeste ökonomische Grundlage und äußert sich dementsprechend. Die Besetzung von Stellen, Einkommen, Besitz – also im Wesentlichen materielle Ressourcen – differenzieren Gruppen in unserer Gesellschaft stärker als die von ihnen ausgeübten kulturellen Praktiken, die häufig als Vorwand für Ungleichbehandlung benutzt werden. Erst wenn es eine Gleichbehandlung auf der Ebene der ökonomischen »Hard«ware gibt, könnte man realistisch diskutieren, welche Differenzen es darüber hinaus in der »Soft«ware gibt. Das setzt allerdings voraus, dass man die vielfältige Verflochtenheit von Machtmechanismen im Rahmen einer »Dominanzkultur« [...] durchbricht" (ebd., S. 172-173).

10.1.3. Wie lässt sich die Identität der dritten/vierten Generation beschreiben?

Bei den Interviews stellte sich mir zunächst die Frage, woran sich diese jungen Menschen im Grunde von den „normalen deutschen Jugendlichen" unterscheiden. Die Gegensätze sind sehr schnell aufgezählt: Sie haben Eltern bzw. Großeltern, die aus der Türkei stammen, sie können neben der deutschen Sprache auch die türkische/kurdische/arbabische oder eine andere Sprache, sie sehen mit den schwarzen Haaren und der anderen Augenfarbe in der Regel anders aus und sie haben eine andere Religion. Eine besondere „Auffälligkeit" ist natürlich, wenn eine junge Frau ein Kopftuch trägt. Dies ist das allerdeutlichste (äußere) Unterscheidungsmerkmal. Aber auch hier ist das Wesentliche nicht das Tragen des Tuches, sondern wie der Mensch innerlich dazu steht. Nun habe ich zwei junge Frauen interviewt, die ein Kopftuch tragen. Meine Erfahrung mit ihnen war, dass man während des Gesprächs sehr schnell vergisst, dass sie ein Kopftuch tragen, die gesamte Aufmerksamkeit war darauf gerichtet, wie sie sich selber darstellen, wie und was sie fühlen und was sie bewegt. Es geht ihnen nicht um die Errichtung einer nach irgendeinem islamischen Recht bestellten Gesellschaft. Sie fühlen sich sehr wohl in der Stadt bzw. in diesem Land, in dem sie geboren und aufgewachsen sind, wo sie arbeiten, zur Schule gehen oder studieren, kurzum: wo sie leben.

Die Gemeinsamkeiten mit den „normalen deutschen" Jugendlichen sind: Sie sind ebenfalls in Deutschland geboren, sie haben Eltern, eine Muttersprache, eine Religion (oder auch nicht). Sie waren auch Babys und Kinder und sind jetzt Jugendliche. Sie haben auch Kinderkrippen, Kindergärten, Schulen und Horte besucht und kümmern sich um ihre Berufsausbildung oder stecken mittendrin. Was ist so besonders an ihnen? Warum habe ich sie zum Thema gemacht und warum werden sie immer wieder zum Gegenstand von Diskussionen? Sie haben sich dieses Land nicht selbst als ihr Geburtsland ausgesucht, auch nicht ihre Muttersprache, ihre Religion, ihre Eltern und ihr Aussehen.

Ich habe in meiner ersten Arbeit bezüglich desselben Themas mit der Metapher „Patchwork-Identität" des Sozialpsychologen Heiner Keupp versucht, die Identitätsarbeit der zweiten Generation zu beschreiben.

Auch Keupp lässt sich von der Fragstellung leiten, die er so beschreibt:

> *„Uns hat vor allem das »Wie« interessiert, der Herstellungsprozess: Wie vollzieht sich die Identitätsarbeit? Oder im Bild gesprochen: Wie fertigen die Subjekte ihre patchworkartigen Identitätsmuster? Wie entsteht der Entwurf für eine kreative Verknüpfung? Wie werden Alltagserfahrungen zu Identitätsfragmenten, die Subjekte in ihrem Identitätsmuster bewahren und sichtbar unterbringen wollen? Woher nehmen sie Nadel und Faden, und wie haben sie das Geschick erworben, mit ihnen so umgehen zu können, dass sie ihre Gestaltungswünsche auch umsetzen können? Und schließlich: Woher kommen die Entwürfe für die jeweiligen Identitätsmuster? Gibt es gesellschaftlich vorgefertigte Schnittmuster, nach denen man sein eigenes Produkt herstellen kann? Gibt es Fertigpackungen mit allem erforderlichen Werkzeug und Material, das einem die Last der Selbstschöpfung ersparen kann?" (ebd., S. 294-295).*

Keupp u. a. schreiben, dass sie in ihrer Forschungsarbeit durch das Thema Kohärenz überrascht und nachhaltig beeindruckt worden sind. Und sie stellen fest, dass die jetzige Generation viel intensiver nach einem authentischen Lebenssinn und „nach einem in sich zusammenhängenden Muster von Antworten auf die Frage, wer man nun sei", sucht (ebd., S. 295).

Die meisten Migrantenkinder werden, ob sie es wollen oder nicht wollen, in ihrem Alltag ständig mit der Fragestellung, wer und was sie sind, konfrontiert. Zudem kommt hinzu, dass sie oft von außen zugeschrieben bekommen, wer oder was sie sind und auch, ob sie dies oder jenes so sehen oder nicht bzw. ob sie etwas so wollen oder nicht. Im Sinne von Marcia müssen sie sich ihre Identität im wörtlichen Sinne erarbeiten. Dies kann zur Folge haben, je nach dem, welche Ressourcen diese jungen Menschen entwickelt haben, dass sie auch unterschiedlich damit umgehen. Für einige kann dies eine Herausforderung sein, um sich fortzuentwickeln, für andere wiederum kann es der Anlass sein, sich zurückzuziehen.

Hier kann auch von einer „verteidigten Identität", von einer „sich zu erklären gezwungenen" oder „zu verteidigen gezwungenen Identität" gesprochen werden. Denn die Kinder der dritten und vierten Generation sehen, erleben und nehmen sich erstmal nicht viel anders wahr als alle anderen in diesem Land lebenden Kinder. Sobald sie sprachlich und geistig die Fähigkeiten erlangen, zwischen sich und den anderen zu unterscheiden und damit zu arbeiten, werden sie damit konfrontiert, dass sie anders sind. Dies bringt ein Dokumentarfilm bzw. das Interview „Immer wieder Nürnberg" sehr gut zum Ausdruck, wo junge Menschen aus der zweiten Generation nach einem 15-jährigen Abstand nochmalig zum Thema „Identität und Heimat" interviewt wurden. In diesem Film spricht ein sich bekennender Homosexueller namens Neco von den vier „A", das bedeutet in seine Sprache übersetzt: „ANDERS ALS ALLE ANDEREN" (aus dem Film von: Menzel, J. & Suzan, G. (2010): 15 Jahre später [...] und immer wieder Nürnberg).

Ein Interviewpartner, Gökhan, (21 Jahre alt) berichtet, dass er im Grunde mit dem Glauben und mit dem Islam nicht viel anfangen kann, aber wenn er von Deutschen auf den Islam angesprochen wird, fühlt er sich verpflichtet, den Islam gegenüber den Deutschen verteidigen zu müssen.

Gökhan ist zur Interviewzeit 21 Jahre alt. Er wurde in München geboren und besuchte dort auch die Grundschule und das Gymnasium. Er hat eine sechs Jahre ältere Schwester, die bereits verheiratet ist. Er und seine Eltern wohnen noch mit den Großeltern mütterlicherseits zusammen. Seine Eltern sind enge Verwandte und sein Vater ist in der Türkei Lehrer gewesen. Die Mutter arbeitet bei Siemens im Büro und der Vater ist als Lagerarbeiter beschäftigt. Gökhan wartet auf einen Studienplatz im Fach Medizin. Zur Interviewzeit macht er eine Ausbildung zum Sozialversicherungsfachangestellten.

Gökhan hat viele deutsche Freunde aus der Kindergarten- und Grundschulzeit wie auch aus seiner Fußballmannschaft. Als ihn seine deutschen Freunde zum ersten Mal zu Hause besuchten, waren sie verwundert, dass seine Mutter kein Kopftuch trägt und sein Vater kein Schlägertyp ist (Gökhan).

Gökhan muss also seine Normalität durch seine deutschen Freunde als „Anormalität" definiert bekommen und er muss diese Normalität auch immer wieder zu Hause erklären.

11 Vier Formen von Identitätstypen

Mir ist zugleich bewusst, dass es sehr problematisch sein kann, Menschen zu typisieren. Ich möchte hier die Leser vor Verallgemeinerungen warnen. Diese Art zu schreiben, macht es mir dennoch etwas leichter, das von mir Beobachtete und durch die Interviewpartner Vermittelte zu beschreiben und wiede zugeben.

Ich möchte diese vier Identitätsformen oder -typen wie folgt titulieren:

1) der religiös-traditionelle und nationalistisch orientierte Identitätstyp
2) die Ausgeschlossenen, Exkludierten und Verlierer
3) der „Patchwork"-Typ
4) die „assimilierte Identitätsform oder der assimilierte Typus"

11.1. Der religiös-traditionelle und nationalistisch orientierte Identitätstyp

Nikola Tietzes Arbeit (2001) „Islamische Identitäten – Formen muslimischer Religiosität junger Männer in Deutschland und Frankreich" liefert einen sehr guten Zugang, um diesen Teil der Indentitätsform(en) zu verstehen und zu beschreiben. Ich habe gezielt mit jungen Frauen und Männern Interviews geführt, die sich zum einen durch ihre Äußerlichkeit und zum anderen durch ihr inneres Bekenntnis zu diesem Typ zählen.

Die Frage hat mich selbst beschäftigt: Was denken und wie fühlen und beschreiben sich junge Frauen und Männer, die sich durch ihre Äußerlichkeit (jedoch nicht alle), z. B. durch das Tragen eines Kopftuches oder einen islamischen runden Bartes, von den anderen unterscheiden?

Wie vollzieht sich die Identitätsarbeit zwischen ihrer islamischen „Innen-" und ihrer oft „nicht-islamischen Außenwelt"? Wie entsteht der Entwurf für eine kreative Verknüpfung trotz der Differenzen zwischen dem, was sie repräsentieren und dem, wie sie tatsächlich leben? Wie werden Diskriminierungen im Alltag, die sie als Subjekte oft erleben, in ihr Identitätsmuster eingebunden? Woher kommen die Entwürfe für die jeweiligen Identitätsmuster und wie können sie nebeneinander oder miteinander existieren?

Tietze macht in ihrer Arbeit vier Formen von muslimischer Religiosität unter den Migranten „in einer schwierigen sozialen, ökonomischen und politischen Situation“ aus. Diese werden von ihr als

1. Ethisierung der Religiosität,
2. Ideologisierung des Religiösen,
3. Utopisierung der Religiosität und schließlich als
4. Kulturalisierung der Religiosität

bezeichnet. Tietze führt aus, dass nicht nur ältere Frauen und Männer sich an die Religion ihrer Herkunftsländer erinnern, sondern ein wesentlicher Teil von jungen Menschen, die in diesen Ländern (damit sind Frankreich und Deutschland gemeint) geboren und aufgewachsen sind, sich als Muslime bezeichnen. Diese junge Menschen, so Tietze, sind keine Traditionalisten, die sich gegen die „Integration“ stellen, sondern viele beteiligen sich auch am modernen Konsumverhalten, am gesellschaftlichen Leben und orientieren sich an postindustriellen Karrierevorstellungen.

Sie fragt zu recht auch danach, wie es dazu kommt, dass diese jungen Menschen sich mit dem Islam identifizieren, obwohl in Frankreich und Deutschland negative Bilder damit verbunden werden. Was bedeutet dies für das soziale Leben und Handeln der jungen Menschen, die als Muslime *„so »anders« erscheinen und gleichzeitig doch nur wie »jedermann« leben wollen?“* (Tietze, 2001, S. 7).

Die Moderne würde das Individuum vor eine ständige Herausforderung stellen, um sich als ein handelndes Subjekt entwerfen zu müssen.

> *„Der moderne Individualismus, der zu einem immer größeren soziokulturellen Pluralismus führt und gesellschaftliche Institutionen in ihrer ordnungsetzenden Funktion schwächt, lässt diesen Zwang zur Autonomie zu einem permanenten Wunsch nach Subjektivität werden. Jedes soziale Handeln in postindustriellen Gesellschaften orientiert sich an dieser Prämisse. Subjektivierung ist als Prozess zu verstehen, in dessen Verlauf die Person einerseits Distanz zu den eigenen sozialen Erfahrungen findet und andererseits zwischen verschiedenen Handlungsprinzipien wählt oder diese miteinander kombiniert“ (ebd., S. 7-8).*

Bei den Subjektivierungsprozessen können verschiedene Dinge ein entscheidender Faktor werden. Dies kann in einer bestimmten biografischen sowie sozialen Situation die Identifikation mit einer Nation, Ethnie oder auch Religion sein. Für Muslime in Deutschland und in Frankreich würde nach Tietze dies die Identifikation mit der religiösen Tradition sein. Diese ermögliche den Muslimen eine Kontinuität in ihrem Leben.

> *„Die Zugehörigkeit zur Erinnerungsgruppe stellt das individuelle Leben in einen Zusammenhang von Vergangenheit, Gegenwart und Zukunft. Zeit und Raum werden durch die Elemente und Symbole der muslimischen Traditionen strukturiert (Moscheen, islamische Vereine, Gebetszeit und religiöse Feste). Sie müssen jedoch rekonstruiert und neu angeordnet werden, um ihnen einen Sinn zu geben, der der biografischen und sozialen Situation des Individuums entspricht. Sobald sich also die jungen Leute als Muslime der religiösen Logik der Kontinuität verschreiben, brechen zwangsläufig Diskontinuität und Veränderungen auf. Muslime sein bedeutet kein feststehendes Programm und kein kodiertes Verhalten, sondern kommt in sich ständig ändernden, heterogenen, ja widersprüchlichen Religiositätsformen zum Ausdruck. Das diskontinuierliche, innovative und subjektive Verhältnis zur islamischen Tradition verweist auf deren Funktion als Subjektivierungsmodus" (ebd., S. 8).*

Tietze sieht in der Identifikation mit der Religion keinen zwingenden Zusammenhang mit der „Desubjektivierung" eines Individuums.

Hier muss die Frage gestellt werden, wie sich ein Individuum von einem kollektiven Identitätsgehäuse hin zu einem Subjekt bewegen kann. Welche Ressourcen und welche Persönlichkeitsstruktur benötigt eine Person, um sich von vielen zwanghaften Werten, Normen und Identifikationsmustern zu befreien. Welche Anerkennungs- und Nichtanerkennungsprozesse werden bewusst oder unbewusst in die eigene Persönlichkeitsentwicklung mitintegriert. Wie wird das Kohärenzgefühl in den Subjektivierungsprozessen miteingeschleift?

Tietze geht davon aus, dass die religiösen Traditionen in verschiedenen Dimensionen zerfallen würden und diese von einzelnen Muslimen auch sehr unterschiedlich betont und gelebt werden. Diese Entwicklung führt, so Tietze, zur Entstehung *„einer spezifischen Dynamik in der Konstruktion individueller Autonomie und in der jeweiligen subjektiven Konzeption von sozialem Handeln"* (ebd., S. 9).

Ich kann an vielen Stellen diese Ausführungen von Tietze teilen. Womit ich mich aber schwer tue, ist Folgendes: Wie kann eine Person, die ihre individuelle Autonomie gewonnen hat, sich in Situationen, die sie direkt betreffen (z. B. Ausgrenzung, Diskriminierung und Rassismus) in Deutschland anders verhalten und diese beurteilen als in identischen Situationen in der Türkei, wenn andere betroffen sind, beispielsweise Kurden, Aleviten und andere ethnische Gruppen, und sich auch noch mit denjenigen solidarisiert, die für diese Diskriminierungen verantwortlich sind? Wie kann eine Person hier die Grünen wählen, weil sie „migrantenfreundlich" sind und in der Türkei die AKP-Partei (Adalet ve Kalkınma Partisi, Partei für Gerechtigkeit und Entwicklung), die jetzige Regierungspartei in der Türkei, die sehr repressiv gegen alle Oppositionellen vorgeht?

Ich meine damit, hier den Rassismus, die Diskriminierung und die Ausgrenzungen kritisieren und dort, sprich in der Türkei, Anhänger von Parteien und Organisationen sein, die den Rassismus schüren, unterstützen, wählen und verteidigen. Dieser Frage möchte ich nachgehen und ich werde dies am Ende dieses Kapitels annähernd zu erklären versuchen und eine kritische Auseinandersetzung mit den Personen und Gruppen vornehmen.

Tietze geht davon aus, dass die individualisierte Identifikation mit dem Islam dazu führt, dass *„Glauben und Integration in eine religiöse Erinnerungsgruppe, die traditionell eine Einheit bilden, auseinanderdriften"* (ebd., S. 9). Daraus leitet Tietze die vier Formen der muslimischen Religiosität ab. So könne *„der Glaube an eine »außersoziale« Instanz betont werden"* und so werde die Religion für einen Teil der Gläubigen zur Utopie und ermögliche diesen Personen, die individuellen Probleme und Widersprüche im sozialen Leben als unbedeutend zurückzudrängen.

Der Islam könne auch seine subjektive Bedeutung als Erinnerungsgruppe erhalten.

> *„Er wird dann zur Ideologie mit dem Ziel, eine Gemeinschaft von »unterdrückten« Muslimen zu legitimieren und zu integrieren. Der ideologisierten Form muslimischer Religiosität verleihe das Subjekt hingegen Sinn, indem es sie in soziale und politische Kategorien übersetzt. Dabei werden konkrete kulturelle und historische Elemente der Geschichte der Muslime sakralisiert, während theologische und spirituelle Kriterien in den Hintergrund treten." (ebd., S. 9).*

Laut Tietze eignen sich die Menschen in Form der Ethisierung des Islams einen Verhaltenskodex des Religiösen an. Dadurch, dass die Elemente der islamischen Traditionen rationalisiert werden, fungieren sie für diese Menschen in ihrem Alltagsleben als Orientierungspunkte. Diese Art von Glaube basiere *„auf dem Bedürfnis nach Ordnung, nach einem Interpretationsmuster, das es dem Einzelnen ermöglicht, sich die soziale Welt anzueignen"* (ebd., S. 9-10).

In der kulturellen Form des Islam würde das Subjekt seine Religiosität in eine Kultur integrieren bzw. zu einem Teil seiner sozialen Identität machen.

„Die religiöse Praxis wird hier zu einer Art mechanischer Technik, die zu den Gewohnheiten der sozialen Gruppe gehört, aber kein Mittel zu ihrer Herstellung ist, wie im Falle ideologisierter Religiosität. Als kulturalisiertes Apriori der Lebenswelt bestätigt die muslimische Religiosität die Integration in ein soziales Milieu und erhält so ihre Funktion im Subjektivierungsprozess des Individuums" (ebd., S. 10).

Zu Recht verweist Tietze darauf, dass Subjektivierung immer ein sozialer und intersubjektiver Prozess ist und sich im Kontext einer Lebenswelt vollzieht, und somit auch einen konkreten Zusammenhang für die Handlungsvorstellungen darstelle. Diese vier Formen der muslimischen Religiosität werden von Tietze als die Artikulation der sozialen Erfahrungen und die Reflexion der Bilder, mit denen sich viele junge Menschen in dieser Gesellschaft auseinandersetzen müssen, gesehen. Aus diesem Grund müsse man nach Geschlechtszugehörigkeit differenzieren. Denn junge Frauen und Männer seien in ihren sozialen und wirtschaftlichen Belangen mit unterschiedlichen Dingen konfrontiert. Daher stehen Frauen und Männer vor unterschiedlichen Herausforderungen bei der Identifikation mit religiösen Inhalten.

„Das zentrale lebensweltliche Element im Alltag der jungen Männer besteht in ihrer schwierigen wirtschaftlichen und sozialen Lage. Sie fühlen sich vom gesellschaftlichen Ausschluss bedroht. Arbeitslosigkeit, mangelnde Qualifizierung und gesellschaftliche Stigmatisierung als »Immigrant« oder »Ausländer« erschweren den jungen Muslimen den Eintritt in ein unabhängiges Erwachsenenleben. Zusätzlich sehen sie sich mit politischer Diskriminierung konfrontiert, weil sie Anhänger einer institutionell nicht anerkannten Religionsgemeinschaft sind, die im öffentlichen Diskurs häufig die Rolle eines Feindbildes einnimmt beziehungsweise »das von der Gesellschaft fernzuhaltende Fremde« darstellt" (ebd., S. 12).

Hasan habe ich interviewt, weil er sich selber zur nationalistisch-idealistischen Gruppe zugehörig definiert. Meine Frage an ihn bezüglich seiner Selbstdefinition beantwortete er so:

„Ich würde mich als ein Individuum türkischer Herkunft betrachten mit der islamischen Religion. Der Islam gehört zum Türkentum und der Glaube hat das fehlende Teil vollkommen gemacht. Die türkische Nation ohne den Islam kann ich mir nicht vorstellen" (Hasan).

Hasan ist 32 Jahre alt, hat fünf Geschwister (drei Brüder und zwei Schwestern). Er ist in der Türkei geboren und kam mit sechs Jahren nach Deutschland. Er ist der Einzige, den ich zur zweiten Generation zähle. Hasan ist verheiratet und hat nach seinem Abitur ein Studium abgeschlossen und ist im Bereich Sonnenenergie tätig. Sein Vater ist im Jahre 1972 nach Deutschland gekommen. Hasans Frau ist eine Studentin und trägt ein Kopftuch.

Hasan ist in seiner Selbstnarration von seinem Glauben geprägt und versucht in seiner Person den besseren, aufgeklärten, erfolgreichen, gut integrierten Türken mit dem islamischen Glauben darzustellen. Er ist bestrebt zu zeigen, dass auch ein Türke etwas schaffen kann, eine wichtige Stellung bekommt und seine Arbeit mit den von ihm übernommenen Aufgaben mit sehr gutem Erfolg erledigt. Seine Erzählungen lassen darauf schließen, dass er auf diese Weise einen Beitrag für eine kollektive Identität leiste, dass man auf die türkische Nation und auf ihn stolz sein könne. Hasan ist davon getrieben, dass die Moderne und die Errungenschaften der Modernisierung von der großen türkischen Nation ausgehen sollen. Das ist sein Bestreben.

Hasan verkörpert mit seiner Ideologie und seinen Ansichten, obwohl sie in sich sehr widersprüchlich sind, u. a. die „Ideologisierung" des Religiösen.

> *„Die »Ideologisierung« des Religiösen betont die Zugehörigkeit zum Islam zu Lasten des Glaubens und hat die Schaffung einer Gemeinschaft im sozialen Raum zum Ziel. Die Religiosität vermischt sich mit dem Bedürfnis nach politischem und historischem Wissen, das seinerseits sakralisiert wird (das Wissen über die arabisch-muslimische Kultur, die soziohistorischen Ereignisse der arabischen Eroberungen oder der Glanz des Osmanischen Reiches). Die Religion gewinnt für das Individuum Sinn durch ein bestimmtes soziales und politisches Denken. Die Religionsausübung hat einen eher mechanischen Charakter. Sie dient dazu, Differenzen herzustellen und eine Gemeinschaft der Unterdrückten zu gründen. Die Beziehung zur Gesellschaft wird durch den Gegensatz zwischen diesen Gemeinschaften hergestellt, die eher in der Imagination als in der Realität existieren. Der Islam und die untergeordnete Stellung des Muslims verquicken und artikulieren sich durch die »Islamisierung« des sozialen Unbehagens und die öffentliche Forderung nach Veränderung. Die religiöse Erinnerung, die sich mehr aus politischen und historischen Ereignissen als aus der Theologie speist,*

verschmilzt mit den sozialen Erinnerungen. Wird der Antagonismus zwischen den Gruppen zu stark und führt er zu dem Willen, den »Anderen« zu vernichten, gibt das Individuum seine Autonomie auf. Das Anderssein ist nicht mehr ein Fixpunkt des sozialen Handelns, sondern nimmt dem Individuum die Fähigkeit, sich als Selbst zu definieren" (ebd., S. 157-158).

Ich fragte Hasan, wie er darauf gekommen sei, bei den türkischen Nationalisten und Idealisten politisch aktiv zu werden. Dazu Hasan:

> *„Ich muss sagen, dass mein Vater auch politisch sehr nationalistisch geprägt ist und ein aktives Mitglied eines Vereins in unserer Gegend war. Ich war als Kind und Teenager ein sehr unruhiger Junge. Ich konnte kaum ruhig bleiben. Ich war ja auch bis zu meinem sechsten Lebensjahr getrennt von meinem Vater. Ich wollte die Aufmerksamkeit und die Liebe meines Vaters bekommen. Es gab eine Zeit, wo ich gemerkt habe, je besser ich in der Schule wurde, umso mehr bekam ich die Anerkennung meines Vaters" (Hasan).*

Hasan erlangte nicht nur die Aufmerksamkeit seines Vaters, sondern wurde auch von den Mitschülern und den Lehrern anerkannt. Als er das Alter erreichte, indem er auch eine politische Meinung bildete, orientierte er sich an seinem Vater als politisches Vorbild.

Tietze schreibt bezüglich der Religiosität der jungen Männer:

> *„Die muslimische Religiosität dient dem Individuum dazu, sich als identisch mit der Gesellschaft – als »der Gleiche« – zu konstituieren und gleichzeitig als »der Andere« zu positionieren. Der junge Muslim ist immer beides und bewegt sich zwischen den beiden Polen. Auf diesem Zirkulieren beruhen die Beziehungen, die die jungen Erwachsenen mithilfe ihrer religiösen Identifikationsformen zur Gesellschaft aufbauen. Da sich nun ein autonomes Selbst immer in einem Verhältnis zu den erlebten gesellschaftlichen Strukturen konstruiert, verarbeiten die jungen Muslime Elemente des deutschen beziehungsweise französischen öffentlichen Raums in ihren Religiositätsformen" (ebd., S. 13).*

Im Falle von Hasan und auch der anderen Interviewpartner wird neben dem Islam auch die Koppelung mit der türkischen Nation hergestellt. Dadurch wird das Leben in Deutschland erträglicher gestaltet. Denn, wenn er von außen zum Türken und zum Muslim gemacht wird, hat er damit kein Problem, denn er definiert sich selbst als solcher. Sein Gegenüber differenziert sich als Deutscher/Franzose/Österreicher oder Serbe. Genau im selben Umfeld sich bewegend ist er „der Gleiche" und „der Andere" zugleich, denn er macht sein Gegenüber auch zum „Gleichen" und zum „Anderen".

Wenn man die persönliche Situation Hasans aus der „Integrationsproblematik" heraus betrachtet, würde ich sagen, dass Hasan diesbezüglich keine Probleme hat. Er kann hervorragend gut Deutsch, hat ein Studium absolviert und hat eine führende Position in seiner Firma inne. Sobald Hasan aber mit seiner Ehefrau, die Kopftuchträgerin ist, auf die Straße geht, dann sieht die Sache anders aus. Vermutlich kennt Hasan diese Erfahrung seit er in Deutschland ist. Ich vermute, dass Hasans Mutter ebenfalls ein Kopftuch trägt. Er kennt die Haltungen der Deutschen in der Öffentlichkeit durch die Medien und die Auftritte der Politiker. Hasan berichtet eben auch von anderen ausgrenzenden Erfahrungen in Deutschland. Als politisierter Mensch verfolgt er die Diskussionen um die Integration der türkeistämmigen Migranten in Deutschland.

Die islamischen sowie die nationalistisch-islamischen Vereine haben eine sehr enge Verbindung und Verquickung zu den gleichgesinnten Parteien und Organisationen in der Türkei. Dadurch halten viele junge Menschen den Bezug zur Türkei lebendig. So werden für einen Teil der Jugendlichen aus der Türkei politische Kategorien gewonnen, anhand derer sie ihren Bezug zur deutschen Gesellschaft artikulieren. Dies wirkt in sich sehr widersprüchlich, denn diese jungen Menschen unterscheiden sich in vielen Lebensbereichen in ihrem alltäglichen Verhalten kaum von den jungen Menschen desselben sozialen Milieus von den Deutschen. Dazu schreibt Tietze:

> *„Sie konfliktualisieren jedoch ihre soziale und wirtschaftliche Situation ebenso wie ihre Stigmatisierung als »Ausländer« über die Identifikation in Politikbereichen und Konfliktfeldern, die mit ihren eigentlichen sozialen Erfahrungen nichts zu tun haben. Das wiederum verstärkt ihre Stigmatisierung als »Nichtdazugehörige«. Diese gesellschaftliche Konfiguration führt dazu, dass die jungen Muslime in Deutschland ihre Religiosität mithilfe türkischer Kategorien ideologisieren, indem sie eine Gemeinschaft »unterdrückter Muslime« konstruieren. Die spezifischen Strukturen der Trennung von Staat und Religion in der Bundesrepublik unterstützen diese Form der Identifikation mit dem Islam. Der Status der christlichen Kirchen, die als Körperschaften des öffentlichen Rechts*

autonome und einflussreiche gesellschaftliche Institutionen sind, eröffnet den Muslimen die Möglichkeit, eine institutionelle Anerkennung und vor allem eine Gleichstellung des Islams einzuklagen. Auf der subjektiven Ebene impliziert diese makro-soziale Konstellation eine mögliche Überwindung der Stigmatisierung als »Ausländer«, denn die kulturelle oder staatsbürgerliche Diskriminierung als »Nichtdazugehörige«, die eine positive Konstruktion des Selbst bedroht, wird in eine konfessionelle, respektierte Alterität übersetzt" (ebd., S. 14).

Aus der Perspektive der Psychologie betrachtet geht es hier um mehrere Dinge gleichzeitig. Es geht um Annerkennung und Selbstanerkennung, um das Gefühl der Koheränz, um subjektive Handlungsfähigkeit und um die Integration von Teilidentitäten zur subjektiv vorgestellten Gesamtidentität.

Keupp u. a. heben drei Dimensionen der Anerkennung hervor. Diese sind:

- die Aufmerksamkeit von anderen (Wahrnehmung verbaler/nonverbaler Botschaften: [...] du bist wer, ich sehe dich, ich höre dir zu, ich lasse mir Zeit, um dich kennenzulernen, ich bin neugierig auf dich – d. h. als lebendes, relevantes Subjekt wahrgenommen zu werden)
- die positive Bewertung durch andere (ich finde gut, was du denkst/sagst/fühlst/tust bzw. wie du es denkst, wie du dich gibst, welche Prozesse du herstellst)
- die Selbstanerkennung (Selbstbewertung: [...] das, was ich gut finde, müssen/sollen andere auch gut finden, ich finde mich auch unabhängig von Bewertungen der anderen gut/schlecht) (Keupp u. a., 1999, S. 256).

Die Dimensionen der Anerkennung, bezogen auf die dritte und vierte Generation von Migrantenkindern und -jugendlichen scheint mir auf zwei Ebenen zu laufen. Zum einen in den Aushandlungsprozessen mit der Mehrheitsgesellschaft und zum anderen in der eigenen Familie sowie in den eigenen sozialen Strukturen, Vereinen, Moscheen und ähnlichen Orten. Die Anerkennung, die diese Menschen beispielsweise in ihrer Arbeit bekommen, so wie Hasan, bekommen sie in der Makroebene dieser Gesellschaft jedoch nicht. Sie erlangen sie kompensatorisch beispielsweise in den islamisch-nationalistischen Gruppen.

Keupp u. a. heben in ihrer Forschungsarbeit die „Anerkennung eines von mehreren Identitätszielen" hervor.

Sie schreiben, anlehnend an Taylor, dass die Anerkennung in unserem Zeitalter scheitern kann, weil diese kaum noch durch gesellschaftliche Normen und Gruppen

geregelt und begleitet werde. Früher hätten Individuen im Rahmen ihrer Normalbiografien eine entsprechende Anerkennung erwerben können.
„In spätmodernen Gesellschaften“, so Keupp u. a., würde zweierlei fehlen: zum einen die normativen Vorgaben und zum anderen der Vermittlungsrahmen. Deshalb seien Subjekte viel stärker auf ihr Netzwerk und

> *„auf einzelne auszuhandelnde Beziehungen mit jeweils unterschiedlichen Anerkennungskulturen angewiesen. Das Spiel auf einer dermaßen individualisierten Anerkennungsklaviatur ist voller bzw. erfordert weit mehr beziehungsorientierte Aushandlungskompetenzen als in modernen Zeiten“ (ebd., S. 260).*

Göle macht zunächst eine Unterscheidung zwischen dem „Islam“ und dem „Islamismus“. Der Islam würde sich auf historische Aspekte beziehen und der Islamismus sei das Ergebnis der Interpretationen durch menschliches Handeln auf zeitgenössischen Manifestationen. Göle hebt den Wandel der muslimischen Identität hervor. Sie ist der Auffassung, dass der Islam eine traditionelle Seite hat, die dann von Generation zu Generation weitervermittelt werde im Sinne einer sozialen Kategorie. Der Islamismus dagegen bedient sich einer radikalen Prozedur. Sie spricht hier von einer Bedeutungsverschiebung vom Muslimischen zum Islamistischen.

> *„Radikal ist der Islamismus auch insofern, als er die »gegebenen« Definitionen des Islams zurückweist, weil er sie für zu unterwürfig hält; stattdessen ruft er zu kollektivem Handeln und zur Selbstbehauptung angesichts moderner Machtverhältnisse auf. Daraus ergibt sich, dass die muslimische Identität vor allem zur individuellen Entscheidung wird, zur bewussten Wahl“ (Göle, 2004, S. 18).*

Göle fährt fort und meint, dass genau hier die Grenzüberschreitung zwischen einem Muslim und einem Islamisten liegen würde. Ein Mensch kann als Muslim geboren werden, aber zum Islamisten wird man durch politisches sowie persönliches Engagement.

> *„Der Islamismus bietet sozial entwurzelten Muslimen eine horizontale Form der Bindung und eine horizontale Form des gesellschaftlich Imaginären: Weil der Islam diesem Personenkreis nicht mehr in traditioneller Form, durch ein gesellschaftliches, familiäres oder lokales Umfeld vermittelt wird, schaffen sich diese Muslime kollektiv und in steti-*

ger Revision und Anpassung eine neue religiöse Identität in modernen Kontexten. Dieser Wandel vom Muslim zum Islamisten wird allerdings erst durch die Schaffung einer kollektiven Handlungsmacht ermöglicht – durch die Erfindung einer sozialen Bewegung" (ebd., S. 18).

Zwei männliche Jugendliche (16 und 17 Jahre alt), die ich interviewt habe, leben in einem Internat eines Moscheevereins in München. Einer von ihnen, Ahmet, berichtet, dass er selbst entschieden hat, ins Internat zu gehen. Er kannte einen Freund, der dort war und er habe mitbekommen, dass dieser dann bessere schulische Leistungen erbrachte. Er selber habe daheim immer keine Lust gehabt zu lernen. Seine Eltern wären mit ihm auch nicht so streng gewesen.

Ahmet ist 17 Jahre alt und wohnt seit vier Jahren im Internat. Er wurde in Wolfratshausen bei München geboren und ist ein Einzelkind. Ahmet besucht die Realschule in München. Davor war er auf der Hauptschule.

Ahmet kam mit dem Vorschlag zu seinen Eltern, dass er in dasselbe Internat in München gehen möchte wie sein Freund. Davon würde er sich auch eine bessere schulische Leistung erhoffen. So wurde Ahmet vor vier Jahren in dem von einem Moscheeverein geführten Internat untergebracht. Da seine Eltern auch praktizierende Muslime sind, hatten sie keine Bedenken. Und tatsächlich, nach einem Jahr Internat kommt Ahmet von der Hauptschule auf die Realschule. Ich fragte Ahmet, wie er dies geschafft habe:

„Wir haben hier einen sehr streng geregelten Tagesablauf. Wir stehen alle in der Früh um 6:30 Uhr zum Gebet auf. Anschließend gibt es das Frühstück, dann gehen alle zur Schule. Wenn wir mittags von der Schule kommen, dann wird wieder gebetet, dann gibt es das Mittagessen. Danach haben wir etwa eine Stunde Pause. Nach der Pause bekommen wir von unserem Lehrer hier Religionsunterricht und anschließend werden unter pädagogischer Leitung die Hausaufgaben gemacht. Am späten Nachmittag gibt es dann wieder das Gebet, danach haben wir entweder Sport oder wir müssen weiterlernen. Am Abend gibt es das Abendgebet und dann das Abendessen. Bevor wir schlafen gehen, wird erst wieder das Gebet verrichtet" (Ahmet).

Ahmet berichtet noch davon, dass sie kaum Zeit haben, außerhalb des Internats andere Freunde zu treffen. Dazu müssen sie auch eine Erlaubnis des zuständigen Aufsichtspersonals einholen. Nach Hause können sie alle drei Wochen für ein Wochenende und in den Ferien die Hälfte der Ferienzeit.

Mustafa, der andere Jugendliche, den ich interviewt habe, berichtet, dass er gegen seinen Willen in diesem Internat untergebracht wurde.

Mustafa ist 16 Jahre alt und besucht die Wirtschaftsschule. Er wurde in Rosenheim geboren und hat noch drei andere Geschwister, zwei Schwestern und einen Bruder. Er ist das dritte Kind seiner Eltern. Mustafa wohnt und lebt in diesem Internat seit seinem 12. Lebensjahr. Eine seiner älteren Schwestern ist auch in München in einem Mädcheninternat desselben Moscheevereins untergebracht. Mustafa berichtet auch, dass seine Mutter eine praktizierende Muslimin ist und sie diejenige war, die die Entscheidung getroffen habe, dass er und seine Schwester in diesen Internaten untergebracht werden.

Ich habe sowohl Ahmet als auch Mustafa nach ihren Vorstellungen bezüglich ihrer Zukunft gefragt. Dabei habe ich sehr unterschiedliche Antworten erhalten. Während Ahmet einen erfolgreichen Beruf ergreifen, eine Familie gründen und sein Leben später selbst organisieren möchte, so möchte Mustafa so wie seine Aufsichtspersonen im Internat nach Istanbul gehen und sich dort für die Aufgabe als Aufsicht, sie nennen diese Personen „Lehrer", ausbilden lassen. Mustafa möchte dienen und dafür Dankbarkeit entgegenbringen, so wie es seine Vorbilder, in seinen Worten „Lehrer", in der Einrichtung, in der er lebt, tun. Diese Ausbildung wird in Istanbul von einem Teil der Glaubensgemeinschaft „Süleymancı" durchgeführt. Man bekommt dort eine zusätzliche Religionsausbildung mit der Ermächtigung, in den Einrichtungen dieser Bewegung arbeiten zu dürfen.

Ahmets Vorstellungen klangen sehr authentisch und überzeugt. Er hat seine Ziele für sich sehr früh gesetzt, er wollte auf eine bessere Schule als die Hauptschule, um dadurch auch eine bessere Zukunftsperspektive zu erhalten.

Bei Mustafa wird ersichtlich, dass er das Heimische, die Gemeinschaft, die Anerkennung und die Wertschätzung erst in diesem Internat erfahren hat, und somit seine Verbundenheit mit diesem Teil seines Lebens auch in seine Zukunftsvorstellung mit einbaut. Auch Mustafa klang für mich authentisch.

Bei beiden Jugendlichen kommen natürlich die Überlegung auf: Wie intensiv werden sie in ihrer religiösen Identität von der Einrichtung beeinflusst und mitgeprägt?

Eine andere Frage, die mich beschäftigt, ist die: Werden diese jungen Menschen selbst zu Islamisten oder werden sie von den Islamisten zu Islamisten gemacht?

Bei beiden Jugendlichen scheint es, dass das Elternhaus überfordert ist oder nicht imstande ist – warum auch immer – seinen Kindern den Rahmen für eine erfolgreiche schulische und berufliche Zukunft anzubieten. Ich möchte diese Eltern hier nicht verurteilen. Eine Unterbringung im Internat ist sowohl in der Türkei als auch hier in Deutschland durchaus üblich. Dafür können sehr viele Gründe eine Rolle spielen. Diese Eltern sind deshalb noch lange keine schlechten Eltern.

Mir geht es vielmehr darum, zu verdeutlichen, dass eine bessere schulische und berufliche Perspektive sowohl den Jugendlichen als auch ihren Familien sehr wichtig zu sein scheint. Da sich die Eltern oft überfordert und benachteiligt in diesem für sie undurchschaubaren System erleben, übertragen sie jedoch gewisse Verantwortungen, auch die (religiöse) Erziehung ihrer Kinder, solchen Einrichtungen, die ihr Vertrauen genießen.

Schiffauer schreibt zudem, dass

> *„sich die Kindheit der Führungselite zwischen einem strenggläubigen Elternhaus, der Schule und der Moschee abspielte, die sie fast täglich nach der Schule aufsuchten. Angesichts des Schulerfolgs, der die Voraussetzungen für ihre spätere Rekrutierung bildet, ist es nicht überraschend, dass in der Beschreibung der Kindheit die Bildungsoffenheit der Eltern beziehungsweise ihr Aufstiegswille eine wichtige Rolle spielt" (Schiffauer, 2010, S. 163).*

Hier wird die Seite sehr deutlich, die Göle beschreibt, nämlich, dass es vermittelt wird, sich kollektiv gegen die Missstände, die die Zukunftsperspektive der Kinder von Migranten betrifft, zu behaupten. Somit erarbeite der Islam als eine soziale Bewegung eine neue kollektive Identität für Muslime in der Migration, und er würde zugleich für viele Muslime das soziale Operationsfeld transformieren.

Die beiden Jugendlichen erleben das Internat als einen Ort, an dem sie ein Zuhause bekommen, aber auch einen Ort, an dem sie eine Identität vermittelt bekommen, die mit den Vorstellungen ihrer Herkunftsfamilien übereinstimmt. Sie erleben sich in vielerlei Hinsicht als anerkannt, geliebt, bestärkt und bestätigt. Ahmet wie Mustafa berichten, dass sie in der Schule, vor allem bei den Lehrkräften, zu den Beliebtesten zählen. Sie hätten auch nie ein Problem mit den Mitschülern.

Die beiden werden durch diesen Lebensrhythmus in der Einrichtung – wie sie ihn beschreiben – u. a. auf Autoritätshörigkeit und Angepasstsein vorbereitet. Es wird ihnen eine kollektive Identität auf die Schultern gelegt. Sie bekommen Inhalte vermittelt, die besagen, dass sie Repräsentanten einer Religionsgemeinschaft sind, vor allem in der deutschen Öffentlichkeit. Sie sind sich dessen bewusst, dass ihr Verhalten, also wo und wie sie sich bewegen, nicht auf die eigene Person zu reduzieren ist. Die beiden berichteten auch darüber, dass den Lehrkräften Schüler, wie sie es sind, viel lieber sind als Schüler, die nicht in so eine Einrichtung besuchen. Sie werden in jeder Hinsicht mit den anderen Schülern verglichen. In diesem Vergleich schneiden sie immer besser ab. Das hat zum einen damit zu tun, dass diese Jugendlichen für eine kollektive Identität stehen, aber auch für den Ruf dieser Einrichtung und der Gemeinschaft. Dort wird natürlich auch die Überlegenheit des Gläubigen vermittelt und diese Jugendlichen müssen sich auch dem stellen. Es heißt „eure Misserfolge sind zugleich Misserfolge unserer Gemeinschaft".

Zudem wird den Kindern und Jugendlichen in diesen Einrichtungen Folgendes vermittelt:

„Wir sind die Enkel des großen osmanischen Imperiums und müssen hier in Deutschland die Straße kehren". Diese Aussage soll bei diesen jungen Menschen dazu führen, dass sie sich in der Zukunft dafür einsetzen, das zu erreichen, was ihre Vorfahren schon einmal erreicht hatten.

So kann ich den Ausführungen von Göle auch dort zustimmen, wo sie schreibt, dass die Religion auch eine wichtige Rolle bei der Machtausübung spielt. Die Religion ermöglicht den Unterdrückten und Benachteiligten in diesen Kontexten

> *„ein Stigma in eine Quelle der Selbstermächtigung zu verwandeln und aus Scham Selbstachtung zu machen. Der Islam stellt einen Bezugsrahmen für die Identitätsorientierung bereit, der einem das Gefühl vermittelt, gut zu sein und an höheren Formen des Lebens teilzuhaben. Der Islam dient als Quelle der Orientierung und Unterscheidung, um eine höhere Form des Lebens darzustellen und zu erreichen. Doch zu diesem Zweck, würden die Radikalen sagen, müsste die Religion erst einmal aus ihrer traditionell unterwürfigen, passiven und willfährigen Haltung angesichts der Macht der Moderne befreit werden. Die Religion bietet den Muslimen bei ihrer kritischen Auseinandersetzung mit der Moderne einen autonomen, alternativen Raum für die kollektive Selbstdefinition. Sie bietet einen kognitiven Rahmen für die persönliche Selbstfindung wie für die kollektive Orientierung der Bewegung. Politisierung der Religion und personalisierte Religiosität gehen Hand in Hand" (Göle, 2004, S. 21).*

Meine Frage an Ahmet und Mustafa lautete: Wie wollt Ihr von den anderen, Freunden, Lehrern, Mitschülern usw. gesehen werden? Dazu ihre Antwort: *“Wir wollen als ein echter Muslim gesehen werden – Hakiki bir Müslüman olarak görünmek isterim“* (Ahmet & Mustafa).

Bei allen meiner drei männlichen Interviewpartner aus dem Spektrum der religiös-nationalistischen Orientierung wird deutlich, dass sie sich zum Islam bekennen. Göle führt in ihren Arbeiten aus, dass die Islamisten bzw. der Islamismus freiwillig die negativen und diskriminierenden Attribute, die dem Islam von den modernistischen Kulturen zugeschrieben werden, übernehmen. Göle beschreibt, dass es sich hier um einen Islamismus handelt, der die Bewältigung einer „beschädigten Identität“ in einem kollektiven Zusammenschluss und durch die politische Form vornimmt. Die islamische Bewegung würde ihr Stigma dadurch zu bewältigen versuchen, indem sie ihre unerwünschte Andersartigkeit freiwillig annimmt, sie öffentlich zeigt und in der Öffentlichkeit auch offensiv und demonstrativ vorträgt bzw. vertritt. Sie lehnt die Assimilation ab und versucht ihre Andersartigkeit offensiv zu zeigen. *„Dabei wird die Religion zum sichtbaren Zeichen, zur verkörperten Praxis“* (ebd., S. 22).

Keupp u. a. beschreiben diesen, von mir dargestellten Prozess mit dem Begriff der Authentizität. Sie gehen dabei davon aus, dass es bei der Identitätsarbeit nicht nur um die Auflösung der Ambivalenzen und Widersprüche im Leben einer Person geht, sondern darum, ob die Person diese Situationen für sich in ein akzeptables Spannungsverhältnis bringen kann.

> *„Versteht man Ambivalenzen nicht nur als »Nicht-Lösung«, sondern sieht man darin prospektiv auch die Herausforderungen für die Weiterentwicklung von Identität, so sind sie ein fundamentaler Bestandteil gelungener Identitätsarbeit. Hinter diesen Überlegungen steht die Frage, wie es dem Subjekt gelingt, Prozess und Konstruktionen der Identitätsarbeit in ein Passungsverhältnis zu bringen, das aus Sicht des Subjekts »stimmig« ist und das Gefühl erzeugt, dass man selbst etwas Gelungenes geschaffen hat. Dieses Gefühl wollen wir mit dem Begriff der Authentizität fassen“ (Keupp u. a., S. 263).*

11.1.2. Die weibliche Identität – das Kopftuch und die Verkörperung der Identität

Ich habe insgesamt drei junge Frauen interviewt, zwei von ihnen kommen aus der sunnitischen Richtung des Islams. Die beiden jungen Frauen sind Kopftuchträgerinnen. Ich habe auch eine junge Frau aus dem Kreise der Aleviten interviewt, die keine Kopftuchträgerin ist. Einer der wesentlichen Unterschiede zwischen dem sunnitischen und dem alevitischen Islam ist unter anderem das Tragen eines Kopftuchs. Alevitinnen tragen in der Regel kein Kopftuch.

Ich habe sehr gezielt nach jungen Frauen gesucht, die ein Kopftuch tragen. Mich interessiert dabei, wie sie sich selber sehen und was sie über sich denken. Welche Erfahrungen macht eine junge Frau in der deutschen Gesellschaft, vor allem nach dem 11. September 2001, und welche Erfahrung macht sie in ihrer eigenen Herkunftskultur.

Eine andere Erfahrung machen Alevitinnen, die kein Kopftuch tragen. Auch sie werden in dieser Gesellschaft mit dem Thema Kopftuch konfrontiert, und zwar damit, warum sie kein Kopftuch tragen. Sie müssen ihr Anderssein betonen und oft auch erklären.

Als erste erklärte Müjde sich bereit, sich den Fragen des Interviews zu stellen.

Müjde ist zur Interviewzeit (10.08.2011) 20 Jahre alt. Sie arbeitet als Bürokauffrau in einer sozialen Einrichtung, die sich um die Belange der Migranten, vor allem im Bereich der Bildung einsetzt. Die Eltern ihres Vaters sind als erste Gastarbeitergeneration in den 60er-Jahren nach Deutschland gekommen. Müjde wurde in München geboren und hat noch eine ältere Schwester, einen Bruder und eine jüngere Schwester.

(Um ihre Anonymität zu bewahren, klammere ich hier einige Informationen aus.)

Müjde erzählt zunächst, welche Bedeutung eine gute Bildung, ein Studium oder eine Ausbildung für ihren Vater habe. Er muss jede Gelegenheit genutzt haben, um zum einen für die eigene Bildung zu sorgen und zum anderen in jeder Situation bei seinen Kindern die Wichtigkeit der Bildung zu betonen. Der Vater sei zunächst wegen der Unwissenheit seiner Eltern in türkische Klassen geschickt worden. Später machte er mehrere Ausbildungen und ist soweit gekommen, dass er seit fünf Jahren die Geschäftsführung einer Firma in der Türkei übernommen hat. Müjde berichtet auf meine Frage hin, wie sie ihre Eltern als Eltern und in ihrer Erziehung erlebt hat:

> *„Die Atmosphäre zu Hause und die Erziehung meiner Eltern habe ich genossen. Sie haben uns sehr freizügig erzogen, sie waren nicht streng. Mein Vater legt sehr viel Wert auf Bildung. Er hat uns erzählt, dass es*

für ihn sehr schwierig war, weil er seit seinem 12. Lebensjahr hier zur Schule ging und ihm dabei keiner helfen konnte. Er musste sich selbst durch das Leben kämpfen, weil seine Eltern kein Deutsch gesprochen haben. Wir haben zu Hause zuviel Hilfe von ihm bekommen. Er hatte es sehr schwer gehabt, es aber geschafft, sein Fachabitur zu machen. Auf der Uni war er nicht. Er hat mehrere Ausbildungen abgeschlossen. Er hätte sehr gerne studiert – Ökonomie oder Wirtschaft" (Müjde).

Müjde ist eine sehr offene und interessierte junge Frau und man vergisst im Gespräch sehr schnell, dass sie ein Kopftuch trägt. Ihre sanfte und Sicherheit ausstrahlende Art und ihre Vorstellungen über sich, über das Leben und über andere vermitteln in der Tat den Eindruck, dass sie sich kaum von sehr vielen ihrer deutschen Gleichaltrigen unterscheidet. Auch abgesehen von ihrem Kopftuch widerspricht alles, von der Schminke bis über ihre Kleidung, jeglichen Klischees, die viele über Musliminnen haben. Aber dennoch hat mich interessiert, warum, wie und wann Müjde sich entschieden hat, ein Kopftuch zu tragen.

„In die Moschee hat uns die Mama mitgenommen. Wir haben den Koran gelernt und gelesen. Es kam die Zeit, so mit 12 bis 13 Jahren, da haben Freundinnen von mir angefangen, ein Kopftuch zu tragen. Dann habe ich mich auch dafür entschieden. Alle meine Schwestern tragen ein Kopftuch und alle freiwillig und aus Überzeugung. Unser Vater hat keinen Druck ausgeübt, er hat uns sogar immer wieder gefragt, ob wir es wirklich so wollen. Seit meinem 12. Lebensjahr, also seit acht Jahren, trage ich nun ein Kopftuch. Ich bin ein offener Mensch und kann mit jedem Freundschaften schließen" (Müjde).

Müjde und ihre Schwestern sowie ihre Freundinnen entschieden sich freiwillig, das gesellschaftlich stigmatisierte islamische Symbol Kopftuch zu tragen. Göle schreibt, dass der Begriff Stigma im ursprünglichen Sinn *„mit der Schande selbst als mit dem körperlichen Merkmal der Schande in Verbindung gebracht"* (ebd., S. 23) worden sei.

„Die Praxis der Kopftuch-Verschleierung, wie wir sie im zeitgenössischen Islamismus beobachten, erscheint in unserem öffentlichen Blick als ein körperliches Zeichen und ist mit symbolischen Bedeutungen verknüpft, mit persönlichem Ausdruckswillen und kollektiven Verpflichtungen, mit Glauben und politischem Handeln, mit dem Gegensatz von ver-

botener Zurschaustellung des Inneren und mit öffentlichem Blick" (ebd., S. 23).

Wie erging es Müjde danach, denn sie hatte damit einen Schritt getan, der sie von nun an ins Zentrum der Blicke der Öffentlichkeit gerückt hat. Neben den Blicken der Öffentlichkeit muss zunächst ein innerer personeller Prozess geschaffen werden. Man muss sich mit dem neuen Lebensstil erst zurechtfinden.

Dazu Müjde:

> *„Am Anfang kam es mir selber ein bisschen komisch vor. Ich habe mich unwohl dabei gefühlt, weil alle mich so anschauten und beobachteten. Nach einiger Zeit habe ich mich daran gewöhnt und habe mich so akzeptiert" (Müjde).*

Diesen Prozess, den Müjde durchgemacht hat, beschreibt Göle als „öffentliche Sichtbarmachung", dabei geht es darum bzw. um Techniken, so Göle,

> *„wie etwas Inneres nach außen gekehrt werden kann – um die Erinnerung und die Wiederbelebung von vergessenen Repertoires sowie um die Verwandlung impliziter Gewohnheiten in explizite, also in solche, die sicht- und hörbar sind. Der Körper als Sinnes- und Gefühlsregister macht die impliziten, nicht verbalen Verfahrensweisen und die anerzogenen Neigungen, also den Habitus, öffentlich sichtbar. Der Islamismus wählt für seine Botschaft den habituellen Bereich; auf dieser Ebene stellt er die modernistischen Bestrebungen, eine zivilisierte (sprich verwestlichte) und emanzipierte Identität herauszubilden. Dabei handelt es sich nicht um eine völlig bewusste, diskursive Form der Kritik" (ebd., S. 27).*

Müjde war zu der Zeit, als sie ihre Entscheidung traf, nicht ganz allein. Sie hatte die älteren Schwestern und die Freundinnen, die Moscheegemeinde, die sie mit ihrer Mutter und anderen Frauen und Männern besuchte. Sie war in dieser Gemeinschaft integriert und konnte sich von einem Sicherheit bietenden Ort aus nach außen öffnen. In diesen Kreisen wird darüber diskutiert, warum man sich als Muslime verstecken solle, die Deutschen und auch andere Glaubensgemeinschaften zeigen sich auch in der Öffentlichkeit. Von außen werden vor allem durch die sogenannten Modernisten und den Gesellschaften in Europa, in denen Migranten leben, die Musliminnen mit ihren Kopftüchern als Symbole der Rückständigkeit, Frauenunterdrückung und Versklavung der Frauen durch die Männer betrachtet. Die Moderne wird als eine höhere Lebensform dargestellt, der alle nacheifern und die sie im alltäglichen Leben zu verkörpern haben. Dieser Diskurs wird auch innerhalb der Migrantengruppen geführt. Der Schleier, so Göle,

> *„als persönliches religiöses Symbol vermittelt in der Öffentlichkeit auch soziale Informationen. Er zeigt zum Beispiel den radikalen Wandel, der gegenwärtig unter Muslimen stattfindet – vom Verbergen der Zugehörigkeit zum Islam und der damit verbundenen Attribute bis hin zur kollektiven, öffentlichen Zurschaustellung ihrer Religionszugehörigkeit. Muslime, die Kopftücher und Vollbärte tragen, werden offen als Muslime erkennbar. Sie treten offensiv für ihre muslimische Identität ein. Überdies vermitteln sie die Botschaft, dass sie die religiösen Vorschriften eifriger und genauer beachten als jene, die ihre Religiosität auf die Privatsphäre beschränken. So ist das Verschleiern eine unverhüllte Demonstration des Andersseins, obwohl das Kopftuch als solches eine Verhüllung, eine Art Maske ist" (ebd., S. 23).*

Cansu ist zur Interviewzeit (12.09.2011) 23 Jahre alt und ist seit 2009 verheiratet. Sie wurde im Norden Deutschlands geboren, studiert und lebt mit ihrem Ehemann in München. Sie ist das älteste Kind ihrer Eltern, sie hat noch drei jüngere Brüder. Ihre Eltern gehören zur zweiten Generation von Migranten. Sie trägt seit dem Abitur ein Kopftuch.

Müjde und ihre Schwestern sowie ihre Freundinnen und eine andere Interviewpartnerin, Cansu, repräsentieren genau das Gegenteil des Frauentyps, über den gesagt wird, dass sich die Frauen ihren Männern unterstellen, dass sie nur zu Hause sitzen und auf die Ehemänner warten, von denen sie sich herabwürdigen lassen. Müjde ist in ihrer Arbeit als Bürokauffrau, sowie sie es schildert, sehr erfolgreich und beliebt und genießt hohe Anerkennung. Müjdes jüngere Schwester lebt zur Interviewzeit in England wegen des Ausübens der englischen Sprache und ihres Literatur-Studiums. Cansu, eine 23-jährige verheiratete Frau studiert in München an der Uni.

Diese jungen Frauen verdeutlichen in ihrer Art den Außenstehenden mit vielen Widersprüchen ihre andere Identität. Sie möchten sich nicht von anderen definieren lassen, sie definieren sich selbst, indem sie alle Errungenschaften der Moderne in Anspruch nehmen und sich trotzdem der Moderne stellen. Hier geht es auch um die Differenzierung der weiblichen Identität. Jahrzehntelang wurde beispielweise die moderne Lebensweise der Frauen in der Türkei aus der Mittel- und Oberschichtsklasse gegenüber den aus den unteren und traditionellen Schichten stammenden Frauen demonstriert. Die Teilhabe an den modernen Errungenschaften, vor allem durch Frauen, und auch an den Machtstrukturen sowie höheren Berufen verlief oft über das Abtreten von den traditionellen Erinnerungen und der Annahme neuer persönlicher und körperlicher Zeichen. Der Islamismus hat das Blatt gewendet. In diesem Kontext betrachtet Göle die Verschleierung so:

> *„Die Verschleierung, in modernen Kontexten gemeinhin als Zeichen für die Herabwürdigung der weiblichen Identität angesehen – als Zeichen dafür, dass Frauen weniger wert sind als Männer, dass sie passiv und im Inneren des Hauses eingesperrt sind –, wird jetzt freiwillig gerade von jenen muslimischen Frauen gewählt, die nicht mehr auf die traditionelle Rolle beschränkt, die nicht mehr im Haus eingesperrt sind, sondern sich aus den Innenräumen in die Öffentlichkeit begeben, von Frauen, die Zugang zu höherer Bildung, zum städtischen Leben und zum öffentlichen Handeln haben. Das Kopftuch ist sowohl persönlicher als auch kollektiver Ausdruck der islamischen Religiosität. Es wird als persönliches körperliches Zeichen getragen, aber in der Imagination auch zur Quelle kollektiver Selbstermächtigung und horizontaler Gruppenbildung unter jenen, die sich als Muslime, genauer gesagt als Islamisten, von anderen abgrenzen wollen“ (ebd., S. 23-24).*

Göle beschreibt, dass der neue Islamismus den Schleier von seiner Rolle als Symbol für die Unterwürfigkeit der Frauen zum Symbol der Würde und des herausgehobenen Sozialprestiges urbaner muslimischer Frauen werden lässt.

> *„Die Popularität von Modenschauen mit islamischer Kleidung in der Türkei ist eine gute Illustration der Suche nach ästhetischen Werten und sozialer Distinktionen in den neu formierten frommen bürgerlichen Mittelschichten“ (ebd., S. 24).*

Meine beiden Interviewpartnerinnen, die auch Kopftuchträgerinnen sind, bilden genau das ab, was Göle beschreibt. Die Art und Weise, wie die beiden Frauen angezogen waren, könnten viele Nicht-Kopftuchträgerinnen nicht hinbekommen. Sie entsprechen auch von ihrer Öffnung nach außen her, d. h. durch ihre Ausbildungen und ihre Tätigkeiten, nicht mehr den deklassierten, eingeschüchterten, eingesperrten, unterdrückten und versklavten Frauenbildern.

Göle stellt den neuen Islamismus als ein Phänomen der Kulturpolitik und als Produkt der Modernisierungsgeschichte der muslimischen Länder dar. Damit verbunden sind auch die Brüche im religiösen Gedächtnis sowie mit den islamischen Traditionen.

Diese Brüche habe ich bei beiden Frauen entdecken können. Sie sind hin- und hergerissen in ihren Handlungen, Vorstellungen und Praktiken in ihrem Alltag. Müjde sprach ich auf die Entscheidung, ein Kopftuch zu tragen, an: Was hat dich dazu bewogen? Was war der entscheidende Moment für dich, zu sagen, jetzt mache ich es, jetzt setze ich ein Kopftuch auf?

Müjde: *„Ich war die letzte unter meinen Freundinnen. Ich war noch sehr jung. Ich habe auch nicht viel nachgedacht. Ich habe mich einfach von heute auf morgen dazu entschieden.“* (Müjde).

Ich wollte auch den genauen Ablauf wissen, was genau bei der Entscheidung passierte.

> *„Es war auch die Zeit des Schulwechsels. In der neuen Schule habe ich mich einfach getraut. Ich weiß nicht, ob ich mich auch dann so entschieden hätte, wenn ich auf der alten Schule geblieben wäre, ob ich mich entschieden hätte, ein Kopftuch zu tragen – das weiß ich nicht. Erst kam der Schulwechsel. Dann habe ich es gemacht – wie unser Glaube es vorschreibt (Dinin gerektirdigi gibi). Ich war ein Jahr auf der Hauptschule und dann bin ich auf die Realschule gekommen. Genau da habe ich mich entschieden, ein Kopftuch zu tragen. Sie sollten mich mit Kopftuch kennenlernen und ich stellte mich gleich mit Kopftuch vor. Der Schulwechsel war eine gute Chance für mich“(Müjde).*

Müjde wie Cansu gehen hier einer Auseinandersetzung in vieler Hinsicht aus dem Weg. Sie nutzen den Schulwechsel bzw. den Beginn des Studiums als eine neue Chance für sich, ohne viel Kraft und Energie darauf verwenden zu müssen, dass sie sich für das Tragen des Kopftuches entscheiden. Aus Erfahrung weiß ich, dass beispielsweise in München bestimmte Schulen wenig Probleme machen, wenn junge Frauen ein Kopftuch tragen. Diejenigen jungen Frauen, die das Tragen des Kopftuches ohne Ablehnung und Auseinandersetzung suchen, wählen in der Regel solche Schulen aus.

Ich fragte Cansu und Müjde, ob sie ihre Entscheidung, ein Kopftuch zu tragen, bereuen?

Cansu gibt sich sicher und behauptet, ihre Entscheidung nicht bereut zu haben. Sie sei sehr zufrieden mit sich. Müjde dagegen sagt:

„Eigentlich nicht, aber manchmal denke ich mir, dass meine Denkweise und Verhaltensweise, wenn ich sie mir vor den Augen führe, nicht zu einer Kopftuchträgerin passt. Dann bereue ich meine Entscheidung. Ich bin offen für alles. Wenn man weggehen möchte in die Disco usw., finde ich es nicht ok. Dann ein Kopftuch zu tragen, das passt nicht dazu. Da stelle ich Widersprüche bei mir fest. Trotzdem mache ich das, dann habe ich Spaß daran. Man ist ja auch noch jung, man möchte den Spaß haben. Ich mache trotzdem, was mir gefällt. Alkohol reizt mich nicht, geraucht habe ich bereits" (Müjde).

Diese Verhaltensweise von Müjde und den anderen Interviewpartnerinnen, ihr Hin- und Hergerissensein, die inneren Prozesse, die bei ihnen ausgelöst werden, bezeichnet Tietze als „Ethisierung" der Religiosität. Sie fasst diese Ethisierung so zusammen:

„Bei der »Ethisierung« wird die Religiosität im einem solchen Maße rationalisiert, dass der Glaube gewissermaßen zu einer Handlungsanleitung wird. Das Subjekt »islamisiert« seinen Aufstiegswillen. Die Religiosität verliert ihre ethnische, nationale oder kulturelle Dimension. Die religiöse Praxis orientiert sich an dem Ziel, Ordnung herzustellen. Die religiösen Vorschriften werden so hierarchisiert, dass das Individuum soziale Handlungsfähigkeit entwickeln kann. Durch die in der Doxa vorgesehene Grenze zwischen haram (unerlaubt) und hallal (erlaubt) sowie durch universalistische und humanistische Werte werden individuelle Fixpunkte in den sozialen Raum und die soziale Zeit eingeführt. Die religiöse Erinnerung wird zum moralischen Gefüge, das die Annäherung an die Eltern, von denen sich der Gläubige durch seine sozialen Erfahrungen entfernt hat, sowie den Dialog mit Freunden ermöglicht. Die Fähigkeit, sich selbst anzunehmen und zu behaupten, führt zum Begreifen des Andersseins. Das Subjekt zerstört jedoch seine durch die »ethisierte« Religiosität erworbene Autonomie, wenn es sich im Gehäuse der Moral einigelt. Dann werden haram und hallal zu unüberschreitbaren Grenzen. Die Zeit wird zum Schicksal und der Raum zu einem feindseligen und gefährlichen Ort" (Tietze, 2001, S. 157).

Göle fügt noch hinzu und geht davon aus, dass das Streben nach Anderssein und Authentizität ein Widerstand gegen Assimilationsstrategien und Homogenisierungspraktiken der Moderne ist.

Ich habe Müjde und Cansu nach den Erfahrungen gefragt, die sie als Kopftuchträgerinnen gemacht haben, und wie sie darauf regiert haben? Müjde:

> *„Mit der Frage, warum ich ein Kopftuch trage, werde ich vor allem von deutscher Seite konfrontiert. Ich bin eine offene Person und sage, dass ich es aus Glaubensgründen und natürlich freiwillig mache, aus Überzeugung, dass es im Koran steht, dass es aber kein Muss ist. Und ich sage, dass es ist, wie jeden Sonntag in die Kirche zu gehen – nicht jeder tut das. Aber wenn jemand hingeht aus eigenem, freiem Willen und eigener Überzeugung, das ist doch in Ordnung. Viele sagen, dass es Leute gibt, die das müssen – also ein Kopftuch tragen – ,ich sage, ich finde es schade, dass jemand ein Kopftuch tragen muss, ich finde es nicht richtig. Und ich finde, dass diese Personen ungebildet sind. Wenn man das Kopftuch nicht aus Überzeugung trägt, dann vertritt man die Sache auch nicht richtig" (Müjde).*

Müjde differenziert hier zwischen den Frauen, die aus Überzeugung ein Kopftuch tragen und den Frauen, die es nicht aus Überzeugung tragen. Sie geht sogar so weit, dass sie die Personen, die nicht aus Überzeugung und eigenem, freiem Willen ein Kopftuch tragen, sondern es tragen müssen, nicht als gebildete Menschen betrachtet. Sie meint im Grunde die Personen, die eine Frau dazu zwingen, ein Kopftuch zu tragen. Gebildet in zweierlei Hinsicht: zum einen, dass diese Menschen keine Allgemeinbildung hätten und zum anderen, dass es diesen Menschen auch an der richtigen religiösen Bildung fehle.

Göle beschreibt diese von Müjde vorgelebte Art und Weise des neuen Islamismus so:

> *„Islamist zu sein, heißt immer auch, seine Identität bewusst herzustellen. In diesen Zusammenhang gehören auch die kollektive Konstruktion, die Zusammenstellung und Neuinszenierung symbolischer Materialien, um Andersartigkeit zu signalisieren. Die Symbole des muslimischen Habitus werden neu gestaltet, selektiv verarbeitet und öffentlich inszeniert. Die impliziten Dimensionen des gesellschaftlich Imaginären, die Aspekte, die im Habitus einer Bevölkerung – in der Art und Weise, wie man sich anredet, wie man lebt und wohnt – sowie im Geschmack*

verkörpert sind, sie alle werden bei öffentlichen Auftritten zu expliziten Merkmalen gemacht. Diese öffentliche Sphäre wird so zu einem Raum für die Herstellung islamischer Identität und für die Zurschaustellung des islamischen Habitus, in bewusster Absetzung vom verwestlichten Selbst. Körper und Raum werden zu Foren für die Ausarbeitung von Aufführungen, für den Transfer von Vergangenem in die Gegenwart, von Religiösem in den sozialen und von Persönlichem in den gemeinschaftlichen Bereich" (ebd., S. 41).

Die bewusste Absetzung geschieht nicht nur vom verwestlichten Selbst, sondern auch vom „ur-traditionellen", ungebildeten, dem sog. Volksislam zählenden Selbst. Es geht so weit, dass junge Frauen wie Müjde und Cansu den Deutschen verstehen können, der Vorurteile gegenüber den Kopftuchträgerinnen hegt. Die beiden vertreten die Meinung, wenn man sich zum Islam und dessen Vorschriften bekennt, dann muss man eben auch imstande sein, sie nicht nur zu verkörpern, sondern sie auch zu inszenieren.

Eine andere Frage, die ich in diesem Zusammenhang gestellt habe, war, ob sie persönlich wegen ihres Kopftuches die Erfahrung der Diskriminierung und des Ausgeschlossenseins gemacht haben?

„Eigentlich, wenn man mit der eigenen Persönlichkeit die Sache gut vorstellen und gut in Verbindung bringen kann, dann denke ich, dass das Kopftuch überhaupt keine Rolle spielt. Ich denke, dann ist man willkommen. Es gibt Zeiten, dann denke ich, es gibt Leute, die einen schlecht behandeln, die haben Vorurteile. Wenn sie mich kennen würden, würden sie auch nicht so reagieren, denke ich. Die Medien und Zeitungen schreiben sehr viel Negatives über den Islam und die Leute kennen mich nicht. Dann stelle ich mich an ihre Stelle und denke mir, so würde ich auch reagieren, wenn ich sie wäre" (Müjde).

Der neue Islamismus, so wird von Göle, Tietze, Schiffauer u. a. referiert, setzt sich mit dem Islam auseinander und versucht ein neues Gesicht, eine andere Art und Weise des Auftritts in der Öffentlichkeit zu generieren und sich mit den Mitteln der Moderne gegen die Moderne zu stellen. So schreibt Göle:

„Die Islamisten der zweiten Generation engagieren sich im Sinne einer kritischen Reflexität, indem sie sich mit ihren eigenen ambivalenten

emotionalen Konstruktionen und mit ihren hybriden Erfahrungen in einer Welt zwischen Islam und Moderne auseinandersetzen" (ebd., S. 41).

Göle unterscheidet drei Stadien im Fortschreiten des Islams in unserem Zeitalter. Als das erste Stadium bezeichnet sie die vorgefertigte und in einem traditionellen Leben eingebettete Identität. Das zweite Stadium sei der Teil des Islams, der zur kollektiven politischen Bezugsgröße geworden ist und daraus eine soziale Bewegung gemacht worden sei und gesellschaftlich Imaginäres entsteht. Für die modernen Muslime sei der Islam zu einer Kraft geworden, mit dessen Hilfe sie in der Auseinandersetzung mit der Moderne ihr Inneres sowie Äußeres ordnen.

Diese Auseinandersetzung wird auch dort am deutlichsten, wo junge Frauen sich mit Sexualität, Eheschließung und Ehe befassen. Müjde berichtet, dass ihre Eltern nach der traditionellen Art und Weise durch Vermittlung geheiratet haben. Sie berichtet auch von einer enttäuschten Liebesbeziehung. Auf meine Frage, welche Vorstellungen sie selbst habe, wenn es um Heirat geht, antwortete sie:

„Seit ein paar Jahren denke ich darüber anders – ja, früher habe ich gedacht, dass ich meinen Ehemann selber aussuche. Aber jetzt denke ich, man kann auch durch Vermittlung bzw. Arrangement eine Ehe schließen. Es muss auch nicht sein, dass ich den Ehemann selber aussuche. Ich wäre nicht dagegen. Nein, Nein, ich würde meinen Mann doch selber aussuchen" (Müjde).

Junge Frauen der dritten/vierten Generation mit Kopftuch, oft als Islamistinnen definiert, schöpfen aus einer doppelten Logik bzw. aus einem doppelten kulturellen Kapital, aus dem religiösen, aus dem laizistischen und dem wissenschaftlichen. Dies würde diesen Frauen je nach Ort und Situation eine doppelte Legitimität oder auch Illegitimität verleihen. Zum einen, weil sie für beide Gesellschaften gut ausgerüstet sind, und zum anderen

„weil sie in gewisser Weise zur traditionellen Welt des Islams auf Distanz gehen, dabei ihr Nichteinverständnis dokumentieren, ohne indes alle impliziten Konventionen der Moderne zu übernehmen" (Göle, 2005, S. 127f.).

11.1.3. Die alevitsche Identität von Jugendlichen

Selda und Servet sind zwei junge Menschen, die ich aus dem alevitischen Kulturverein in München als Interviewpartner gewinnen konnte.

Selda	Servet
Selda ist zur Interviewzeit 21 Jahre alt (28.10.11). Sie wurde in München geboren und hat einen Bruder und eine Schwester. Sie ist das älteste der drei Kinder. Ihre Eltern gehören der zweiten Migrantengeneration in Deutschland an. Selda hat einen Realschulabschluss und ist als ausgelernte Bankkauffrau in ihrem Beruf tätig.	Servet ist zur Interviewzeit 21 Jahre alt (28.10.11). Er wurde in München geboren und hat noch einen jüngeren Bruder und eine jüngere Schwester. Er studiert im dritten Semester Bauingenieurwesen. Seine Eltern sind Anfang der 80er-Jahre nach Deutschland von ihren Eltern nachgeholt worden.

Selda ist Mitglied und im Jugendvorstand des Kulturvereins aktiv tätig. Sie berichtet über ihre Eltern sehr positiv, dass sie eine sehr gute und freie Erziehung von ihnen bekommen hat. Ihre Eltern seien Vorbild für sie, wenn sie einmal selber Kinder bekommt und sie erziehen wird. Sie werde zwar schon auch einiges anders machen, aber im Wesentlichen doch vieles so wie ihre Eltern. Sie wolle in der Ehe nicht so passiv sein wie ihre Mutter, sie würde sich viel mehr einbringen. Ihren Vater beschreibt sie als einen sehr strengen, anstandsvollen Familienmenschen, der für alles eine Lösung parat hat. Ihre Mutter sei eine sehr passive, aber eine sehr liebenswürdige, ruhige und für ihre Kinder immer anwesende Mutter.

Servet beschreibt seinen Vater als einen sehr höflichen, fleißigen, verantwortungsvollen und verlässlichen Mann. Seine Mutter stellt er als eine wundervolle, sehr gutherzige, friedensstiftende, streitscheue und aufopfernde Frau dar.

Die Aleviten haben sich erst Anfang der 90er-Jahre in Deutschland zu organisieren begonnen, Vor allem nach dem pogromartigen Brandanschlag von Sivas. Damals kam es durch eine religiös motivierte und aufgepeitschte Menge zu einem Anschlag auf Teilnehmer eines alevitischen Festivals und den anschließenden Brand des Madımak-Hotels am 2. Juli 1993 in der zentralanatolischen Stadt Sivas. Dabei kamen 37 Personen zumeist alevitischen Glaubens ums Leben. Im offiziellen türkischen Sprachgebrauch wird es als *Sivas-Ereignis* bezeichnet. Aleviten sprechen vom *Sivas-Massaker*. Ähnliche Massaker auf die Aleviten wurden auch 33 Jahre davor in der Provinzstädten Sivas, Kahramanmaraş und Çorum ausgeübt. Diese Ereignisse spielen eine wichtige Rolle in ihrer Bewusstseinbildung.

Wie Selda sich gibt, wie sie denkt, fühlt und sich anzieht, das unterscheidet sie kaum von gleichaltrigen Deutschen, Griechen, Russen u. a. Auch bei Servet ist dies nicht viel anders. Während für Selda sehr wichtig ist, sich mit den Inhalten des Alevitismus zu beschäftigen und das Wissen zu erweitern, spielt dies im Leben von Servet nur eine kleine Rolle. Servet besucht den Verein, weil viele seiner Freude sich dort treffen und am Saz-Kurs (ein meist von Aleviten gespieltes Saiteninstrument) teilnehmen.

Aleviten müssen sich in Deutschland wie auch in der Türkei gegen einen sehr großen Assimilationsdruck wehren. Vor allem in der Türkei müssen sie immer noch für ihre Glaubensfreiheit, für die Gleichberechtigung vor dem Gesetz und für die inhaltliche Vermittlung sowie die finanziell gleichberechtigte Teilhabe an den staatlichen Finanzmitteln kämpfen. Bis heute wurden ihnen diesbezüglich keine Eingeständnisse vonseiten des Staatsapparates und der Regierung gemacht. Was in Deutschland vielerorts bereits Praxis ist, nämlich dass die Inhalte ihres Glaubens unabhängig von sunnitischen Glaubensinhalten als Fach an den Schulen unterrichtet werden kann, wird ihnen in der Türkei immer noch verweigert.

Alevitische Jugendliche, vor allem alevitische Frauen, fallen in den öffentlichen Räumen nicht durch das Tragen eines Kopftuchs oder die Männer durch das Tragen des islamischen Bartes auf. Insofern müssen sie sich durch andere Aktivitäten, vor allem durch politische und kulturelle, sichtbar machen. Womit die Aleviten am ehesten auf sich aufmerksam machen können, ist das Tragen von Goldketten oder die Tätowierung eines Schwertes oder des Bildes von Ali, dem vierten Kalifen und Cousin des *Propheten* Mohammed. Die Art und Weise, wie die Aleviten sich sichtbar machen, würde ich, anlehnend an Tietze, als die Kulturalisierung der Religiosität bezeichnen.

> *„Bei der »Kulturalisierung« wird die Religiosität im Wesentlichen durch die Zugehörigkeit zu einer gegebenen Kultur bestimmt, in welcher der Islam eine Dimension unter anderen darstellt. Die religiöse Praxis ist gewohnheitsmäßig mechanisch und dient nicht zur Selbstvergewisserung einer Gruppe. Sie bestätigt die Integration in ein bestimmtes Milieu und gewinnt dadurch ihre subjektive Funktion. Insofern wirkt die Religiosität nicht am Aufbau einer Beziehung zur Gesellschaft mit. Dieser vollzieht sich mithilfe anderer für den jeweiligen kulturellen beziehungsweise nationalen Raum kennzeichnenden Handlungsprinzipien. Die religiöse Erinnerung vermischt sich in einem solchen Maße mit der sozialen und kulturellen Erinnerung, dass sie ununterscheidbar werden. Der »kulturalisierte« Charakter der Religiosität schließt »Bas-*

teleien« und die Schaffung neuer Formen nicht aus, im Gegenteil: Seine selbstverständliche Integration in die Lebenswelt erfordert geradezu eine subjektive Umarbeitung der Tradition. Die Religion wird in Bezug auf ihren Platz in der Lebenswelt verhandelbar. Die Handlungsfähigkeit des Individuums schwindet allerdings, wenn das Individuum seine Lebenswelt nicht durch eine Handlungslosigkeit relativiert. In diesem Fall kapselt es sich in einer Welt der Gebräuche und Gewohnheiten ab, die keine Kreativität zulässt" (ebd., S. 159).

Nun muss hier hinzugefügt werden, dass der alevitische Glaube keine – wie im sunnitisch und schiitisch geprägten Islam – den Alltag prägenden, ordnenden und regelnden Handlungen wie das Beten fünf Mal am Tag oder einen ganzen (Ramadan) Monat lang fasten usw. Hier wird vielmehr die Individualität des Einzelnen zugelassen und auch die soziale Kontrolle ist schwach. Während es eine sehr kontroverse Auseinandersetzung bezüglich der Glaubensinhalte bei Aleviten durchaus geben kann, ist diese Form beim sunnitischen Islam sehr schwer möglich.

Aus den Interviewfragmenten, vor allem von Selda, geht hervor, dass die Jugendlichen der dritten/vierten Generation mit alevitischem Glauben der doppelten bis dreifachen Auseinandersetzung gewachsen sein müssen. Der sunnitisch geprägte Teil des Islams ist oft den Aleviten gegenüber sehr reserviert und ablehnend, da er die Aleviten nicht als echte Moslems betrachtet. In den Vorstellungen von vielen streng sunnitisch sozialisierten Menschen sind Aleviten der verwestlichte, gottlose Teil des „Islams", wenn sie überhaupt mit dem Islam in Verbindung gebracht werden. Sie müssen sich hier sichtbar und kenntlich machen und erklären, warum sie beispielsweise einen gesonderten Religionsunterricht für sich beanspruchen, wenn sie sich doch als Muslime sehen. Diese jungen Menschen müssen für das, was sie nicht sind und nicht sein wollen in der deutschen Gesellschaft Rechenschaft abliefern. Sie müssen viele, viele Warum-Fragen beantworten. Warum tragen die alevitischen Frauen kein Kopftuch oder aber sie werden mit den Kopftuchträgerinnen gleichgesetzt und müssen für diese Stellung beziehen, wenn es heißt, alle islamischen Frauen tragen doch Kopftücher. Warum gehen sie nicht in die Moschee? Warum ist der Alkohol bei ihnen erlaubt? Warum pilgern Aleviten nicht nach Mekka? Warum fasten die Aleviten nicht im Monat Ramadan? Die Aleviten haben ihren Kindern jahrzehntelang nicht erklärt, wer sie sind. Sie haben vielmehr, wenn überhaupt, ihren Kindern gezeigt, wer sie nicht sind – keine Sunniten. Aber was sind wir dann? Woran unterscheiden wir uns? Das wurde in der Regel kaum vermittelt.

Das Bild, das Aleviten von sich vermitteln wollen, ist, dass sie nicht mit dem sunnitischen Islam und dem Islamismus in Verbindung gebracht werden wollen. Sie wollen in den öffentlichen Räumen durch ihre Andersartigkeit, durch ihre anderen religiösen Praktiken, Vorstellungen und Einstellungen sichtbar werden. Diese Sichtbarkeit ist ihnen in den Ländern, in denen sie leben, aber auch in der Türkei, durch das sich Organisieren möglich geworden und wird es auch weiterhin sein.

11.1.4. Der Umgang mit der/den islamischen Identiät/en in Deutschland

In Deutschland wird die Frage der Integrationsproblematik mit dem Islam und somit mit türkeistämmigen Einwanderern identifiziert. So wird auch der Islam als etwas, das nicht zu dieser Gesellschaft dazugehört, dargestellt. Wie aus meinen Ausführungen zu ersehen ist, haben wir mit sehr unterschiedlichen Menschen, Frauen, Männern, Kindern, Jugendlichen sowie mit verschiedenartigen Formen des Organisierten und Unorganisierten zu tun, die sich wiederum sehr unterschiedlich positionieren. Diesen Menschen kann nicht unterstellt werden, dass sie sich nicht integriert haben, was immer man auch unter Integration verstehen mag.

Die islamisch-nationalistischen sowie islamischen Organisationen oder Parteien haben es aus verschiedenen Bedürfnissen und Interessen der hier lebenden Menschen heraus verstanden, sich innerhalb der Migranten gut zu etablieren. Diese Organisationen sind im Laufe der Jahre immer mehr zu Gesprächspartnern der örtlichen Behörden, Schulen, Kindergärten, Beratungsstellen und Gewerkschaften geworden.

Eine andere Ebene rührt aus den Bedürfnissen vom Migranten wie beispielsweise die Frage der Bestattung, die dafür notwendigen eigenen Friedhöfe und der Religionsunterricht. Für türkeistämmige Kinder haben diese Aufgabe in der Regel die Lehrer übernommen, die Themen waren vom türkischen Staat organisiert und in den muttersprachlichen Unterricht eingebettet.

Dies wurde mit der Zeit aber immer mehr zum Thema, weil dort den Kindern in der Regel dic sunnitsche Lehre vermittelt wird. So haben sich vor allem die Aleviten zu Wort gemeldet, denn sie sind damit nicht einverstanden, dass ihren Kindern nur diese Sicht des Religiösen bzw. dieser Teil des Islams weitergegeben wird.

Zudem kamen es zu Forschungen von Heitmeyer et al., die eine verheerende Schlussfolgerung gezogen haben, nämlich, dass die Islamisierung der Migrantenjugendlichen zu mehr Gewaltbereitschaft führen würde.

Die deutsche Politik geht, bezugnehmend auf die Forschungsergebnisse und die Beobachtungen der Geheimdienste, von einer Radikalisierung der Islamisten in Deutschland aus. Die Politik, die zuständigen Behörden, die Sicherheitsdienste und Geheimdienste haben festgestellt, dass sie den Überblick verloren haben und auch die Kontrolle darüber, was denn in den privat organisierten Korankursen o. Ä. den Kindern und Jugendlichen vermittelt wird. All diese Entwicklungen führten dazu, dass es zu einem Treffen von deutschen Politikern und den islamischen Verbänden kam, den sogenannten Islam-Konferenzen. Das Ziel dieser Konferenzen war und ist es, einen Konsens darüber zu entwickeln, wie vor allem der Islam-Unterricht gestaltet und durch wen er vermittelt werden soll. Das ist zum einen eine positiv zu bewertende Entwicklung, aber eine viel zu späte Reaktion der Bundesregierung.

Tietze beschreibt, dass die jungen Muslime in einer Phase des gesellschaftlichen Wandels in der Öffentlichkeit sichtbar und thematisiert werden, in der dieser Wandel eine nationale Selbstbeschreibung und die institutionellen Strukturen in vielen europäischen Ländern erschüttert. Insofern würden sich die Muslime als Projektionsfläche für die sozialen und ideologischen Unsicherheiten einerseits und für die Rechtfertigung eines Festhaltens an hergebrachten Institutionen anbieten.

Auch die Diskussionen um den Beitritt der Türkei in die EU werden auf dem Rücken von Migranten getragen. Das Kopftuch, die Zwangsehe, die Zwangsheirat und die Gewalt gegen Frauen bis zu den sogenannten „Ehrenmorden" werden immer wieder für die Rückständigkeit der Menschen aus der Türkei hervorgeholt. Sie werden mit dem Islam gleichgesetzt. Aber auch die geografischen Grenzen der Türkei werden von den Gegnern des EU-Beitritts der Türkei sehr oft verwendet. Hier werden sehr viele kulturelle Differenzen aufgezeigt, die bei der Bevölkerung in Deutschland das Misstrauen verstärken und Ängste schüren. Die türkeistämmigen Migranten und die Türkei werden alterisiert.

Es wird allerdings verdrängt, dass die Mehrheit der Migranten und Muslime in diesem Land seit fünfzig Jahren sehr friedlich gelebt haben und weiterhin leben möchten. Um so mehr muss betont werden, dass die Migranten, unter ihnen auch die Muslime, und somit der Islam, zu Deutschland gehören. Die Politik muss aufhören, die Muslime zu demütigen. Die Politik darf diese Menschen nicht durch restriktive, ablehnende und ausgrenzende Tendenzen, Äußerungen und Machenschaften zu ohnmächtigen Subjekten machen.

Tietze betont, dass diese Angst vor den Muslimen keine begründete Angst ist. Sie geht vielmehr davon aus, dass auch eine institutionelle Anerkennung und Eingliederung des Islams im öffentlichen Raum, z. B. in Deutschland, die muslimische Religiosität nicht zu einem einheitlichen Konzept werden lässt.

„Als moderner Subjektivierungsmodus beruht diese religiöse Identifikation auf einem flexiblen, intermittierenden Prinzip, das sich jederzeit mit neuen Inhalten füllen kann. Sie ist ein möglicher Ausdruck von vielen für die Ambivalenz der postindustriellen Gesellschaften. Die Selbstkonstruktion eines jungen Muslims in Deutschland und Frankreich beruht auf Widersprüchen, die durch den Subjektivierungsprozess aufgehoben werden. Seine Religiosität entwickelt sich aus dem Verwischen von Grenzen: der Grenzen zwischen Kontinuität und Diskontinuität, zwischen Orient und Okzident, zwischen Differenz und Identität, zwischen Dogma und Häresie. Darin besteht die Kreativität und gleichzeitig die Zerbrechlichkeit dieser Subjektivitätskonstruktionen (ebd., S. 242).

Göle hebt im Kontext der Diskussionen um den EU-Beitritt der Türkei hervor, Europa nicht als Identität zu definieren, sondern als Projekt. Deshalb fordert sie den Verzicht auf die europäische Reinheit.

„Die identitären Obsessionen verstärken die Alterität dessen, was in einem Spiegeleffekt bereits das andere ist – zivilisiert und barbarisch, emanzipiert und unterdrückt, europäisch und muslimisch. Den anderen noch mehr zum Fremden machen, um sich eine Identität zu schaffen, ist eine Art und Weise, im Spiegel des anderen nichts sehen zu wollen, sich Illusionen hinzugeben und jede Möglichkeit auszuschließen, dass man etwas Gemeinsames finden, ein Band zum anderen knüpfen könnte. In einer Situation, wo die Bequemlichkeit der Distanz nicht mehr besteht, muss man einen Raum neu denken, der ähnlich sein könnte. Die Herausforderung für Europa besteht nicht darin, den islamischen Unterschied anzuerkennen, sondern im Gegenteil darin, fähig zu sein, einen gemeinsamen Ort für beide zu ersinnen und zu errichten und aus dem konflikthaften Dialog herauszukommen. Das verlangt auf beiden Seiten, die identitären Fixierungen zu verlassen. Die Muslime als religiöse Minderheit in Europa müssen lernen, mit anderen Religionen zusammenzuleben" (Göle, 2005, S. 57f.).

11.1.5. Was müssen Muslime und Islamisten leisten?

Die von mir vorgestellten und nicht vorgestellten Organisationen, Dachverbände und Gruppierungen stehen für bestimmte Werte, Normen, Ideologien und Haltungen ihrer Mitglieder. Sie müssen sich mit all diesen Themen auseinandersetzen. Sie müssen sich fragen und fragen lassen, ob und wie sich diese Inhalte und diese Haltungen für ein Leben mit verschiedenen Herkünften, Kulturen und Nationalitäten gestalten lassen. Sie müssen sich die Frage des demokratischen Umgangs mit Mitmenschen stellen. Wie konform sind ihre Vorstellungen von den anderen und von sich selbst? Wie wollen sie behandelt werden und wie behandeln sie die anderen? Wie glaubhaft wird ihre Erwartung um das Verlangen der Anerkennung, wenn sie den anderen nicht anerkennen? Um dies mit Inhalten zu füllen: Wie verhalte ich mich, wenn es um die Frauenfrage geht, wie verhalte ich mich, wenn es sich um Aleviten, Kurden, Armenier, Juden, Christen und andere gesellschaftliche Randgruppen handelt. In unterschiedlichen Kontexten erlebe ich gegenseitige Ein- und Ausgrenzungstendenzen, auch innerhalb der Migrantengruppen. Die Islamisten lehnen die Laizisten ab, die Laizisten lehnen die Islamisten ab; die Nichtgläubigen wollen von den Gläubigen nichts wissen und machen sie für den schlechten Ruf ihrer Herkunftskultur, also der Islamisten und Nationalisten verantwortlich. Die Islamisten stellen die Nichtgläubigen als assimilierte Deutsche dar, die ihre Herkunft und Kultur, ihre Nationalität und ihren Glauben verlassen haben.

Göle beschreibt das Dilemma, in dem sich die Europäer, die Islamisten und die Muslime befinden, so:

> *„Die islamischen Akteure mit Migrationshintergrund richten sich in den europäischen Räumen neu ein und stellen dabei die Werte, die den westlichen Lebensstilen zugrunde liegen, vor eine Herausforderung. Die Attentate treffen Räume des städtischen Lebens, das heißt öffentliche Orte (Straßen, Bahnhöfe, die U-Bahn, den Busverkehr), Treffpunkte (Cafés, Diskotheken), Orte des Austausches und Durchgangsstationen (Märkte, Einkaufszentren, Hotels), kurzum all die Orte, wo soziale Kontakte zustande kommen und Bewohner sich begegnen. Die Ermordung von Bürgern ist ein Mord an der Stadt, ein »Urbanizid« [...], er verletzt die physische Realität der Stadt und ihre kulturelle Bedeutung“ (Göle, 2005, S. 46).*

Um Missverständnissen vorzubeugen, stelle ich die Attentäter nicht mit den restlichen, mehrheitlich friedlichen, in den europäischen Ländern lebenden Islamisten auf dieselbe Seite.

Die Frage muss sich der Gläubige dennoch stellen, ob eine Kritik am Islam immer mit einer Morddrohung geahndet werden muss, oder ob eine konstruktive Kritik und Auseinandersetzung auch innerhalb des Religiösen möglich sein wird.

Könnte es nicht auch zur Normalität werden, dass ein Gläubiger einen Ungläubigen oder Andersdenkenden in Schutz nimmt, einen Raum oder einen Platz bei sich findet. Könnten Moscheen nicht auch Orte sein, in denen, wie in vielen Kirchen in Deutschland, gegen Folter, Krieg und Menschenrechtsverletzungen demonstriert wird, in der Andersdenkende beispielsweise eine Veranstaltung abhalten, ohne ausgegrenzt, torpediert und ausgeschlossen zu sein.

Göle beschreibt das Ritual des Reinigens am Beispiel von Mohammed Atta, bevor dieser das Attentat am 11. September 2001 verübt hat. Atta muss eine enorme Beschmutzungsangst geplagt haben, vor allem die Beschmutzung in der Sexualität und im Kontakt mit einer Frau. Er habe verlangt, dass diejenigen, die seinen Leichnam und seine Geschlechtsteile waschen werden, Handschuhe tragen sollen, weil er nicht berührt werden wolle. Frauen, schwangere Frauen oder unreine Personen sollten weder von ihm Abschied nehmen und bei seiner Beerdigung dabei sein noch sein Grab besuchen. Die Ansichten von Göle teile ich auch dort, wo sie schreibt:

> *„Die islamische Moderne kann nur weiblich sein. Das Kopftuch steht einerseits für den Wunsch, den Unterschied zwischen Männern und Frauen, zwischen privat und öffentlich, Islam und Moderne deutlich zu machen. Aber andererseits dringen muslimische Frauen auch in die Bereiche der Moderne vor, treten öffentlich in Erscheinung, zeigen sich in gemischten Räumen an der Seite von Männern. Dieses Paradox spielt eine Schlüsselrolle in der Ausrichtung der islamischen Bewegung im Allgemeinen und in der Bewegung der Frauen im Besonderen. Es anzuerkennen eröffnet ein Feld für kritische Reflexion und kreativen Konflikt. Es zu ignorieren führt zu Dogmatismus und Destruktion. Die Hauptfrage, die sich die Islamisten und die muslimische Welt allgemein heute stellen, lautet, wie sie sich mit ihrer eigenen Moderne versöhnen können" (Göle ebd., S. 72).*

Wir haben hier meist mit einer Mehrheit von zwar friedlichen Islamisten, Muslimen und Nationalisten zu tun. Aber wie lässt sich ein Zusammenleben gestalten, wenn diese Organisationen, Gruppen und einzelnen Menschen selbst ausgrenzend auf ihr nationalistisches und islamistisches Dasein pochen. Sie sollen sich nicht assimilieren, sie sollen ihren Glauben nicht aufgeben und es hätte auch keiner das Recht dazu, dies von ihnen zu verlangen. Einen anderen Umgang mit den von mir oben ausgeführten Themen wird umumgänglich sein. Hier stehen vor allem die Gruppen und Organisationen bzw. deren Führungen mehr unter einer Verantwortung und unter einer Bringschuld den Gesellschaften gegenüber, in denen sie leben. Denn für ihre Mitglieder sind sie sehr prägende Vorbilder, die sie in ihren alltäglichen Haltungen, Lebensweisen und in ihrem Auftreten beeinflussen können. Sie können Einzelne nicht so beeinflussen, dass diese eine andere Persönlichkeit annehmen, aber sie können deren Stimmungen dämpfen und die Funktion bzw. ein Modell des Anderen sein.

11.1.6. Zusammenfassende Gedanken zum Schluss dieses Kapitels

Ich habe bei allen meinen Interviewpartnern erfahren, dass sie die Grenzen des Vorgegebenen überwinden wollen oder bereits überwunden haben. Ich würde sie als „Grenzgänger" bezeichnen. Sie sind Grenzgänger zwischen der Tradition und der Moderne, zwischen dem Laizismus und dem Konservatismus, zwischen dem Islamismus und der Moderne, zwischen dem Islamismus, dem „Türkischen" und dem Deutschen. Einige sind noch zu jung, um sagen zu können, was aus ihnen werden wird. Gökhan und Cansu sind aktive Mitglieder des türkisch-idealistischen Vereins in München. Aber aus ihren Aussagen, ihrem Umgang mit vielen Themen, lässt sich nicht darauf schließen, dass sie zu den „Grauen Wölfen" gehören könnten. Gökhan inszenierte sich im Interview als ein weltoffener Mensch. Das passt nicht zu dem Bild, das ich von den Idealisten-Nationalisten aus der Türkei kenne. Auch Cansu mit ihrem humanistisch geprägten Menschenbild passt nicht zu den Klischees der türkischen Nationalisten. Müjde repräsentiert mit ihrer gesamten Persönlichkeit, ihrer widersprüchlichen Art und ihren inneren Auseinandersetzungen, ihrer Lebens- und Denkweise nicht das klassische klischeehafte Bild der muslimischen Frau. Ich möchte den Prozess, den diese jungen Frauen und Männer durchleben, mit den Worten von Tietze als Zirkulation bezeichnen.

Tietze schreibt:

> *„Das Zirkulieren zwischen den verschiedenen Dimensionen ist also nicht nur möglich, sondern sogar entscheidend für den Prozess der Subjektivierung. Ein Muslim kann die Religiosität in einer Lebensphase »ethisieren«, in einer anderen Situation, bei einem anderen Gesprächspartner oder in einer anderen politischen Konstellation »utopisieren«, »kulturalisieren« oder »ideologisieren«" (Tietze, 2001, S. 160).*

Der Islam werde, so Tietze, zu einer Ressource der Subjektivierung, weil der Islam in bestimmten Momenten, Orten und Situationen sinnproduzierend für die Subjekte wird. Der Islam würde dies durch seine Begriffe, Erklärungen, Praktiken, Strukturen und Bilder anbieten.

> *„Das theologische Regelwerk des Islams, die Geschichte seiner Auslegung und der auf ihn gründenden Zivilisation ermöglichen dem Individuum, Glaubenskonzeptionen, Zugehörigkeitskonzeptionen und Zugehörigkeitsformen zu einer Gemeinschaft zu entwickeln. Dabei ordnet das postindustriell sozialisierte Individuum die religiösen Inhalte den eigenen Bedürfnissen unter und macht aus ihnen Kategorien, die soziale in eigene Erfahrungen übersetzen. In diesem Prozess kristallisieren sich Glauben und Zugehörigkeit als Momente, die niemals fixiert werden, denn die theologischen Konzepte werden ständig neu ausgewählt, Dogmen permanent umdifferenziert, die religiöse Praxis wird immer wieder in ihrer Intensität variiert und dadurch aus ihrer zivilisatorischen Einbettung herausgelöst. Auf diese Weise entfalten Ethisierung, Utopisierung, Ideologisierung und Kulturalisierung des Religiösen ihre Dynamik für das soziale Handeln der Muslime in der deutschen und französischen Gesellschaft. Der Muslim in einer postindustriellen Gesellschaft setzt also der Diskontinuität seiner Erfahrungen einen Handlungsentwurf entgegen, der auf der Vorstellung von Kontinuität basiert" (ebd., S. 237).*

Mit Keupp u. a. formuliert, würde dieser Prozess als retrospektiv-reflexiv definiert werden, in dem die situationelle Selbstthematisierung im Mittelpunkt steht. Hierzu werden die Erfahrungen gezählt, die eine Person auf das eigene Selbst macht oder gemacht hat. Diese Fragen würden sich von den Fragen herleiten: „Wer bin ich (aktuell)?" und „Woher komme ich?". Es wird davon ausgegangen, dass

> *„jeder dieser situationellen Selbstthematisierungen aus einer komplexen Wahrnehmung bzw. aus Erinnerungen unterschiedlicher Erfahrungsmodi bestehen. Diese lassen sich in emotionalen, körperlichen und sozialen Eindrücken sowie mit einem kognitiven und produktorientierten Bild darstellen."*
>
> *„Ein weiterer Ordnungsversuch des Subjekts besteht darin, diese vielfältigen und komplexen Selbstthematisierungen unter bestimmten Identitätsperspektiven zu bündeln. Dieser Verknüpfungsschritt alltäglicher Identitätsarbeit (Reflexionsprozess) ist stark kulturell und narrativ geprägt" (Keupp u. a., 1999, S. 193).*

Bei den beiden männlichen Interviewpartnern Ahmet und Mustafa, die im Internat leben, findet, so würde ich es bezeichnen, eine Islamisierung des Subjekts statt. Beide sind seit ihrem 12. Lebensjahr in dieser Einrichtung und werden mit Inhalten, Bildern und Ritualen umgeben, die ihren gesamten Alltag regeln. Hier bleiben kaum Raum, Zeit und Möglichkeiten, sich mit der anderen Welt richtig auseinandersetzen zu können. Sie sind in einer bestimmten Ordnung erzogene Menschen, die diese Wertesysteme verinnerlichen, die ihnen sehr bewusst und alltäglich vermittelt werden. Hier kann die Rede von allen vier Formen des Islams sein, die Tietze beschreibt: Ethisierung, Ideologisierung, Utopisierung und Kulturalisierung. Hier droht der Verlust des Selbst. Um mit Marcias Identitätsvorstellung zu sprechen, wird hier die Rede von einer übernommenen und diffusen Identität sein.

- **Übernommene Identität:** Diese Form von Identitätszustand beschreibt, dass die Person eine klare innere Verpflichtung politischer oder beruflicher Hinsicht eingeht. Diese Orientierungen sind in der Regel an die Vorstellungen der Eltern geknüpft. In diesem Zustand würde die Person keine echte Krise durchleben.
- **Diffuse Identität:** Hier erlebt der Mensch keinerlei innere Verpflichtung, er ist entscheidungsunfähig, desorientiert und zeigt keinerlei Interessen. In diesem Zustand kann es zu Krisen kommen, aber nicht zwangsläufig.

Die Gruppe von jungen Mädchen, mit denen ich ein Gruppeninterview durchgeführt habe, würde ich mit Marcia als in einer Phase des Moratoriums befindend definieren. Die Mädchentreffen sich regelmäßig einmal pro Woche in einer sozialen Einrichtung mit Gleichaltrigen. Die pädagogische Betreuung dieser „Freizeitgruppe" wird von einer Frau, die selber Kopftuch trägt, übernommen. Meine Frage an die 12 bis 14-Jährigen, ob sie sich vorstellen könnten, ein Kopftuch zu tragen, wurde von allen zunächst mit nein beantwortet und die Begründungen waren auch sehr identisch. „Ich würde darunter schwitzen, es würde mich einengen, ich muss kein Kopftuch aufsetzen, um mich als Muslimin zu fühlen". Auf die vielen Fragen bekam ich jedoch Antworten, die eindeutig dafür sprachen, dass sie noch auf der Suche und beim Sortieren sind. Das Stadium des Moratoriums wird von Marcia so beschrieben:

Menschen in diesem Zustand befinden sich in einer Suchphase. In dieser Suchphase haben sie die Möglichkeit, aus verschiedenen Alternativen eine Auswahl zu treffen. Dies kann zu einer inneren Verpflichtung führen. Das Moratorium ist mit einer Krise verbunden, da es den Menschen bewusst wird, dass sie sich irgendwann entscheiden müssen.

Diese jungen Mädchen sind und waren bzw. befinden sich voll in ihrer Pubertätsentwicklung. Ich hatte das Gefühl, dass diese Gruppe der Gleichaltrigen und die Leitung, die auch von ihren Eltern, vor allem von den Mütter das Vertrauen genießt, für sie der Ort ist, an dem sie sich als Gleiche unter Gleichen erleben. Von dort aus können sie nach außen agieren, obwohl sie sehr unterschiedliche Meinungen und Haltungen zum Herkunftsland ihrer Großeltern und Eltern darlegten. Ich fragte sie beispielsweise auch, ob sie sich vorstellen könnten, später einen deutschen Mann zu heiraten. Die meisten von ihnen verneinten diese Frage mit der Bemerkung „ich heirate doch keinen Kartoffel". Nur eine von ihnen gab an, dass sie es für sich noch nicht sagen könne, aber sie es sich durchaus vorstellen könne, einen deutschen Mann zu heiraten.

Hier wurde deutlich, dass diese Mädchen bereits den öffentlichen Diskurs und die Diskussionen um die Integration, als die nicht Gewollten, gespeichert haben.

Bei der Suche nach Interviewpartnerinnen hatte ich jedoch zu spüren bekommen, dass sich viele mit der Frage der „Integration" überhaupt nicht mehr befassen wollen. Einige junge Frauen, denen ich per Zufall an unterschiedlichen Orten begegnet bin, z. B. in Arztpraxen, signalisierten mir, dass sie sich mit Fragen bezüglich ihrer Identität und Integration nicht mehr belasten wollen.

Bei zwei Interviewpartnern aus der alevitischen Glaubensrichtung, Selda und Servet, aber auch bei anderen wie Müjde, Cansu und Hasan kann davon ausgegangen werden, dass sie sich im Sinne von Marcia in gewisser Hinsicht auch eine „erarbeitete Identität" angeeignet haben. Für die alevitische Jugend sowie auch für andere gilt es, sich mit den Inhalten, Werten und Normen ihrer Herkunft, vor allem der religiösen Herkunft, bewusst auseinanderzusetzen. Diese Art der Auseinandersetzung, wie sie sie durchleben, haben in der Regel ihre Eltern kaum durchlebt. Diese jungen Menschen müssen sich das Wissen normalerweise selbst aneignen. Ihre Eltern haben oder konnten ihnen nur rudimentär das tiefgehende Wissen über die Glaubensinhalte vermitteln. Sie müssen sich auf den Weg machen, sich das notwendige Handwerkszeug/Wissen selbst anzueignen, um sich damit zu identifizieren und sich von anderen bewusst abgrenzen zu können. Hier kann von einer Kumulation, um im Sinne von Marcia zu sprechen, von einer teils übernommenen und teils erarbeiteten Identität die Rede sein.

- **Erarbeitete Identität:** Die Krise ist bereits durchlebt, überwunden und die Menschen haben den Identitätszustand erreicht. Der elterliche Einfluss oder der Einfluss durch andere Bezugspersonen werden in dieser Phase kritisch geprüft. Diese Auseinandersetzungen haben in der Regel dazu geführt, dass Menschen zu eigenen Standpunkten gelangt sind, denen sie sich verpflichtet fühlen (Vgl. Haußer, 1995; Keupp u. a. 1999; Kraus 2003; Fend 2003; Oerter 2006).

Die oben angeführten Personen haben sich für etwas entschieden und bekennen sich dazu. Sie holen sich die notwendigen Stützen für ihre Identität, auch wenn sehr unterschiedlich sichtbar, durch die Funktionen, Rollen, Aufgaben sowie durch ihre Auftritte in den öffentlichen Räumen. Sie schildern ihre Sicht der Dinge, und auch ihre freie Entscheidung dafür, wofür sie stehen, tun sie eindeutig kund.

11.2. Die Ausgeschlossenen, Exkludierten und Verlierer

Über Migrantenjugendliche und den Zusammenhang ihrer Gewalttätigkeit gibt es inzwischen einige Untersuchungen und Erklärungsansätze, wenn auch viele von diesen Untersuchungen sehr umstritten sind. Es gibt jedoch kaum gut erforschte und ernstzunehmende Untersuchungen über das Suchtverhalten, die Abhängigkeitsformen, Erklärungsmodelle und Präventionsmodelle bei Migrantenjungendlichen.

Gewalt und Sucht sind keine migrantenspezifischen Erscheinungen in dieser oder in anderen Gesellschaften. Insofern muss auch die Frage erlaubt sein, ob derartige Untersuchungen immer erforderlich sind.

Zum Thema Sucht und Abhängigkeit bei türkeistämmigen Jugendlichen stammt eine vergleichende Studie von Fatma Parla mit dem Titel: „Migration und Drogenabhängigkeit. Eine vergleichende Studie von türkischen Jugendlichen in Deutschland und in der Türkei“ (2005).

Parla führte mit insgesamt 50 Jugendlichen, die in Deutschland lebten, Interviews durch. Das Alter der Probanden lag dabei zwischen 14 und 21 Jahren.

> *„Von den in Deutschland befragten 50 Probanden waren 14 Jugendliche in der Türkei geboren. Fünf Personen waren im Alter von einem bis zehn Jahren nach Deutschland gekommen. Zwei der Probanden waren Einzelkinder, die anderen hatten ein bis vier Geschwister. Sechs der Eltern waren Analphabeten, 25 waren Grundschul-, neun Mittelschul- und fünf Gymnasiums-Abgänger. 31 Väter arbeiteten, 15 waren arbeitslos und fünf arbeiteten als Aushilfskraft und schwarz. Mit Ausnahme von zehn Müttern gingen alle Mütter einer Nebentätigkeit nach. 13 Probanden und deren Familien besaßen die deutsche Staatsangehörigkeit“(Parla, 2005, S. 130-131).*

Da die Studie eine vergleichende Studie ist, wurden ebenfalls 50 Jugendliche in der Türkei befragt. 27 der in der Türkei interviewten Jugendlichen wurden in Istanbul geboren und leben auch in Istanbul. 20 Jugendliche wurden in anderen Orten der Türkei geboren, acht der Interviewten zogen im Alter von vier bis fünf Jahren, zwölf von ihnen im Alter von elf bis zwölf Jahren gemeinsam mit ihren Eltern aus verschiedenen Regionen der Türkei nach Istanbul.

Zunächst die Ergebnisse der Interviewten aus Deutschland:

- **Kindheit:** 14 der Interviewten berichten über eine gute Kindheit, d.h. sie seien selten geschlagen oder gescholten wurden. 27 Personen berichten über teilweise schlechte, teilweise gute Erinnerungen an die Kindheit. Bei den Eltern dieser Jugendlichen kann man von einem inkonsistenten Erziehungsstil sprechen, da sie ihre Kinder, je nach Stimmungslage, entweder geohrfeigt, angeschrien, misshandelt und bestraft oder aber mit Liebe und Lob bedacht haben. Neun der Jugendlichen hatten ausschließlich negative Erinnerungen an die Kindheit. Sie wurden häufig geschlagen, bestraft und erniedrigt. Die Eltern stritten sich in Anwesenheit der Kinder und sprachen manchmal tagelang nicht miteinander.
- **Kindergarten:** Zwölf Jugendliche berichten über keinen Kindergartenbesuch. Sechs der Interviewten haben an die Kindergartenzeit ausschließlich negative Erinnerungen. Das Gefühl der Andersartigkeit oder die Behandlung im Vergleich zu den deutschen Kindern sei bereits zu der Zeit zu spüren gewesen. Die Mehrheit, d.h. 32 der Interviewten beurteilten ihre Kindergartenzeit positiv. 15 Jugendliche berichteten, dass sie bereits vor dem Eintritt in den Kindergarten über ausreichende Deutschkenntnisse verfügt hätten. Dadurch hätten sie kaum Verständigungsschwierigkeiten gehabt und fühlten sich in die Gruppe integriert.
- **Schule**: 20 der Befragten besuchten zum Befragungszeitpunkt die Schule (ohne Angabe der Schulart), sahen sich dort jedoch mit Problemen unterschiedlichster Art konfrontiert.
- **Eltern-Kind-Beziehung und Konflikte**: Elf der Befragten erhielten von ihren Eltern Unterstützung für den Fall, dass in der Schule, im Freundeskreis, während der Pubertätsphase und im Zusammenhang mit ihrer persönlichen Entwicklung Probleme auftraten.
- **Religion**: 41 Probanden kamen aus religiösen und traditionellen Familien. Die Normen und Werte waren für die Familien bei der Kindererziehung wichtig. Der überwiegende Teil der Jugendlichen kam seinen religiösen Verpflichtungen nach, wie z. B. das Fasten oder der Gang zur Moschee.

Während des Drogenkonsums hatte dies nachgelassen oder der Drogenkonsum verhinderte die Erfüllung aller religiösen Aufgaben.

- **Soziales Umfeld und Wohnsituation**: Ein Großteil der Probanden lebte in einem Ghetto, in dem überwiegend sozial schwache Arbeiter- oder Migrantenfamilien in kleinen Wohnungen zur Miete wohnten.
- **Die Beziehung zu den Eltern**: Nur ein geringer Anteil der befragten Jugendlichen, so Parla, konnte direkt mit den Vätern über die Probleme und Gefühle, die sie in der Pubertät hatten, sprechen. Die meisten berichteten jedoch, dass sie über ihre Probleme mit der Mutter haben sprechen können. Für viele seien die Freunde wichtige Bezugsmenschen, mit denen sie über ihre Probleme haben sprechen können. Es gab jedoch auch welche, die niemanden hatten, dem sie ihre Probleme hätten anvertrauen können. Einige (leider hier ohne Zahlen) hatten damit Schwierigkeiten und Probleme, die sie nicht lösen konnten. Aus diesem Grund sei für sie der einzige Ausweg die Droge gewesen. Auch gab es welche, die aus Neugierde und um die Zugehörigkeit und Anerkennung innerhalb einer Gruppe bekommen zu können, zu Drogen griffen.
- **Umgang mit Drogenproblemen:** In den Herkunftsfamilien der Interviewten sei nur Alkohol- und Spielsucht vorhanden. Über einen harten Drogenkonsum wird jedoch nicht berichtet. Nur vier Jugendliche berichteten über den ständigen Alkoholkonsum ihrer Väter. Sieben Väter und eine Mutter würden nur gelegentlich Alkohol konsumieren.

  „In den meisten Probandenfamilien lag weder Drogen- noch Alkoholkonsum vor. Fast alle Probanden probierten ihre erste Droge zusammen mit einem Freund, Nachbarn oder in einer kleinen Gruppe aus. Die Rauschmittel wurden bei Dealern in bestimmten Stadtteilen, Parks, Diskotheken und Kiosks besorgt. Sämtliche Probanden waren bemüht, den Drogenkonsum vor den Eltern möglichst lange zu verheimlichen. Erfuhren die Eltern davon, entwickelten sich bei ihnen Wut- und Trauergefühle, Gewalttätigkeit, Enttäuschung sowie Zustände der Verwirrtheit. Mit Ausnahme von elf Probanden wurden die Jugendlichen seitens ihrer Angehörigen häufig gescholten, geschlagen und unter Hausarrest gestellt. Ihre Freizeitaktivitäten wurden beschränkt und ihnen das Taschengeld entzogen“ (ebd., S. 138-139).
- **Nutzung der Therapieangebote:** Ein Teil der Interviewten berichtet über den Zwang durch die Eltern, an einer Therapiemaßnahme teilnehmen zu müssen. Trotz des Zugeständnisses an die Eltern würden 20 der Interview-

ten, so gaben sie an, weiterhin gelegentlich und heimlich Drogen konsumieren. Die Eltern hätten in der Regel durch Schulbenachrichtigungen oder Mitteilungen der Polizei erfahren, dass ihre Kinder Drogen zu sich nehmen. Da viele der Befragten nicht die Einsicht haben, dass sie abhängig sind, sondern dass sie ihren Drogenkonsum kontrollieren können, betrachten sie ihren Drogenkonsum als nicht gravierend. Aus diesem Grund kam aus ihrer Sicht eine Entzugstherapie für sie nicht in Betracht. Parla berichtet, dass sich lediglich 20 Personen von 50 Interviewten in einer Therapie befanden, 13 von ihnen seien durch Vermittlungsbemühungen der Haftanstalt bzw. des Ausländeramtes in eine Therapiemaßnahme gekommen. Viele von den Interviewten hatten über einen Zeitraum zwischen sechs Monaten und einem Jahr im Gefängnis eingesessen. Sieben Personen gaben an, aus eigener Motivation oder durch die Unterstützung der Eltern und Beratungsstellen zur Therapie gelangt zu sein. Als eine der wichtigsten Motive, dem Drogenkonsum ein Ende zu setzen, sei ihr Bleiberecht, denn sie wollten dieses nicht aufs Spiel setzen und ein Eintritt in eine Therapie wurde dadurch zwingend. Nur fünf drogenabhängige Probanden wählten eine muttersprachliche Therapiemaßnahme, da sie eine Sprachdefizit in Deutsch hatten.

- **Zukunftsvorstellungen**: Nach Parla würden alle von ihr interviewten Jugendlichen beabsichtigen, weiterhin in Deutschland zu leben. Die Sorge bezüglich ihrer Zukunft und Abschiebung sei bei allen Interviewten als sehr groß zu bezeichnen. Davon seien vor allem diejenigen am meisten betroffen, die sich in keiner Therapiemaßnahme befanden oder der Schule fern blieben. Neben einigen, die verheiratet oder verlobt waren, wollten fast alle Jugendlichen später heiraten und eine Familie gründen.

  „Fast alle Probanden verspürten darüber hinaus den Wunsch nach einer liebevollen und gleichberechtigten Ehe und wollten erst dann Kinder haben, wenn bei ihnen die emotionale Bereitschaft hierfür vorhanden sei. Diejenigen Probanden, die noch die Schule besuchten, strebten allesamt den Schulabschluss an, um eine Berufsausbildung zu absolvieren. Von denjenigen Probanden, die als Schulabbrecher außer den Therapiemaßnahmen ohne Lebensinhalt waren, wollten nur einige wenige ihre Schulabschlüsse nachholen und in einen Beruf eintreten“ (ebd., S. 143-144).

Am wenigsten konnten diejenigen Interviewten über ihre Zukunftsperspektiven zuversichtlich sein, die sich nicht in einer Therapie befanden oder diese abgebrochen hatten.

Aus dem Ergebnis dieser Studie geht jedoch hervor, dass es keine gravierenden Unterschiede zwischen den Jugendlichen in Deutschland und der Türkei gibt. Unterschiede existieren nur in den Bereichen, die jeweils länderspezifisch sind, beispielweise der Besuch des Kindergartens. Bei den von Parla erhobenen Risikofaktoren des Drogenkonsums gibt es überhaupt keine Unterschiede zwischen den beiden Gruppen.

Zum Thema Gewalt in türkeistämmigen Familien und bei türkeistämmigen Jugendlichen wurden jedoch einige Untersuchungen von Uslucan durchgeführt. Uslucan beschreibt in seinem Text (2009) „Gewalterfahrungen, Erziehung im Elternhaus und Wohlbefinden bei deutschen und türkischen Jugendlichen“, dass in der Fachliteratur eine Einigkeit darüber besteht, ungünstige familiale Sozialisationsbedingungen, vor allem ausgeübte physische und psychische Gewalt sowie Vernachlässigung, sich auf das Wohlbefinden des Kindes negativ auswirken und zusätzlich zur Entwicklung vulnerabler Persönlichkeitsmerkmale beitragen (Vgl. Uslucan, 2009). Er führt weiter aus, dass Gewalt in den oben ausgeführten Formen statistisch gesehen mehr von Menschen ausgeübt wird, die von Armut betroffen sind, die eine soziale Ausgrenzung erleben, schwierige Integrationsperspektiven aufweisen und ein niedriges Bildungsniveau haben. So scheint es zu sein, dass die türkeistämmigen Familien von diesen Gewaltrisiken besonders häufig betroffen sind. Uslucan hebt hervor, dass die türkeistämmigen Migranten sich zusätzlich im Vergleich zu deutschen Familien mit den Anforderungen und mit der Bewältigung des Kulturwandels, des Bangens um das Gleichgewicht zwischen dem Eigenen und dem Fremden, mit der Arbeit der Identitätsbildung und dem daraus resultierenden Stress und der Verunsicherungen auseinandersetzen müssen.

> *„Denn nach wie vor erleben Migranten zum einen die deutsche Gesellschaft als ungeordnet, das hiesige soziale Leben als diffus und undurchsichtig, und sind bestrebt, eigenkulturelle Verhaltensmuster beizubehalten, zum anderen können sie sich aber auch der Erkenntnis nicht verschließen, sich aktiv um Partizipation kümmern zu müssen und auch das Fremde bzw. die mehrheitskulturellen Verhaltensweisen (etwa in der Eltern-Kind-Beziehung, in der Partnerschaftsgestaltung) zu übernehmen. Integration nach innen und Öffnung nach außen stellen sich zwar als notwendige, aber teilweise auch widersprüchliche Anforderungen dar. Möglicherweise ist dann Gewalt in der Erziehung ein Ausdruck des Misslingens schwieriger Syntheseleistungen und der geringen (psychischen) Ressourcen und Kompetenzen von Eltern, mit her-*

ausfordernden erzieherischen Situationen umzugehen" (Uslucan, 2009, S. 279-280).

Uslucan führt hier einige mögliche Konfliktfelder, die den Eltern bei ihrer Erziehungstätigkeit zwischen ihren Kindern und ihnen im Wege stehen können, auf.

- Kinder können sich oft bereits im Kleinkindalter durch die besuchten Einrichtungen wie Kinderkrippen, Kindergarten und durch die schulische Sozialisation viel schneller und intensiver als ihre Eltern an die Aufnahmekultur akkulturieren. Diese würden die sozialisatorischen Bindungen der Eltern an ihre Herkunftskultur abzuschwächen drohen.
- Ein Teil der Eltern fühlt sich verpflichtet, zwischen der eher kollektivistisch orientierten Herkunftskultur und den Jungendlichen, die mehr Autonomiebestrebungen zeigen, eine Balance zu schaffen. Hierbei kann es dazu kommen, dass die Kinder durch ihre Kompetenzzuwächse, vor allem in sprachlichen und kognitiven Bereichen, ihre Eltern in ihren Rollenerwartungen, Elternfunktionen und in ihrer elterlichen Autorität labilisieren.
- Die Anwendung der körperlichen Gewalt in Migrantenfamilien darf nicht per se als eine Erziehungsstrategie betrachten werden, vielmehr soll sie als die Kompensierung eines Kontroll- bzw. Kompetenzverlustes der Eltern gesehen werden. Einige empirische Untersuchungen (Nauck u. a.) belegen, dass viele Migrantenfamilien einen stärker behütenden und kontrollierenden Erziehungsstil pflegen. In einem Teil der türkeistämmigen Familien sei das Verständnis innerfamilialer Gewalt jedoch nicht pejorativ besetzt, sondern vielmehr bestehe eine Konformität mit herkunftsspezifischen Vorstellungen von Gehorsam in der Erziehung sowie den innerfamilialen Rollenverteilungen.
- Erziehungspsychologische Forschungen, die durch die westliche Kultur geprägt sind, betrachten den autoritativen Erziehungsstil, gemeint ist hier die hohe Zuwendung, die Unterstützung, die Wärme sowie die hohe Selbstständigkeit bei gleichzeitig hoher Forderung an das Kind, als optimal bei der Entwicklung des Kindes. Der autoritäre Erziehungsstil dagegen ist gekennzeichnet durch die rigide Durchsetzung der elterlichen Autorität. Eine geringe Selbstständigkeit und die hohe Kontrolle des Kindes werden bei der Persönlichkeitsentwicklung ungünstig eingeschätzt. Uslucan berichtet an dieser Stelle von kulturpsychologischen Studien, die zeigen würden, dass eine autoritative Erziehung bei chinesischen Migrantenkindern keine höhere

soziale Kompetenz und Selbstständigkeit bewirken würde. Er führt als Begründung an:

„weil hier vielfach andere Erziehungsziele, so etwa die Erziehung zu einem normkonformen Bürger, zu einem traditionsgebundenen, gehorsamen, unauffälligen Menschen relevant sind. Schneewind (2000) konstatiert, dass ein autoritärer Erziehungsstil unter bestimmten Umständen als durchaus funktional und sinnvoll zu betrachten ist, und zwar dann, wenn das Kind in entwicklungsgefährdenden bzw. delinquenzförderlichen Umwelten aufwächst. Dieses trifft für türkische Jugendliche, die in „Stadtteilen mit besonderem Erneuerungsbedarf" aufwachsen, häufig zu, wo Jugendliche eine straffere Lenkung und Kontrolle brauchen. Insofern ist eine bruchlose Übertragung der Wirkungen bestimmter westlicher und bildungsbürgerlicher Erziehungsstile und -praktiken auf die kindliche Entwicklung in differenten kulturellen Kontexten problematisch" (Uslucan, 2009, S. 280-281).

- Uslucan berichtet von gesicherten Ergebnissen, die sehr stark darauf hinweisen, dass ein kontrollierender und disziplinierender Erziehungsstil, der gekoppelt ist mit einer schwachen emotionalen Bindung zwischen den Eltern und dem Kind, eine negative Auswirkung auf die soziale Entwicklung des Kindes hat und somit auch stark aggressionsbegünstigend wirkt.
- Das Jugendalter als eine besondere Phase der Entwicklung im Leben des jungen Menschen muss mitberücksichtigt werden, da in dieser Phase viele Veränderungen stattfinden. Sie reichen von Eltern-Kind-Beziehungen bis in die Identitätsbildung und somit auch in Generationskonflikte, wo mögliche Kulturkonflikte inbegriffen sind.
- Uslucan geht, in Anlehnung an die von Nauck u. a. durchgeführten Untersuchen bzw. deren Ergebnisse davon aus, dass das erzieherische Verhalten der türkeistämmigen Eltern wesentlich von deren Ausbildungsniveau determiniert sei.

„Je länger die Schulausbildung der Eltern war, desto weniger existieren traditionelle Geschlechtsrollenorientierungen und behütende Erziehungseinstellungen. In der Hierarchie der Erziehungsdisposition in türkischen Familien nahm die Behütung den ersten Rang ein, gefolgt von autoritärer Rigidität; Permissivität (d. h. Gewährenlassen, liberale Einstellung zu den Wünschen der Kinder) war am wenigsten wichtig. [...]" (Uslucan, 2009, S. 281).

- Andere Erziehungsziele, die von türkeistämmigen Eltern als hohe Werte angegeben werden, sind: „Selbstständigkeit“, die „Fähigkeit zur Fantasie“, zu „Gehorsam“ und „Gottesfurcht“.

  „Türkische Eltern differenzieren damit nicht zwischen traditionellen und liberalen Erziehungsstilen und sehen vermutlich keinen Widerspruch darin, beiden zu folgen, indem sie individuelle Wege und Methoden in der Erziehung der eigenen Kinder finden. Denkbar ist jedoch, dass diese konzeptuell inkompatiblen Erziehungsziele sich eher bei den Kindern als überfordernd und problematisch auswirken, weil diese sich kontextspezifisch verschiedenen Anforderungen ausgesetzt sehen, so etwa sich in der Schule um besondere Eigenständigkeit und Kreativität bemühen müssen, im Elternhaus jedoch stärker normenkonform agieren und Hierarchien einhalten müssen (etwa Älteren nicht zu widersprechen, auch wenn diese im Unrecht sind etc.)“ (ebd., S. 281).
- Jugendliche, die in ihren Herkunfsfamilien Gewalt erfahren haben, zeigen viel deutlicher gewaltbefürwortende Einstellungen als Jugendliche, die keine Gewalt in ihren Herkunftsfamilien erfahren haben. Diese Einstellung sei bei männlichen Jugendlichen viel höher als bei weiblichen.

  „Längsschnittstudien zeigen, dass Jugendliche, die in einem aggressiven Familienklima aufwachsen, sowohl zu Gleichaltrigen als auch später als Erwachsene gegenüber ihren Kindern aggressiver waren als Jugendliche aus einem emotional akzeptierenden Elternhaus [...]. Vermutlich sind viktimisierte Kinder und Jugendliche eher darauf eingestellt, von anderen abgelehnt oder bedroht zu werden, deuten Handlungen im interpersonalen Bereich eher als feindselig oder provokativ, gleichwohl diese freundlich oder neutral gemeint sein können. Jedoch ist auch kritisch zu notieren, dass ein Täter- bzw. Opferstatus kein unabänderliches Persönlichkeitsmerkmal, sondern in beiden Richtungen hin offen ist.“ (ebd., S. 282).
- Laut Uslucan würde es eine positive Korrelation zwischen aktiver Gewalttat und passivem Gewalterleiden geben. Zudem ist ein negativer Zusammenhang zwischen elterlicher körperlicher Züchtigung und dem Wohlbefinden von Jugendlichen im Sinne von Depressivität, Suizidalität, Selbstwertgefühl und der Externalisierung des aggressiven Verhaltens festzustellen. Gewalt erzeugt Gewalt. Oft gibt es einen Zusammenhang: Geschlagene Kinder werden oft selbst zu Schlägern.

- Darüber hinaus gebe es einen starken Zusammenhang zwischen Gewaltausprägung und des Bildungshintergrund. Das bedeutet also, dass der besuchte Schultyp ein Indikator für Gewaltausprägung ist. Die Vergleiche zwischen den besuchten Schultypen, beispielsweise zwischen den Hauptschülern, Sekundarschülern und Gymnasiasten, würden zeigen, dass Hauptschüler und Sekundarschüler eine höhere Gewaltbelastung aufweisen als Gymnasiasten.
  „Der besuchte Schultyp kann sowohl als Indikator kognitiver Kompetenzen wie auch beruflicher Zukunftsperspektiven von Jugendlichen gedeutet werden. Schüler mit einem schlechten oder fehlenden Schulabschluss realisieren, dass ihre Zukunft eher unplanbar ist und sie als »Arbeitsmarktreserve« ökonomischen Schwankungen wenig entgegensetzen können. Diese Resignation kann in Aggression oder andere deviante Verhaltensweisen münden bzw. diese ideell rechtfertigen. Gewalt kann dann dazu dienen, sich angesichts erfahrener sozialer Desintegration und Verunsicherung Macht, Einfluss und Anerkennung zu verschaffen, die mit anderen Mitteln nicht zu erlangen sind [...] (ebd., S. 282).
- Zuletzt wird darauf hingewiesen, dass man hier mit einem viel komplexeren Phänomen zu tun hat, als das Gewaltverhalten und die Gewalt befürwortenden Haltungen bei Migrantenjugendlichen nur auf die Weitergabe innerfamiliärer Gewalterfahrungen zu reduzieren.

Nach Uslucan geht es beim Thema Gewalt bei Migrantenjugendlichen auch um die Frage der ungleichen Bildungsvoraussetzungen, -chancen sowie Arbeits- und Ausbildungsplatzchancen. Somit hat die Frage der Gewalt für Täter wie für Opfer eine unmittelbar existenzielle Bedeutung.

> *„Mit Gewalt sind stets Verletzung, Leid und Schrecken, aber auch Verzweiflung und Einsamkeit als Grunderfahrungen des Opfers sowie eine exponierte Wahrnehmung der Körperlichkeit verknüpft“ (Uslucan, ohne Erscheinungsjahr, Text: Gewalt und Gewaltprävention bei Jugendlichen mit Migrationshintergrund, S. 1).*

Uslucan führt in diesem Text zunächst folgende drei Formen der Risiken aus.

- **Gesellschaftliche Risiken:** Die gesellschaftlichen Entwicklungen und Rahmenbedingungen zeigen,

> *„dass insbesondere junge Migranten weit häufiger in Randgruppen aufwachsen als ihre vergleichbare deutsche Altersgruppe. Sie sind von sozialer Desintegration, was zum einen auf einer symbolischen Ebene die Auflösung verbindlicher Werte und Praktiken bedeutet (d.h. die Erfahrung, dass routinierte, eigene kulturelle Handlungsabläufe ihre soziale Gültigkeit verlieren), aber auch mit Blick auf die Bedingungen materieller Reproduktion wie etwa den Ausbildungs- und den Arbeitssektor betrifft, deutlich stärker betroffen. Gerade bei türkischen Migrantenfamilien ist der letztgenannte Risikofaktor besonders auffällig: Zum einen ist bei ihnen die Arbeitslosigkeit, was in der Regel Armut und materielle Deprivation impliziert, mit gegenwärtig 20 bis 22 Prozent etwa doppelt so hoch wie in der westdeutschen Bevölkerung. So konnten beispielsweise Pfeiffer & Wetzels bereits im Jahre 2000 zeigen, dass soziale Integration einen zuverlässigen Indikator für Verwicklungen in Gewaltdelikte bildet: Je besser die Integration erfolgte, desto geringer war die Gewaltrate unter den Migrantenjugendlichen. Eine schlechte Integration erhöhte für sie das Risiko, bei der Bewältigung ihrer spezifischen Entwicklungsaufgaben und persönlicher Krisen sich devianten Gruppen anzuschließen und somit wieder in den Strudel der Gewalt zu geraten. (ebd., S. 3).*

- Uslucan führt als eine mögliche Erklärung, vor allem bei türkischstämmigen Migranten, für das gewaltbegünstigende Verhalten die herkunftskulturell bedingten traditionellen Männlichkeitskonzepte, *„die Maskulinität stark an Dominanz und körperliche Stärke binden und dadurch sich die Disposition zur Gewalt erhöht"* an (ebd., S. 4). Er hebt hier den Ehrekonflikt hervor und meint, eine Nichtannahme der Herausforderung der gewaltigen Auseinandersetzung für einen Teil der türkeistämmigen Männer käme als eine Niederlage oder eine symbolische Selbstentmächtigung daher und dies würde somit als ein sozialer Tod gesehen,

  > *„weil die weitere Einbindung in die bedeutsame Referenzgruppe zur Disposition steht. Verwerflich ist aus der Perspektive der Akteure also nicht primär das Unterliegen in einer gewaltsamen Auseinandersetzung, sondern vielmehr sich von vornherein dem Kampf zu entziehen. Deshalb ist ein Verständnis von Gewalt im Kontext von Ehrdelikten, entkoppelt von der sexuellen Identität, dem spezifischen Konzept von Männlichkeit, fast aussichtslos. Ausweichmanöver, Passivität, Rückzugsstrategien, gesenkter Blick etc. sind Attri-*

bute der traditionellen Vorstellung von einer Frau. Von daher muss die Intervention gerade solche Formen von Männlichkeitsvorstellungen in der Erziehung der Jungen kritisch reflektieren und an ihrer Aufweichung arbeiten"(ebd., S. 4).

- Uslucan führt als zweiten Risikofaktor die sogenannten **familialen Risiken**, die ich oben beschrieben habe, auf. Das Paradoxe sei jedoch, dass die Migrantenkinder und -jugendlichen wegen ihrer Sozialisation in Deutschland sich deutlicher mit der Kultur der Aufnahmegesellschaft verbunden fühlen als ihre Eltern. Dennoch machen sie die bittere Erfahrung, dass sie gelegentlich in unterschiedlichen Kontexten den Ausgrenzungen ausgesetzt werden. Dies führe bei diesen Kindern und Jugendlichen zur besonderen Frustration, weil im Grunde

  „sie sich subjektiv dazugehörig fühlen, aber objektiv ausgeschlossen werden, so etwa in jugendspezifische Lokalitäten nicht eingelassen werden, mit diskriminierenden Bemerkungen etc. konfrontiert werden" (ebd., S. 5).

  Die zweite Generation von Eltern würde aus diesen Erfahrungen heraus ihren Kindern eigenkulturelle Werte und Normen zu vermitteln versuchen, dabei würden einige kläglich scheitern, weil sie selbst in dieser Welt sich nicht sicher bzw. zu Hause fühlen würden.
- Als eine andere dritte Frustrationsquelle und somit als einen Risikofaktor sieht Uslucan, vor allem bei männlichen Jugendlichen, die hohen und zum Teil unrealistischen **Bildungsaspirationen** der Eltern. Dies würde bei den männlichen Jugendlichen unter anderem auch durch das Fehlen der Erfüllungsbedingungen auftreten, weil die schulischen Unterstützungsmöglichkeiten vieler Eltern gering sind.

  „Für die Persönlichkeitsentwicklung des Kindes zeigen erziehungspsychologische Längsschnittstudien, dass zu allen Messzeitpunkten insbesondere die Schulbildung der Mutter den wichtigsten Prädiktor bildet. Ausbleibender oder geringer Erfolg der Kinder führt dann zu Enttäuschungen auf Seiten der Eltern und zu psychischen Belastungen bei Kindern, die sich in aggressiven Akten nach außen oder in depressiven Verstimmungen nach innen äußern können. Vermutlich liegt diese hohe Bildungsaspiration darin, dass viele Migranteneltern die diversen Wege des sozialen Aufstieges in Deutschland zu wenig kennen und qualifizierte Berufe direkt mit akademischen Abschlüssen verbinden, wie es in ihrer Heimat in der Regel auch üblich ist. Hier scheint die Intervention besonders

schwierig zu sein, weil gerade durch diese hohen Ansprüche, die Eltern ihren Kindern stellen, sie auch glauben, dadurch ihren erzieherischen Aufgaben gerecht zu werden und ihrer Verantwortung nachzukommen, jedoch die Überforderung nicht sehen. Hier sollte die Intervention verstärkt dahingehend erfolgen, auch andere Wege des sozialen Aufstiegs in Deutschland (über Berufsausbildung, Selbstständigkeit, künstlerische, sportliche Fähigkeiten etc.) aufzuzeigen und entsprechende auch nicht-akademische Begabungen von Jugendlichen zu fördern" (ebd., S. 6).

Eine andere Studie, die sich mit dem Thema, das ich hier behandle, befasst, wurde von Oğuzhan Yazıcı (2011) mit dem Titel: „Jung, männlich, türkisch – gewalttätig?" – Eine Studie über gewalttätige Männlichkeitsinszenierungen türkischstämmiger Jugendlicher im Kontext von Ausgrenzungen und Kriminalisierung", vorgelegt. Ich finde Yazıcıs Annäherungen, Erklärungen und Feststellungen weitgehend richtig. Aus diesem Grund möchte ich ihn in diesem Teil meiner Arbeit mit einbeziehen. Yazıcı bemängelt den Diskurs über Migranten in der Fachwelt, der seit den 70er-Jahren unverändert von negativ besetzten Stereotypen geprägt ist. Dieser Diskurs werde in Deutschland auf hegemonialer Ebene geführt. Er sei dadurch populär geworden, weil dieser reflexartig immer mit den gleichen Schlagworten wie „Ehre, Parallelgesellschaft, archaische Traditionen, patriarchale Männlichkeitsvorstellungen" operiere. Aus diesem Grunde werde kaum Raum und Platz für die sozialen Probleme dieser jungen Menschen eingeräumt. Diese Ansätze bzw. dieser Diskurs festigen in der Öffentlichkeit zum einen das Bild vom „gewalttätigen Macho" und zum anderen wird der Zusammenhang zwischen „Ethnizität" und Jugendgewalt hergestellt. Dieser Diskurs sei nicht im luftleeren Raum entstanden. Das Bild bzw. die Konstruktion von dem bedrohlich „Anderen" ist in einem Feld entstanden, in dem die hegemoniale Politik und vor allem die Ausländerforschung mitbeteiligt sind. Es hat sich inzwischen das stigmatisierende, essentialistisch zugeschriebene, sozial konstruierte und homogenisierte Bild des gewalttätigen „Machos" etabliert. Hier werden bewusst eine Ethnie und eine Gruppe von Menschen stigmatisiert. Diese Stigmatisierung findet letztendlich in allen gesellschaftlichen Kontexten ihren Ausdruck, von Kindergärten, Schulen, Horten über polizeiliche Kontrollen und Vernehmungen bis hin zu Gerichten.

Tahir wurde in München geboren und ist dort aufgewachsen. Er gehört zur dritten Migrantengeneration. Seine Großeltern väterlicherseits waren die erste Generation hier in Deutschland. Tahir hat noch eine ältere Schwester (19 Jahre). Er besucht zur Interviewzeit (07.11.11) die neunte Klasse einer Hauptschule. Tahir möchte später den Beruf des Elektrikers erlernen. Mit den Eltern, die noch relativ jung sind (der Vater 40 Jahre und die Mutter 38 Jahre alt) versteht er sich gut. Tahir raucht Zigaretten. Dies wissen nur die Mutter und die Schwester, sein Vater weiß es nicht. Tahir versteht sich mit seiner Mutter viel besser und er kann mit ihr über alles sprechen.

Ich habe zwei männliche Jugendliche interviewt, die ich zu dieser Gruppe zähle. Einer von ihnen ist der 16-jährige Tahir. Tahir nahm zur Interviewzeit an einem Antiaggressionskurs einer Münchner Einrichtung teil, weil er in eine Schlägerei verwickelt war. Er berichtet, dass er zum ersten Mal mit der Polizei und der Justiz zu tun habe. Er sei unschuldig gewesen, nur ein Cousin und ein anderer Freund des Cousins seien mit zwei deutschen Jungendlichen in einem Park aneinandergeraten und er habe dabei versucht, sie auseinanderzuhalten. Sein Cousin habe Cannabis geraucht und er habe davon nichts gewusst. Die beiden deutschen Jugendlichen hätten bei der Polizei ausgesagt, dass auch Tahir mitgeholfen habe. Bei der Gerichtsverhandlung habe die Richterin ihm keinen Glauben geschenkt und er sei darüber sehr enttäuscht. Während des Interviews war es ersichtlich, dass es Tahir sehr unwohl und peinlich ist, wegen so einer Sache an diesem Kurs teilnehmen zu müssen. Er berichtete sehr glaubwürdig, dass er sich bis zu diesem Zeitpunkt nichts zu Schulden habe kommen lassen. Er wurde in München geboren und er fühle sich sehr wohl in München. In seiner Freizeit spiele er Fußball bei dem Projekt „Bunt kickt gut“ und habe zwei sehr gute Freunde, die auch bei diesem Projekt mit ihm Fußball spielen. Auch würde er an den Freitagen in die Moschee zum Beten gehen, mehr als dies würde er aber für seine Religion nicht tun.

Hier ist natürlich die Frage berechtigt, ob ein 16-jähriger deutscher Schüler, wegen eines solchen Vorfalls vor das Jugendgericht gebracht werden würde. Ob Tahir hier nicht genau die von mir beschriebenen Gründe zum Verhängnis wurden. Dies bringt Yazıcı hier auch mit seinem Titel zum Ausdruck: „Jung, männlich, türkisch – gewalttätig?

Ich hatte während der gesamten Interviewzeit mit Tahir das Gefühl, dass er aus unzulässigen Gründen in diesem Kurs sitzt. Ich habe auch mit dem Kollegen, der den Kurs leitet, über Tahir gesprochen und wollte seine Meinung dazu wissen. Der Kollege, der seit vielen Jahren in diesem Bereich tätig ist, bestätigte meine Annahme. Tahir macht bereits mit seinen zarten 16 Jahren die Erfahrung, dass bei den deutschen Jugendgerichten mit unterschiedlichen Maßstäben gemessen wird. Er ist so tief verunsichert, dass er immer wieder beteuert, wie enttäuscht er über die Aussagen der Richterin war. Nun hat Tahir auch Lehren für sich gezogen. So berichtete er, dass er die Freundschaft mit seinem Cousin beendet habe, weil auch dieser nicht korrekt gehandelt habe. Er habe ihn mitbeschuldigt, weil er damit rechnete, dass er keine hohe Strafe bekommen werde. Bei Tahir handelt es sich um einen Jungen, der sich inmitten der Pubertät befindet. Er ist sozial gut integriert, er ist in einem Straßenfußballprojekt aktiv und hat ein gut funktionierendes Elternhaus. Der Vater ist selbstständig und hat ein eigenes Geschäft und die Mutter arbeitet nur geringfügig, damit sie für die Familie bzw. für ihre Kinder besser Sorge tragen kann. Ohne dass ich die Hoheit der deutschen Gerichte infrage stellen möchte, sei hier die Frage berechtigt, wie ein Richter oder eine Richterin bei dieser Familienkonstellation bzw. bei diesem jungen Menschen zu so einem Urteil kommen kann. Sicherlich trägt Tahir keine bleibenden Schäden von dieser Maßnahme davon. Aber was bei Tahir haften bleibt, ist, dass ihm nicht geglaubt wird, weil er „Türke" ist und dass in Deutschland in vielerlei Hinsicht Stigmatisierungen stattfinden. Die Korrektur dieser Erfahrung bei Tahir kann sich unter Umständen schwer gestalten. Dazu müsste er in anderen Bereichen andere gute Erfahrungen machen. Er berichtet, dass er in seiner Schule mit seinen Lehrern gut zurechtkommt. Aber Tahir berichtet auch, dass es ein Lehrer aus seiner Parallelklasse auf ihn abgesehen habe: *„Er geht auf mich los und verarscht mich sehr. Ich verstehe nicht warum?"* (Tahir).

Uslucan beschreibt in seinem Text über

> *„Stereotype, Viktimisierung und Selbstviktimisierung von Muslimen", dass in den sozialpolitischen Debatten die Diskussion um Zuwanderung und die Integration von Migranten in Deutschland entfacht ist. Hier werden die Unterschiedlichkeiten in den Werte- und Normsystemen und vor allem unterschiedliche Erziehungspraktiken besonders hervorgehoben. Dieser Diskurs habe „in einigen Kreisen die Gräben zwischen der Mehrheitsgesellschaft und den Muslimen vertieft. So ist beispielsweise durch eine Engführung des Diskurses um den Islam mit den Themen Terror, Fundamentalismus, Gewalt und Bedrohung – und in der Folge zu massenmedial suggerierten Szenarien einer islamistischen Unterwanderung der bundesrepublikanischen Gesellschaft – die Möglichkeit des rationalen Diskurses geschwächt worden. Damit ist ein Nährboden geschaffen worden, der der Bildung und Verbreitung von*

> *Stereotypen und Vorurteilen Vorschub leistet. Das hat fatale Folgen für das Zusammenleben" (Uslucan, S. 1).*

Die Gefahr sei hierbei, dass die Stereotype nicht selten als „Allaussagen" formuliert sind, und sie kaum durch die Beobachtung und das Vorbringen eines Gegenbeispiels falsifizierbar sind (*„Nicht alle Deutschen/Muslime, aber die meisten sind so und so [...].)"* (ebd., S. 1).

Stereotype Vorstellungen bilden nicht nur die kognitive Dimension von sozialer Diskriminierung, sondern sie werden verhaltenswirksam und tangieren wichtige Lebensbereiche. Hier können durch diese stereotypen Denkweisen Prozesse ausgelöst werden, die sich der direkten subjektiven Kontrolle entziehen.

Es beschäftigt einen dann die Frage, ob junge Menschen wie Tahir in diesem Denksystem nicht genau von den stereotypen Vorstellungen zermürbt werden.

> *„Wahrgenommene Diskriminierungen beeinflussen jedoch auch die Reaktionen der betroffenen Gruppen: Folgen sind vermehrter Rückzug, Reethnisierungsprozesse und die Wahrnehmung der Mehrheitsgesellschaft als undurchlässig" (ebd., S. 3).*

Bei der Bildung von Stereotypen können folgende kognitive Prozesse stattfinden:

- Es findet in der Regel eine Kategorisierung statt, ohne den feinen Unterschied auszumachen.
- Eine Generalisierung findet statt, denn hier wird oft davon ausgegangen, dass Mitglieder einer bestimmten Gruppe oder Ethnie die gleichen Eigenschaften oder Verhaltensweisen zeigen.
- Es kommt zu einer Überschätzung der Ähnlichkeiten innerhalb einer Kategorie und der Überschätzung der Differenzen von zwei verschiedenen Gruppen. Somit findet hier eine Akzentuierung statt.
- Diese Prozesse werden selbstverständlich auch wirksam bei den Stereotypen von Muslimen über die Mehrheitsgesellschaft und nicht nur der Mehrheit gegenüber Migranten. (Vgl. Uslucan, S. 1-5).

Im Zusammenhang von Stereotypen, der Viktimisierung und der Selbstviktimisierung finde ich Uslucans Annäherungen bezüglich der Rolle der religiösen Erziehung im Kontext von Ausgrenzung und Selbstausgrenzung für sehr wichtig. Er schreibt:

„Was sind die Folgen einer Zentrierung der Person sowie einer Zentrierung der Erziehung um die Religion? Mit Blick auf das interkulturelle bzw. multireligiöse Zusammenleben ist zunächst jede Form (und nicht nur die islamische) einer intensiven religiösen Erziehung problematisch: Die Gefahr der Bildung eines geschlossenen Überzeugungssystems, das zu einer Vereinfachung kindlichen Denkens neigt und möglicherweise zu einer Überschätzung, zu Überlegenheitsansprüchen und Abwertungen anderer Ansichten führt, ist nicht von der Hand zu weisen. Extremformen sind dann komplette Desinformation/Falschinformationen über die säkulare Mitwelt. Folge ist eine verzerrte Welt- und Wirklichkeitswahrnehmung des Kindes, Beeinträchtigung kindlichen Explorationsverhaltens und kindlicher Kreativität (durch Aufstellung religiös begründeter Denktabus und Dogmen) sowie rigides Denken. Darüber hinaus führt eine hohe Geschlossenheit zwar zu einer Sicherheit, aber auch zu einem ausgesprochenen Konformitätsdruck innerhalb der Gruppe: Durch die intensiven Kontakte in der „Ingroup" werden Abweichungen weniger toleriert, wodurch die Entstehung eines dichotomen Weltbildes (Wir-Ihr, Freund-Feind, gläubig-ungläubig etc.) gefördert wird" (Uslucan, S. 8).

Die Moscheen können auch eine positive Funktion bzw. Rolle bei der „Bildung des Geistes" inne haben. Von den Moscheen können integrative wie auch segregierende, ausgrenzende Impulse ausgehen. Entscheidend ist dann jedoch, welche Ausprägung des Islams dort gelebt und gepredigt wird. Moscheen können ihren Mitgliedern das Gefühl der Zusammengehörigkeit geben. Sie können als Orte fungieren, in denen „Gleiche unter Gleichen" sind, ohne auszugrenzen und auszuschließen.

„Von Moscheen gehen aber auch segregierende Impulse aus, und zwar dann, wenn sie als Orte fungieren, in denen islamzentrierte Überlegenheitsgefühle erzeugt werden, eine Selbstgenügsamkeit der Muslime suggeriert wird sowie die Differenzen zur säkularen Welt verstärkt und bewusst zur Kontaktmeidung mit »Heiden« oder Christen aufgerufen wird. Ein so verstandener, fundamentalistischer Islam wird sich als äußerst problematisch erweisen, da er den notwendigen Dialog mit der Mehrheitsgesellschaft hemmt und das Zusammenleben erschwert; denn die Überzeugung, dass die eigene Gruppe im Besitz der unverrückbaren Wahrheit ist, also ein exklusiver Heilsanspruch von einer der beiden Seiten, Christen wie Moslems, vertreten wird, gestaltet die Aus-

gangssituation für einen Dialog denkbar ungünstig"(Uslucan: Zwischen Allah und Alltag: Islamische Religiosität als Integrationshemmnis oder -chance?, S. 7).

11.2.1. Gewalt und Männlichkeit

Das Konzept von Connell geht davon aus, dass das soziale Geschlecht in der sozialen Praxis oder durch die soziale Praxis mitbestimmt wird bzw. in der sozialen Praxis geordnet ist. Connell geht von einer Abhängigkeit der sozialen Praxis von soziokulturellen Umständen aus. Daraus leitet sie ab, dass zu unterschiedlichen Zeiten und in unterschiedlichen Milieus auch unterschiedliche Konfigurationen von Männlichkeit und Weiblichkeit entstehen. Der Machtkampf sei der Antrieb dieser Veränderung innerhalb der Geschlechterbeziehung. So begründet Connell den sogenannten immanentisierten Erhaltungsdrang des Patriarchats. Connell befasst sich in ihrem Buch „Der gemachte Mann" vor allem auch mit den Relationen zwischen verschiedenen Männlichkeiten und stellt vier Konzepte solcher Verhältnisse vor.

- **Hegemoniale Männlichkeit:** Unter hegemonialer Männlichkeit versteht Connell die Männlichkeitsform, die sich durch einen privilegierten Zugang zur Macht des Patriarchats auszeichnet. Diese Form wird von Connell als die durchsetzungsfähigste Antwort auf das Legitimitätsproblem des Patriarchats dargestellt. Sie geht davon aus, dass diese Form der Männlichkeit eine deutliche Beziehung zwischen der Heteronormativität sowie der gesellschaftlichen und ökonomischen Macht darstellt.
- **Unterordnung:** Connell geht davon aus, dass der Kampf um den Machterhalt des Patriarchats eine Konstante innerhalb der Geschlechterbeziehungen ist, und so begründet sie, dass das Patriarchat auch immer ein Interesse daran haben muss, diejenigen Männlichkeiten zu unterdrücken, die die hegemoniale Männlichkeit untergraben könnte. In der Logik der Hegemonie rücken diese Männlichkeiten in gefährliche Nähe zur Weiblichkeit. Connell führt als Beispiel hierfür die schwulen Männer und die Männer, die zu einer diskriminierten Gruppe gehören, an.
- **Komplizenschaft:** Nach Connell gibt es sehr wenige Männer, die die Eigenschaften besitzen, die dem hegemonialen Mann zugeschrieben werden. Sie geht davon aus, dass trotzdem die Mehrheit der Männer von der Vormachtstellung des Patriarchats profitiert. Dieses Phänomen nennt Connell die „patriarchale Dividende". Da sie auch davon ausgeht, dass sich über die

Komplizenschaft die Dominanz im Geschlechterverhältnis nur partiell übertragen lässt, müssen Männer in diesem Spannungsfeld des Alltages Kompromisse mit Frauen eingehen. So entstehen nach Connell auch die widersprüchlichen Konfigurationen in den Beziehungen zwischen Männern und Frauen.

- **Marginalisierung:** Dieses Phänomen beschreibt Connell so, dass es Männer gibt, die in bestimmten Bereichen der Gesellschaft Erfolge zeigen und nur in sehr eingeschränkter Weise von der Macht und dem Ansehen des Patriarchats profitieren können. Als einen möglichen Grund dafür nennt sie die Zugehörigkeit zu einer gesellschaftlich unterpriviligierten Gruppe. Hier nennt sie z. B. die zahlreichen Triumphe schwarzer Sportler. Diese Männer sind, so Connell, von ethnischer Diskriminierung betroffen und verkörpern die marginalisierte Männlichkeit. Diese Männlichkeitsform bilde das gegenteilige Verhältnis zur Komplizenschaft (Vgl. Connell, 1999).

Die Gedanken von Connell können auch auf Frauen übertragen werden und somit auch den Diskurs weiblicher Identität, vor allem im Zusammenhang mit der Kopftuchdiskussion, differenziert betrachten. Mit Connell kann gesagt werden, dass die westlichen Gesellschaften nicht befreit sind von ihrer patriarchalen Strukturen. Im Gegenteil: Sie grenzen Frauen und Männer aus, sie marginalisieren Frauen sowie auch Männer, die als die „Anderen“ definiert werden.

Die Politik sowie die ausländerpädagogischen Forschungen, die das Scheitern und die Gewalttätigkeit von Migrantenkindern und -jugendlichen kulturalisieren und eine kausale Erklärung liefern, sowie die Medien stilisieren vor allem Migrantenkinder und -jugendliche mit muslimischem Glauben zu Gewalttätigen. Sie nehmen dabei keine Rücksicht auf die persönliche Entwicklung dieser Jugendlichen. Wenn sie einen Blick auf den Lebenslauf dieser jungen Menschen werfen, dann oft nur auf die negativen Seiten, vor allem auf deren begangene Taten. Die Erfahrung zeigt auch, dass bei deutschen Jugendlichen der Fokus auf die Geschichte und die Entwicklung des jungen Menschen als Einzelfall gerichtet wird, während bei den Migrantenjugendlichen der Fokus in der Regel auf deren Kultur gerichtet ist.

Welche Folgen eine derartige Stigmatisierung haben kann, beschreibt Yazıcı in seiner Studie:

> *„Derartige Stigmatisierungs- und Kriminalisierungsprozesse in den Medien könnten jedoch nicht nur Einfluss auf den lebensweltlichen Alltag der Jungen haben, sondern darüber hinaus auch direkten Einfluss auf das Gewaltverhalten. In diesem Zusammenhang lässt sich nämlich*

mit der Theorie des Labeling-approach folgende These einordnen: Eine immer wieder wahrzunehmende ethnisierte Außenerwartung, nämlich aggressiv, gewalttätig oder kriminell zu sein – wie sie in regelmäßigen Abständen einhellig auch von Interaktionspartnern (wie Eltern, Lehrer, Sozialarbeiter usw.) wiederholt wird –, könnte im Ergebnis dazu führen, dass die Zuschreibungen in das eigene Selbstbild übernommen werden. Die Fremdpositionierung durch die Gesellschaft wird in diesem Prozess zur (ethnisch ausgerichteten) Selbstpositionierung, was wiederum die gesellschaftlichen Vorurteile spiegeln und bestätigen würde und darüber hinaus auch ganz im Sinne einer selbst erfüllenden Prophezeiung wesentlich zur Entwicklung einer »Delinquenzkarriere« beitragen kann." (Yazıcı, 2011, S. 43-44).

Hikmet ist zur Interviewzeit (07.11.11) 22 Jahre alt. Er wurde in München geboren und ist dort aufgewachsen. Er ist der älteste von vier Kindern. Hikmet hat noch zwei jüngere Brüder und eine Schwester. Er gehört zur dritten Generation, da seine Großeltern (mütterlicher- und väterlicherseits) bereits seit den 70er-Jahren in Deutschland leben. Seine Eltern haben sich in München kennengelernt und vor 25 Jahren geheiratet. Hikmet besucht zur Interviewzeit ebenfalls den Antiaggressionskurs, weil er schon immer sehr früh in Schlägereien verwickelt war. Hikmet hat einen Hauptschulabschluss und zurzeit macht er eine Ausbildung zum Autolackierer (seit September 2011).

Hikmet ist ein weiterer junger Mann, den ich im Rahmen meiner Arbeit interviewt habe. Er berichtet von sich, dass er schon immer aktiv, unruhig und später aggressiv gewesen sei. Ich fragte ihn, ob er auch selber Gewalterfahrungen zuhause gemacht habe. Dies bejahte er und fügte hinzu, dass er dies aber oft verdient hätte. Sein Vater habe oft nicht gewusst, wie er ihn in Griff bekommen solle und habe ihn dann geschlagen. Auch Hikmet war es sichtlich anzusehen, dass es ihm peinlich ist, wenn er so über seinen Vater spricht. Aber die Tatsache, dass der Vater ihn geschlagen habe, wollte er trotzdem nicht verheimlichen. Durch seine Äußerung, er hätte die Schläge verdient, wollte er seinen Vater jedoch in Schutz nehmen. Laut Hikmet sind seine Eltern Aleviten. Seine Haltung ließ auch erkennen, dass er seine Rettung in der Religion finden wolle. Er möchte es mithilfe seines Glaubens, mit Gebeten und Moscheebesuchen schaffen, aus dem Milieu des Suchtverhaltens herauszukommen und seine Lehre zu Ende führen. Die Frage ist hier, ob man die Entwicklung von Hikmet nur mit seiner oder der elterlichen kulturellen Herkunft erklären kann. Connell beispielweise geht davon aus, dass die Gewalttätigkeit von Männern sich oft aus der frühkindlichen Erfahrung der Machtlosigkeit speisen würde, *„die wiederum ein übertriebenes Machtstreben zur Folge hat, das in der westlichen Kultur mit männlichem Verhalten verbunden wird"* (Connell, 1999, S. 134).

Yazıcı beschreibt das Phänomen in seiner Studie, die er mit und über gewalttätige türkeistämmige junge Männer durchgeführt hat.

> *„Die zahlreichen Schlägereien helfen ihm dabei, sich stark zu fühlen und stellen für Bülent daher ein wirksames Mittel dar, um eigene Ohnmachtserfahrungen zu verarbeiten. Dabei erhebt er wie selbstverständlich einen Anspruch auf Respekt. Verweigerter Respekt wird als Kränkung seines ohnehin schwachen Selbstwertgefühls empfunden und muss geahndet werden. Der gewalttätig erzwungene Respekt stellt für Bülent somit ein Gegengewicht zu seinem strukturell schwachen Selbstwertgefühl dar. Er inszeniert in den Schlägereien ein Selbstbild, das sich durch Stärke, Autonomie und Machvollkommenheit auszeichnet. Schmerzhafte Ambivalenzen im Umgang mit der eigenen Hilflosigkeit und Enttäuschung können so in Richtung einer »unverletzlichen Variante von Männlichkeit« aufgelöst werden" (Yazıcı, 2011, S. 134).*

Gewalt in der Erziehung, vor allem durch die Väter, ist nicht nur eine Verhaltensweise von türkeistämmigen Vätern. Die Abwesenheit des Vaters und somit das Fehlen der Vater-Sohn- oder Vater-Tochter-Beziehung ist nicht nur etwas „türkeistämmig Spezifisches". Auch die rigiden, emotional armen Erziehungsstile, die Anwendung der häuslichen Gewalt kommen nicht nur bei den türkeistämmigen Familien vor, sondern in allen Nationen, Kulturen, Klassen und Ethnien. Dies schützt natürlich die türkeistämmigen Familien, in denen all diese Phänomene vorkommen, nicht vor dem Umgang mit diesen Themen. Die Risikofaktoren in der Erziehung von Kindern sind sehr vielschichtig und können somit nicht nur mit der kulturellen und religiösen Zugehörigkeit erklärt werden.

Aus Hikmets Berichten beispielsweise geht hervor, dass sein Vater bzw. seine Eltern in ihrem jungen Alter überfordert waren mit der Erziehung des ersten Kindes, das, so wie Hikmet sich selbst beschreibt, sehr aktiv war. Den Eltern von Hikmet fehlten möglicherweise zu dieser Zeit auch die Ressourcen, um sich Hilfen zu organisieren, damit sie bei Hikmets Entwicklung hätten entsprechend reagieren können.

Zum Lebenslauf von Hikmet kommen zu einer schwierigen Kindheit die Ereignisse in der Schule hinzu. Hikmet tut sich mit der Konzentration, der Aufmerksamkeit und den erlebten Frustrationen schwer. Diese Verhaltensweise zeigen viele Kinder, die hyperaktiv sind und zudem häusliche Gewalt erfahren, da die Eltern im Umgang mit ihren Kindern meist überfordert sind. Hikmet bekommt keinerlei Hilfe und erfährt in der Schule durch sein Verhalten zudem eine Enthnisierung, Etikettierung und Kulturalisierung im Sinne von „Macho", der die Autorität der Frauen nicht akzeptiert.

Dazu schreibt Yazıcı:

> *„Die Kolportage vom „Macho" strukturiere dabei die Beurteilung, indem jegliches Verhalten türkischer Männer und Jungen grundsätzlich unter diesem Topos wahrgenommen werde [...]. Diesen wird schließlich ein Bild „der deutschen Gesellschaft" entgegengehalten, das im Hinblick auf das Geschlechterverhältnis als gleichberechtigt imaginiert wird. Die Existenz patriarchaler Geschlechtsverhältnisse wird somit letztlich alleine den Migrantenfamilien zugeschrieben" (Yazıcı, 2011, S. 34-35).*

Das Verhalten von Hikmet in der Schule hat weder mit seinem Machosein noch mit seiner kulturellen Herkunft und seiner Religionszugehörigkeit zu tun. Hier haben wir mit einem Jungen zu tun, der in seiner Entwicklung aus unterschiedlichen Gründen Probleme hat. Er und seine Eltern benötigen in dieser schwierigen Lebenssituation andere Dinge, Hilfe, einen Halt, Anerkennung, Aufmerksamkeit und vor allem Maßnahmen, die dieser Familie beiseitestehen und dem Jungen während des schwierigen Lebensumstands begleiten.

Hier sind Systeme wie Kindergarten, Schule, Hort, Jugendhilfe und andere gefordert, die auf die jeweilige individuelle Situation von Kindern eingehen und sie nicht mit stereotypen Vorstellungen etikettieren. Das Ergebnis dieser Art von Etikettierungen führt in der Regel zur Ethnisierung von sozialen Problemen und endet in einer paradoxen und aussichtslosen Sackgasse.

Diese führt oft zu einer, wie ich bereits oben beschrieben habe, Selbstethnisierung als eine Strategie der Gegenwehr. *„Die Folge ist somit ein Rückzug auf die eigene Ethnie. Die Zugewanderten verhalten sich dann dem Klischee entsprechend"* (Yazıcı, 2011, S. 36).

Yazıcı betont, dass die beiden Pole der Selbst- und Fremdethnisierung nicht unbedingt zu einer Ausschließlichkeit, die sich aus kulturellen Differenzen speist, führen müsse. Der Diskurs um kulturelle Differenz und Identität müsse nicht unbedingt eine Reproduktion von Feindbildern verursachen, *„sondern knüpft umgekehrt nicht selten an Ansprüche auf Anerkennung der eigenen kulturellen Identität und auf gesellschaftliche Partizipation an“* (ebd., S. 37).

Hikmet findet zunächst in einer Gruppe sein „Zuhause“. Es sind alle Migranten, die die gleichen Erfahrungen gemacht haben. Sie hantieren mit Cannabis, lassen sich auf Schlägereien ein und fühlen sich stark und lassen sich nichts gefallen. Das strukturell schwache Selbstwert- und Autonomiegefühl wird vermeintlich durch diese Aktionen gestärkt. Sie sind in bestimmten Kreisen eine „Macht“ und viele haben Angst vor ihnen. Von Hikmet habe ich nie eine Schuldzuweisung auf die deutsche Gesellschaft zu hören bekommen. Nun weiß er, dass sein Weg zur Erlangung der Anerkennung über eine anderen Weg besser gehen kann als über den, den er bisher gegangen ist. Er will es dieses Mal unbedingt schaffen, seine Ausbildung zu Ende zu bringen und später zu heiraten und eine Familie zu gründen. So würden ihn auch seine Eltern viel lieber sehen, auch seine Umgebung und Teile seines sozialen Netzwerkes. Er wünscht sich und hofft, dass ihm dabei seine Glaube und das Festhalten an den religiösen Pflichten eine große Hilfe ist.

Yazıcı geht in seiner Studie auf die verschiedenen Formen der Gewalt ein und versucht darzustellen, dass Gewalt zum einen nicht immer von der Jugend ausgeht und zum anderen was die Jugend vor allem im Kontext der strukturellen Gewalt lernt. Dass es nämlich „die institutionalisierte Staatsgewalt“ als legitimer Gewalt gibt und diese akzeptiert ist.

> *„Demnach ist männliche Gewalt keine jugendspezifische Eigenschaft, sondern konstitutiv für die Konkurrenzgesellschaft, wie Militär, Polizei, Gerichte und psychiatrische Anstalten es deutlich machen. Daher darf nicht verkannt werden, dass auch im institutionalisierten legalen Gewalthandeln doing gender stattfindet [...]. Kersten [...] versteht »Jugendgewalt und ihre Kontrolle« als »state of play zwischen Männlichkeiten«, freilich mit schlechteren Karten auf der untergeordneten Seite. Denn wie bereits ausgeführt wurde [...], wiederholt jugendliches Gewalthandeln zwar Grundmuster der hegemonialen Männlichkeit, jedoch mit Mitteln, die keinen Zugang zu den Bereichen verschaffen, in denen tatsächlich über die Verteilung von gesellschaftlichen Machtpositionen entschieden wird. Situative und kurzfristige Teilhabe an angesehener Männlichkeit kann folglich nicht darüber hinwegtäuschen, dass diese Jugendlichen mit ihren (verzweifelten) Bemühungen nur eine untergeordnete Männlichkeit konstituieren (»Perpetuierung der eigenen Marginalisierung«). (ebd., S. 107).*

Andere gesellschaftlich sehr hoch gehandelte Werte sind diejenigen, die den vor allem männlichen Jugendlichen vermittelt werden. Diese sind etwa das „Überlegensein“, das „als Sieger hervorgehen oder zu den Siegern gehören“, das „über Macht verfügen“.

Letztlich geht es um Anerkennungskämpfe unter den Männern, wenn es sich um verkörperlichte Gewalt zwischen den Männern und durch die Männer handelt. Laut Yazıcı würde die jugendliche „Gewaltkultur“ mit Männlichkeitsentwürfen des gesellschaftlich vorgegebenen Mainstreams korrespondieren. Aus diesem Grund meint er, dass das Gewalthandeln von Jugendlichen eine bestimmte Interaktionsform mit der Gesellschaft sei und sie als eine mögliche Antwort oder Reaktionen auf die erfahrene Demütigung zu verstehen ist. Gewalt ist nicht nur ein Phänomen der unteren Schicht oder Klasse, es sind nicht nur diejenigen gewalttätig, die zu den sozialen Verlierern gehören, die die Schule abbrechen, die aus den zerrütteten Familien kommen oder von denjenigen die arbeitslos sind, sondern sie kommt in allen sozialen Schichten und Klassen vor. Daher müsse man *„nach dem subjektiven Sinn gewalttätigen Handelns fragen“* (ebd., S. 111).

Die meisten Jugendlichen, die Gewalt ausüben, sind in der Regel von der Teilhabe am sozialen, politischen, kulturellen und ökonomischen Leben ausgeschlossen. Insofern habe die Gewalt auch eine sozialkritische Bedeutung und würde sich gegen Herrschaft und Ausschließung wehren.

Eine andere empirische Untersuchung, die ich hier erwähnen möchte, stammt von Christian Babka von Gostomski mit dem Titel: „Gewalt als Reaktion auf Anerkennungsdefizite? Eine Analyse bei männlichen deutschen, türkischen und Aussiedler-Jugendlichen mit dem IKG-Jugendpanel 2001“ (Christian Babka von Gostomski, 2003, in Kölner Zeitschrift für Soziologie und Sozialpsychologie, Jg. 55, Heft 2, 2003, S. 253-277).

Der Autor geht in seiner Studie davon aus, dass die Gewalt unter Jugendlichen überwiegend von männlichen Jugendlichen ausgeht. In dieser Studie werden 4.213 männliche Jugendliche mit den Daten des IKG-Jugendpanels aus dem Jahr 2001 von türkischen, deutschen und Aussiedler-Jugendlichen, die die zehnte Jahrgangsstufe in Nordrhein-Westfalen besuchten, durchgeführt. Als theoretisches Erklärungsmodell wird der Fokus auf die Erklärung des Gewalthandelns gerichtet und die desintegrationstheoretischen Überlegungen des Erklärungsansatzes von Wilhelm Heitmeyer und Reimund Anhut werden zur Überprüfung herangezogen.

Den folgenden zentralen Forschungsfragen wird in dieser Studie nachgegangen:

- *„Steht das Ausmaß an Gewalt bei männlichen Jugendlichen im Zusammenhang mit ihrer ethnischen Herkunft?*
- *Bleibt der Effekt der Ethnizität bestehen, wenn desintegrationstheoretische Indikatoren für Anerkennungsdefizite der Jugendlichen berücksichtigt werden?*
- *Welche Rolle spielen Konfliktlösungskompetenzen des Jugendlichen?*
- *Welche Bedeutung hat die Einbindung in Cliquen für das Gewalthandeln von männlichen Jugendlichen?" (ebd., S. 254-255).*

Dabei werden folgende vier Hypothesen formuliert:

> *„1: Anerkennungsdefizite steigern das Risiko für das Gewalthandeln.*
> *2: Türkische und Aussiedler-Jugendliche weisen mehr Anerkennungsdefizite auf als deutsche Jugendliche.*
> *3: Bei Berücksichtigung der Anerkennungsdefizite ergibt sich daher kein Effekt der Ethnizität auf das Gewalthandeln.*
> *4: Je intensiver Jugendliche mit Desintegrationsproblemen konfrontiert sind und eine vergeltungsorientierte Konfliktlösungsstrategie wählen und/oder Mitglieder in einer hoch kohäsiven Gruppe sind, desto eher steigt die Gewaltquote." (ebd., S. 257-258).*

Die Ergebnisse dieser Studie bestätigt folgende Annahme:

a) *„Zum Effekt des Herkunftshintergrunds. Zunächst zu der Forschungsfrage, ob das Ausmaß an Gewalt bei männlichen Jugendlichen im Zusammenhang mit ihrer ethnischen Herkunft steht. Das Risiko, unter den Gewalttätern zu sein, ist bei Jugendlichen mit türkischem Herkunftshintergrund um den Faktor 1,76, also um 76 Prozent höher als bei den Jugendlichen mit deutscher Herkunft"* (ebd., S. 264).
b) Zum Einfluss von Anerkennungsdefiziten. Auch diese Annahme sei durch die Ergebnisse bestätigt, da nämlich die Ergebnisse auf Anerkennungsdefizite in verschiedenen Integrationsdimensionen hinweisen würden.
c) *„Bezüglich der sozial-strukturellen Dimension hat der besuchte Schultyp einen deutlich stärkeren Einfluss auf das Gewalthandeln als der sozioökonomische Status des Elternhauses, der über den Ausbildungsabschluss des Vaters operationalisiert wurde [...]. Im Vergleich mit Gymnasiasten haben – ceteris paribus – insbesondere Hauptschüler ein um den Faktor 2,75 erhöhtes Risiko der Täterschaft einer Gewalttat. Aber auch Real- und Ge-*

samtschüler sind in weitaus größerem Maße als Gymnasiasten unter den Tätern zu finden.

d) *Bei der Berücksichtigung von Indikatoren für die institutionelle Dimension [...] spielt die Staatsbürgerschaft in der multivarianten Betrachtung keine Rolle für die Erklärung des Gewalthandelns. Hingegen sind deutliche Einflüsse von Benachteiligungserfahrungen zu erkennen"* (ebd., S. 264-265).

Es heißt weiter in dieser Studie, dass beispielsweise türkische Jugendliche ein höheres Maß an Benachteiligungserfahrungen im alltäglichen Leben und in Bezug auf ihre Schulkarriere als deutsche Jugendliche aufweisen. Diese Faktoren würden sich aber auch bei deutschen sowie bei Aussiedler-Jugendlichen als gewaltfördernd herausstellen. Auf der Ebene der sozial-emotionalen Dimension von Defiziten und deren Einfluss auf die Integration, die über das Verhältnis der Jugendlichen zu ihren Eltern operationalisiert werden, stehen dagegen weniger stark mit dem Gewalthandeln unter Jugendlichen in Zusammenhang.

> *„Insgesamt zeigt sich aber, dass mit Anerkennungsverlusten auf verschiedenen Ebenen der Integration in die bundesrepublikanische Gesellschaft, insbesondere bei der Kumulation von Desintegrationsbelastungen, die Wahrscheinlichkeit für das Agieren mit Gewalt steigt" (ebd., S. 265).*

Diese Studie versucht auch zu klären, ob ein Zusammenhang von Konfliktlösungsstrategien und der Angehörigkeit in einer hoch kohäsive Clique besteht. Also, welchen Zusammenhang es zwischen der Mitgliedschaft in einer hochkohäsiven Clique und deren angenommene potenzierende Wirkung auf das Risiko der Gewaltausübung gibt. Die Antwort hierzu lautet: dass es kein Einfluss auf das Gewalthandeln festzustellen ist.

11.2.2. Die Bedeutung der Erwerbsarbeit für die Identität

Die Entwicklungen im Bereich der Bildung, der Ausbildung und des Arbeitsmarktes lassen die Schere zwischen Armut und Exklusion und Reichtum und Inklusion immer größer werden. Somit kommt auf eine gute Bildung, eine Ausbildung und einen sichere Arbeit eine große Bedeutung zu. Von diesen Entwicklungen sind die unteren sozialen Schichten dieser Gesellschaft und davon ein großer Teil der Migranten am meisten betroffen. Dies wird auch an den Zahlen der besuchten

Schulformen bis zu denen der Arbeitslosigkeit und der ausgeübten Tätigkeiten ersichtlich.

Die Bedeutung der Erwerbsarbeit für die Identität beschreiben Keupp u. a. so:

> *„Die Betrachtung von Arbeit – und im engeren Sinn Erwerbsarbeit – als zentralen, wenn nicht wesentlichen Stützpfeiler von Identität war ein über lange Zeit unhinterfragter Konsens der Leistungsgesellschaft. Die Entscheidung für einen den eigenen Möglichkeiten angemessenen, aber auch gesellschaftlich anerkannten Beruf, der Einstieg in eine entsprechende Ausbildung und berufliches Fortkommen sowie ein damit einhergehendes, im Laufe des Lebens allmählich wachsendes Einkommen, das einem wirtschaftliche Unabhängigkeit von den Eltern und die Möglichkeit, eine eigene Familie »zu ernähren«, sicherte, waren bislang so gut wie unverzichtbare Ingredienzien einer am männlichen Normalmodell orientierten Identität" (Keupp u. a. 199, S. 111).*

Keupp u. a. betonen, dass es immer schwieriger wird, eine Arbeit zu bekommen, aber dennoch die subjektiven Ansprüche, die auf die Erwerbstätigkeit gerichtet werden, immer höher werden und somit die Erwerbstätigkeit für die Identität umso bedeutsamer wird. Sie gehen davon aus, dass, solange die Gesellschaft sich an der Logik des Kapitals orientiert und die Erwerbsarbeit in das Zentrum der gesellschaftlichen Organisation stellt, die Erwerbsarbeit eine wesentliche Schnittstelle für das Beteiligen und Mitgestalten an der Gesellschaft bleiben wird. Somit werde die Erwerbsarbeit von den meisten jungen Erwachsenen als die Eintrittskarte in die Gesellschaft gesehen.

Für einen großen Teil der Migranten sieht die Lage oft umso düsterer aus. Inzwischen ist es so weit gekommen, dass türkeistämmige oder auch andere Migranten aus bestimmten Stadtteilen in den Ballungszentren die gesellschaftliche Segregation erfahren, wenn sie sich auf die vorhandenen Ausbildungsplätze oder Arbeitsstellen bewerben. Wenn die Merkmale wie das Geschlecht, die religiöse, die nationale und die Stadtteilzugehörigkeit zusammenkommen, dann werden diese zu kaum überwindbaren Barrieren bei der gesellschaftlichen Eingliederung. Dies führt zu einer steigenden Kluft zwischen den Zugewanderten und den Einheimischen. Die sozialen Folgen dieser Entwicklung, so Yazıcı, werden in der Fachliteratur unter dem Schlagwort „Exklusion" thematisiert.

> *„Damit ist über die Tatsache der materiellen Ungleichheit hinaus eine mangelnde gesellschaftliche Integration der Betroffenen in verschiede-*

nen Bereichen wie Bildung, Kultur und Politik gemeint" (Yazıcı, 2011, S. 155).

Von dieser Exklusionspolitk sind Kinder und Jugendliche, die sich zum einen noch in einer Entwicklungsphase befinden, zum anderen eine Zukunft in diesen Verhältnissen gestalten müssen, in einem besonderen Maße betroffen. Bezüglich der Bedeutung der Arbeit für die türkeistämmigen Jugendlichen schreibt Yazıcı:

> *„Die Bedeutung für ihr doing gender entspricht schließlich gesellschaftlichen Vorgaben. Wer nicht arbeitet, kann nicht versorgen. Wer nicht versorgen kann, ist nicht heiratsfähig: Finden sie keinen guten Arbeitsplatz, laufen sie Gefahr, von der Gesellschaft nicht respektiert zu werden. Noch gravierender ist jedoch, dass dies auf gesellschaftlicher Ebene als Männlichkeitskrise aufgefasst wird, die nach King nicht selten »zu entsprechend kompensatorischen Inszenierungen von Männlichkeitsklischees führt«" (Yazıcı, 2011, S. 156).*

11.2.3. Peergroups und deren Rolle bei der Identitätsentwicklung

> *„Mit türkischen Freunden reden wir über alles, ohne irgendwelche Hemmungen zu haben. Aber bei deutschen Freunden geniere ich mich, ihnen gegenüber meine innersten Gefühle zu zeigen. Ich bin darüber sehr froh, dass ich solche Freunde habe, mit denen ich über intime Probleme reden kann."(Sinan, 19 Jahre alt) (aus: Atabay, 2001, zweite Auflage, S. 68).*

Ich bin davon ausgegangen, dass ein Teil der türkeistämmigen Jugendlichen zwar Beziehungen zu deutschen Gleichaltrigen pflegt und oft mit ihnen feiert, spielt und einiges unternimmt. Aber es entstehen dadurch keine tiefen, verbindenden Freundschaften. Das bedeutet nicht, dass sie die gleichaltrigen deutschen Jugendlichen ablehnen, sondern sie neigen eher dazu, tiefe Freundschaften mit Jugendlichen aus ihrem Kulturkreis oder aus anderen Kulturkreisen, die über die gleiche Erfahrung verfügen, pflegen.

Wichtige Gründe hierfür sind:

- Ethnische Peergroups bieten für ihre Mitglieder einen Raum, in dem sie sich gleichberechtigt fühlen können.
- Aufgrund der ähnlichen Erfahrungen ihrer einzelnen Mitglieder haben sie einen gemeinsamen sozialen und kulturellen Hintergrund, der es ihnen erleichtert, einander zu verstehen.
- Aufgrund dieses gemeinsamen Hintergrunds können sie in der „nationalen" Gleichaltrigengruppe gemeinsame Strategien entwickeln, um sich in der hiesigen Gesellschaft und zu Hause zurechtzufinden und um die Probleme zu bewältigen, mit denen sie hier konfrontiert sind.
- Die „nationale" Gleichaltrigengruppe spielt ebenfalls eine vermittelnde Rolle zwischen zwei oder mehreren Kulturen. Sie kann auch bei der neuen kulturellen Identitätsbildung helfen.
- Da in die „nationale" Gleichaltrigengruppe auch die mit deutschen Gleichaltrigen gemachten Erfahrungen fließen, kann sie ein Ort sein, in dem viele Verhaltensweisen, Normen und Werte der beiden Kulturen verarbeitet, evtl. verworfen oder aber auch übernommen werden, die in ihre eigene Wirklichkeit passen. Deshalb kann unter Umständen die Gruppe der Gleichaltrigen eine Alternative zur Schule, Familie und Arbeit werden (Vgl. Kirpi Sep. 90, Nr. 6, S. 41-45).

Die Lebensbedingungen vieler türkeistämmigen Jugendlichen, vor allem aus dieser Gruppe, von der in diesem Kapitel die Rede ist, sind gekennzeichnet von der Angst und der Unsicherheit vor Ausweisung (mit der Nominierung des neuen Ausländergesetzes auch noch die Angst, bespitzelt zu werden), der Benachteiligung in der Schule, der Chancenungleichheit auf dem Lehrstellen- und Arbeitsmarkt, der ständigen Diskriminierung und vom Ausgeschlossensein von der Partizipation am gesellschaftlichen Leben usw. Die Jugendlichen verlieren ihr allgemeines Vertrauen in diese Gesellschaft.

Nicht zu leugnen wären die negativen und „integrationshindernden" Seiten der ethnischen Peergroups. In diesem Kontext müssen die Zusammensetzungen genau analysiert werden. Es ist leicht erklärbar, dass Jugendliche „negativ" beeinflusst werden können, wenn sie sich beispielsweise mit Jugendlichen aus der eigenen Ethnie zusammentun, die sich ausschließlich mit denjenigen treffen, die geneigt sind, gewalttätig zu sein, oder die im Drogenmilieu stecken. Diese wäre aber auch nicht nur migrantenspezifisch. Andere Folgen, die in diesem Kontext vorkommen können, habe ich in diesem Kapitel bereits in anderen Zusammenhängen dargestellt.

Zu diesem Themenbereich liegen inzwischen auch empirische Studien vor. Eine der Studien kommt von Reinders und Varadi (2008) mit dem Titel: „Individuationsprozesse und interethnische Freundschaften bei Jugendlichen türkischer Herkunft“. Untersucht wird mit den Worten der Autoren Folgendes:

> *„Am Beispiel türkischer Jugendlicher wird in der vorliegenden Studie untersucht, welche Zusammenhänge zwischen Freundschaften zu deutschen Jugendlichen und dem Individuationsprozess dieser Jugendlichen bestehen. Theoretisch wird die Individuationstheorie herangezogen und um Annahmen zu Auswirkungen interethnischer Freundschaften auf den Ablöseprozess von Migrantenjugendlichen ergänzt“ (ebd., S. 312).*

Das daraus entwickelte „kulturinformierte Individuationsmodell“ wird als Heuristik für Daten von 449 Jugendlichen türkischer Herkunft im Alter von 12 bis 17 Jahren genutzt. An der Befragung im Klassenverband mittels standardisierter Fragebögen nahmen insgesamt 449 Jugendliche türkischer Herkunft im Alter von 12 bis 17 Jahren teil (45,2 Prozent Mädchen; MAlter = 14,1; SDAlter = 1,17).

Die Befunde zeigen, dass Freundschaften zu deutschen Jugendlichen veränderte Autonomievorstellungen türkischer Jugendlicher mit sich bringen. Gleichzeitig deuten die Befunde an, dass aus interethnischen Freundschaften keine bedeutsam höhere Konfliktrate zwischen Eltern und Jugendlichen abgeleitet werden kann (Heinz Reinders & Enikö Varadi, 2008, in ZfE, 2, S. 312 und S. 317).

Reinders und Varadi resümieren, dass die bisherige Forschung einen sehr starken Zusammenhang zwischen interethnischen Freundschaften von Migranten, dem Ausmaß familialer Konflikte und dem Zusammenhalt in der Familie feststellt.

> *„Die jeweils separaten Ergebnisse legen es nahe, auf der Basis einer theoretischen Integration zu prüfen, ob Freundschaften zu Jugendlichen der Mehrheitsgesellschaft das Konfliktpotenzial in der Familie erhöhen und in der Folge zu einer Beeinträchtigung des Familienzusammenhalts führen“(ebd., S. 314).*

Als eine Gesamtschlussfolgerung im Ergebnis der Studie stellen sie fest:

> *„Insgesamt deutet das Modell jedoch an, dass interethnische Freundschaften bei Jugendlichen türkischer Herkunft mit höheren Autonomiebestrebungen einhergehen und tendenziell einen Einfluss auf die von Jugendlichen für sich reklamierte Autonomie besitzen, die ihrerseits in schwachem Maße vermehrte Konflikte mit den Eltern mit sich bringt.*

Als protektiver Faktor für die Verbundenheit erweist sich die sozio-emotionale Kontrolle der Eltern. Die von den Jugendlichen türkischer Herkunft berichtete Verbundenheit ist schließlich eng an den erlebten familialen Zusammenhalt gekoppelt" (ebd., S. 321).

11.2.4. Mögliche Auswege aus dem Dilemma der Gewalt: durch Prävention und Intervention?

Es gibt zahlreiche Handreichungen, Veröffentlichungen, Ausbildungsgänge und Programme, wie man in der pädagogischen Arbeit mit Familien, Kindern und Jugendlichen, die Gewalt erfahren haben, die gewalttätig sind, entweder Opfer oder Täter sind, arbeiten kann. Auch bezüglich von Migranten gibt es zahlreiche Versuche, die auf die pädagogische Arbeit einwirken wollen. Von Antiaggressionskursen bis zu Frühfödermaßnahmen, Skills u. v. a. m.

Ich gehe davon aus, dass die Ausübung von Gewalt nicht spezifisch für eine bestimmte Kultur, Religion, Schicht, Klasse oder Herkunft ist. Dennoch existieren vielschichtige Gründe, warum Eltern bei der Erziehung ihrer Kinder zu Gewalt greifen. In dieser Arbeit wurden auch sehr ausführlich die möglichen Gründe bei türkeistämmigen Migranten dargestellt. Ich möchte dennoch einige Dinge hervorheben, die ich in der pädagogischen Arbeit mit diesen Menschen für sehr wichtig halte. Ein wichtiger Aspekt im pädagogischen Alltag in der Arbeit mit Migrantenfamilien ist es auch, dass der Blick nicht nur auf die negativen, fehlenden und defizitären Seiten gelenkt wird, sondern darauf, welche Ressourcen und welche Resilienzfaktoren Migrantenjugendliche und Migrantenfamilien haben, die ihnen bei gewaltförmigen Situationen von Nutzen sein können. Uslucan beispielsweise hebt in seine Arbeiten hervor, dass Gewalt und Aggression von Kindern und Jugendlichen als *„ein dynamisches Zusammenspiel von Risiken und den ihnen entgegenstehenden Ressourcen"* (ebd., S. 16) zu sehen ist. Die Interventionsprogramme müssen vor allem effektiv sein, sie müssen fordern und fördern.

> *„Generell sind Interventionsprogramme dann effektiv, wenn es sich bei ihnen um gezielte pädagogische Hilfen für eine bestimmte Risikogruppe handelt und sie mit Blick auf delinquente Entwicklungen möglichst im frühen Kindesalter einsetzen. Darüber hinaus ist, was die Gewaltprävention betrifft – ähnlich der Unterscheidung in der Kriminologie – auf Präventionsmaßnahmen, die gewaltunspezifisch sind, wie etwa die Verbesserung der sozialen Bedingungen von Migranten, die Verbesserung*

der Erziehungskompetenz der Eltern etc. und der spezifisch problemorientierten, direkt gewaltrelevanten Aspekte, bspw. direktes Training von sozialen Kompetenzen, Interventionen der Normverdeutlichung etc., hinzuweisen. Wenngleich der Beitrag unspezifischer Maßnahmen zur Prävention von Gewalt vielleicht geringer ist und auch nicht immer unmittelbar, quasi in einem experimentalpsychologischen Design messbar ist, so haben diese dennoch eine hohe Bedeutung für die Sozialisation von Kindern und Jugendlichen" (ebd., S. 16).

- An erster Stelle möchte ich die Bedeutung der Präventions- und Interventionsansätze in der pädagogischen Arbeit hervorheben. Gemeint ist damit zum einen die Verbesserung der Erziehungsqualität der Eltern und zum anderen, die Kinder zu Selbstwirksamkeit und zu einem Gefühl der Kontrolle über das eigene Leben zu befähigen (Vgl. ebd.). Nach Uslucan kann dies auch

  „durch einen systematischen Einbezug des Kindes in Entscheidungsprozesse und durch die Verantwortungsübernahme des Kindes gefördert werden. Hier gilt es bspw., Migranteneltern die Bedeutung des Einbezuges eines Kindes in familiale Entscheidungsprozesse zu verdeutlichen und bei ihnen die zum Teil vorherrschende traditionelle Haltung »Es ist doch noch ein Kind« bzw. die stark ausgeprägte permissive Erziehung sowie die geringe Selbstständigkeitserwartung in der frühen Kindheit mit Hinblick auf dessen nonoptimale Folgen für das Kind zu thematisieren und langfristig zu überwinden" (ebd., S. 17).

  Die Erfahrungen vieler Kollegen, die in diesen Bereichen tätig sind, zeigen uns, dass viele Migrantenfamilien für derartige Maßnahmen sehr offen und aufgeschlossen sind. Diese Angebote müssten in der Regel personengebunden, in der Muttersprache und niedrigschwellig sein. Meine persönliche Erfahrung in diesem Bereich ist, dass es sinnvoll sein kann, wenn bspw. türkischsprachige und deutschsprachige Kollegen gemeinsam derartige Angebote anbieten und durchführen würden. Es ist zwar zeitaufwendig und kostspielig, aber die Effizienz und die Lerneffekte sind umso reicher und bedeutender.
- Eine andere Erfahrung ist es, sowohl in Beratungskontexten, in Gruppenarbeiten, in Projektarbeiten, Vorträgen und Seminaren mit Familien, den Zusammenhang der hohen Bildungsaspirationen der Eltern an ihre Kinder und den der Kinder an sich selbst direkt in Kombination mit gewaltfreier Erzie-

hung zu stellen. Die Erfahrung zeigt, wie auch in diesem Text aus den Forschungsergebnissen berichtet wird, dass Kinder vielfach durch die hohen Bildungsaspirationen überfordert werden. Welche Folgen diese Art von Erwartungsüberforderung haben kann, wird in diesen Kontexten mit den Eltern und Erziehungsberechtigten thematisiert. Dazu Uslucan:

> *„Wenn Kinder und Jugendliche mit Migrationshintergrund vielfach Hoffnungsträger der gescheiterten Bildungs- bzw. Berufskarriere der Eltern sind und Eltern mit diesen hohen Aspirationen die Kinder überfordern, dann sollte die Verbindung von Erziehung und Schule bzw. Schulleistungen des Kindes thematisiert werden und Migranteneltern eindringlich aufgezeigt werden, dass geschlagene Kinder häufiger auch in ihren schulischen Leistungen beeinträchtigt werden und Gewalt in der Erziehung nicht zu einer schulischen Verbesserung des Kindes führt. Dadurch wird das Risiko, dass dieses Kind in weitere Gewalthandlungen verwickelt wird, reduziert." (ebd., S. 17).*

- In den Maßnahmen, sei es Beratung, Projekte, Gruppenarbeit, Vorträge usw., sollte an dem von vielen der türkeistämmigen Eltern für sehr wichtig geltenden Erziehungsziel „dass das Kind für die Gesellschaft ein nützlicher Mensch werden soll" angeknüpft werden. Es soll ihnen in diesen Kontexten vermittelt und verdeutlicht werden,

  > *„dass gerade eine strafende Erziehung, die Angst des Kindes vor Schlägen, eher zur Ausbildung einer verschüchterten, antisozialen Persönlichkeit führt und Potenziale des Kindes erstickt. Was die hiesige Gesellschaft braucht, sind selbstbewusste, kreative Menschen. Durch Ausbildung von eher gehorsamen, autoritären Kindern hemmen sie ihre Entwicklungschancen in Schule und Beruf" (ebd., S. 17).*

- Es werden seit einigen Jahren zahlreiche verschiedene Projekte in verschiedenen Bundesländern und in den Städten in unterschiedlichen Kontexten durchgeführt. In München gibt es Projekte wie „Hippy" von der Stadt München, „Eltern macht Schule" (AWO-München), „Starke Eltern – Starke Kinder" (Kinderschutzbund in München), Açilim (AKA-Haidhausen e.V. München), präventive Arbeit mit Migrantenfamilien (gefördert durch die Stadt München), „Rucksackprojekte" u. v. m. All diese Projekte haben die Förderung von Eltern, Kindern und Jugendlichen aus Zuwandererfamilien zum Ziel. Diese und ähnliche Projekte sind sinnvoll und notwendig für alle Familien, aber insbesondere für Migrantenfamilien. Die Maßnahmen müssten zu Regeleinrichtungen werden und ihre Ressourcen wie die Personalausstattung und die finanziellen Möglichkeiten müssten verstärkt werden, um sie weiterhin durchführen und notwendige Materialien entwickeln zu können.

- Aus der Bindungsforschung geht hervor, und auch die Fachwelt ist sich in dieser Hinsicht darüber einig, dass eine sichere Bindung zwischen den Kindern und ihren Eltern im frühen Alter für die Kinder und Jugendlichen eine bedeutsame Entwicklungsressource ist. Aus diesem Grund müsste in der Arbeit mit Migrantenfamilien die Bedeutung einer sicheren Bindung für die Entwicklung ihrer Kinder in Frühföderstellen, Kinderkrippen, Kindergärten, Erziehungs- und Familienberatungsstellen, Jugendämtern usw. stärker vermittelt werden. All die Erfahrungen der Fachkollegen, die in diesen Bereichen tätig sind, bestätigen, dass vielen Migranteneltern „das notwendige Wissen um Entwicklungsgesetzlichkeiten, das Entwicklungstempo und sensible Phasen in der Entwicklung des Kindes" fehlt.

  „Denn die Auswirkungen unsicherer Bindung bleiben nicht auf die Kindheit begrenzt, sondern sind auch in der Jugendphase wirksam. Unsicher gebundene Jugendliche zeigen weniger Ich-Flexibilität, negatives Selbstkonzept, stärkere Hilflosigkeit und Feindseligkeit. Dagegen ist eine sichere Bindung im Kindesalter nicht nur eine emotional bedeutsame Ressource, sondern auch ein Entfaltungspotenzial für kognitive Ressourcen; sicher gebundene Kinder explorieren ihre Umgebung besser und zeigen höhere intellektuelle Leistungen. Auch sollte hierbei die Bindung der Eltern zu den eigenen Eltern thematisiert werden, um eventuelle Muster abträglicher Eltern-Kind-Beziehungen transparent zu machen, bspw. die erlebte Gewalt/Zuwendung der Eltern während ihrer eigenen Kindheit" (ebd., S. 18).

- Präventionsarbeit als eine Querschnittsaufgabe sollte in allen Einrichtungen wie Kinderkrippen, Kindergärten, Horten, Schulen, Sportvereinen etc. seinen Platz und Raum bekommen. Es soll hierbei nicht nur ausschließlich um Migrantenfamilien gehen, sondern alle Kinder, Jugendlichen und Familien sollten miteinbezogenen werden. In den Schulen wird das Gesicht der Gewaltbelastungen am deutlichsten durch das Verhalten und die Schulleistungen der Kinder und Jugendlichen sichtbar. Aus diesem Grund teile ich die Ansichten von Uslucan, wenn er schreibt, dass Gewaltprävention zu den eminent bedeutsamen pädagogischen Aufgaben der Schule gehört.

„Nicht nur Migrantenjugendliche, sondern auch deutsche Jugendliche, die mit Gewaltbelastungen auffallen, weisen in der Regel gleichzeitig auch schlechte Schulleistungen auf. Hier ist es, an die Befunde der pädagogischen Psychologie anknüpfend, ratsam, die Leistungen von Migrantenjugendlichen nicht nur an einer sozialen Bezugsnorm – meistens die gleichaltrige deutsche Altersgruppe in der Klasse – zu messen. Denn dann spüren sie, dass sie trotz Anstrengungen vielfach nicht die erforderlichen Leistungen bringen und sind eher geneigt, zu resignieren. Förderlicher scheint es dagegen, die individuellen Entwicklungsschritte und Verbesserungen zu berücksichtigen und diese dann zu würdigen, d. h. dem Jugendlichen zeigen, wie er sich durch eigene Anstrengung auch verbessern kann" (ebd., S. 18-19).

Nach Uslucan bietet sich die Schule als Institution auch durch die Gestaltung des Unterrichtes, z. B. durch die

„direkte Thematisierung von Gewalt und Gewaltfolgen im Unterricht an. Stärker handlungsorientierte Formen des Unterrichts (und nicht nur Frontalunterricht) haben sich als gewaltpräventiv erwiesen. Diese beziehen die Jugendlichen stärker ein, ermöglichen ihnen dadurch Partizipation, und infolgedessen sind Jugendliche weniger mit Ohnmachtserfahrungen in der Schule konfrontiert. Diesen Zusammenhang gilt es von frühester Schulzeit insbesondere für Jugendliche mit Migrationshintergrund zu nutzen, damit sie in der Schule nicht nur Versagenserfahrungen machen, die sie dann mit Dominanz und Gewalt zu kompensieren versuchen, sondern auch eigene persönliche Stärken zur Geltung kommen lassen können. Auch ist pädagogisch zu raten, Migrantenjugendliche noch stärker in verantwortungsvolle Positionen – ungeachtet möglicherweise ihrer geringeren sprachlichen Kompetenzen – einzubinden. Dann können sie sich stärker mit der Aufgabe identifizieren, die inneren Bindungen zur Schule werden gestärkt, und sie machen dadurch Erfahrungen der Nützlichkeit und der Selbstwirksamkeit. Ferner hat auch ein positives Schulklima eine fördernde und schützende Wirkung, und zwar insbesondere dann, wenn eine gute Beziehung zum Lehrer vorhanden ist, den die Schüler als an ihnen interessiert und sie herausfordernd wahrnehmen. Dadurch wird dem Einzelnen das Gefühl von Wichtigkeit, Bedeutung und Anerkennung gegeben" (ebd., S. 18-19).

- Auch die verschiedenen Projekte, die in vielen Städten und Bundesländern durchgeführt und erprobt worden sind, scheinen eine wichtige Rolle bei der Gewaltprävention zu spielen. Hier sind beispielsweise das Miteinbeziehen von bekannten und erfolgreichen Fußballspielern oder Persönlichkeiten bei bestimmten Projekten und Aktionen zu nennen. Ein sehr gutes Beispiel wäre hierfür das Straßenfußballprojekt in München „Bunt kickt gut" oder die von der Münchner Polizei entwickelten Projekte für die Grundschulen „Aufgschaut" und für die Haupt- und anderen Schulen „Zammgrauft" sowie das Projekt „Faustlos". Wie von Uslucan berichtet gibt es auch Schulprojekte wie „Großer Bruder", „Große Schwester", wie sie exemplarisch vom deutschtürkischen Forum in Stuttgart durchgeführt werden (unter der türkischen Bezeichnung „Ağabey-Abla-Projekt"), bei denen kompetente ältere Jugendliche Risikokindern, wie etwa Kindern aus chaotischen, ungeordneten Elternhäusern, Elternhäusern mit psychischer Erkrankung der Eltern etc., zugeordnet werden und Teilverantwortungen für sie übernehmen.

  „Diese »Brüder« oder »Schwestern« werden – im Gegensatz zu den Eltern, die in diesen Konstellationen nicht als Vorbilder taugen – zu positiven Rollenvorbildern und können wünschenswerte Entwicklungen stimulieren" (ebd., S. 19-20).
- Als eine andere Möglichkeit und ein weiterer Weg zur Prävention ist auf der Stadtteilebene oder der Ebene der sozialen Gemeinde zu nennen. Eine gut vernetzter und von Infrastrukturen bis Sozialstrukturen gut versorgter Stadtteil oder eine Gemeinde sind vorbereitet auf die möglichen Fehlentwicklungen. Mit einer guten Versorgung ist gemeint, dass eine Gemeinde/ein Stadtteil z. B. für Kinder, Jugendliche, Familien, alte Menschen, d. h. für alle, die in der Gemeinde/im Stadtteil leben, ihren Bedürfnissen entsprechende Einrichtungen und öffentliche Plätze zur Verfügung stellt. Also Orte, in denen die Bewohner einer Gemeinde/eines Stadtteils ihre kulturellen, sozialen, psychosozialen, kulinarischen bis sportlichen u. v. m. Bedürfnisse stillen können und sich begegnen und an Veranstaltungen teilnehmen/teilhaben können. Also Orte, an denen sich sowohl Deutsche als auch Migranten selbst darstellen können. Auch Orte, an denen sich für Menschen, denen viele öffentliche Räume nicht ohne Weiteres zugänglich sind, kulturelle Rückzugsmöglichkeiten bieten. Diese wirken sowohl integrierend als auch gewalthemmend.
- Es gibt eine gelebte Partizipation, wenn bei den Entscheidungen, die für die Gemeinde/den Stadtteil wichtig sind, auch Migranten mit all ihren Strukturen beteiligt werden. Wie wird mit dem Thema Rassismus, Diskriminierung

und Ausgrenzungen umgegangen und wie sehen die Handlungs- und Problemlösestrategien aus. Wie sind die Jugendbeamten der Polizei oder das Ordnungspersonal auf mögliche Konfliktsituationen vorbereitet? Sind die vorhandenen Einrichtungen in der Gemeinde/im Stadtteil gut miteinander vernetzt, sodass sie bei Vorkommnissen gemeinsam auf diese reagieren können? Sind vor allem Einrichtungen, Vereine, Migrantenselbstorganisationen in diesen Strukturen vernetzt. Es scheint überhaupt nicht förderlich für das friedliche Zusammenleben zu sein, wenn die diskriminierenden, rassistischen sowie vorurteilsbeladenen Praktiken stillschweigend hingenommen werden und sie nicht durch eine klare Haltung abgelehnt und bekämpft werden. Dies muss die gemeinsame Haltung der Gemeinde/des Stadtteils werden. Es trägt nicht zum friedlichen Zusammenleben bei,

> *„wenn der öffentliche Diskurs um Migration und Männlichkeit nur in einer Assoziation mit Ehrenmorden, religiösem Fanatismus und Jugendgewalt durchgeführt wird, Ängste vor einer angeblichen »Überfremdung« geschürt werden, dann werden bestimmte Bilder verfestigt und alle anderen Lebensrealitäten und (erfolgreiche, gelungene) Migrationsgeschichten ausgeblendet. Wenn bestimmte Personengruppen stets die Erfahrung machen, dass sie zu den »Ausgestoßenen« zählen, dass sie unerwünscht sind, dann kann das kaum zu einer Veränderung der missbilligten Situation beitragen, weil sie ihrerseits als »Ausgestoßene« keinen zwingenden Grund sehen, sich zu ändern. Eher wird durch Vorurteile das Risiko der Viktimisierung von abgewerteten Gruppen erhöht, was in Folge auch deren Gewalthandeln anstachelt. Gleichwohl die Interventionen für ein vorurteilsloses, nichtdiskriminierendes Miteinander von Mehrheiten und Migranten direkt für die Gewaltprävention gering sein mag, so ist sie doch als ein öffentliches Signal bedeutsam, damit latenten Rassismen keine Chance gegeben wird, bzw. Ansichten nicht bekräftigt werden, die Vorurteile und Ressentiments gegenüber Migranten andeuten oder offen aussprechen. Auch scheint für die soziale bzw. pädagogische/therapeutische Arbeit kontraproduktiv zu sein, wenn eine Vorstellung von Kultur als Denkgerüst dominiert, die das Verhältnis von Individuen zu ihren Zugehörigkeiten als ein Marionettenverhältnis konstruiert und die Eigenbewegung, die Eigendynamik und die Widerständigkeit von Subjekten nicht thematisiert, d. h. nicht berücksichtigt, dass Menschen auch explizit*

gegen ihre kulturellen Vorgaben agieren können, mit der Folge der Zementierung der Differenz.“ (ebd., S. 20).

- Werden bspw. bei der Zusammensetzung der Entscheidungen Aspekte wie Geschlecht, Ethnie, Schicht, Nationalität, sexuelle Orientierung etc. mitberücksichtigt? Sind diese Entscheidungen von der Idee der Partizipation mitbeeinflusst, um keiner falschen Homogenisierung zu erliegen und um bei der Versorgung des Stadtteils bzw. der Gemeinde dementsprechend vor Augen zu führen. Generell wird gefordert, dass eine differenzierte Betrachtungsweise vorherrschen sollte statt einer homogenisierenden. Ich habe in dieser Arbeit immer wieder darauf hingewiesen, dass vor allem in der psychosozialen Arbeit Menschen nicht aufgrund ihrer Zugehörigkeit zu einer Klasse, einem Geschlecht, einer Kultur, einer Religion abgestempelt werden sollen.

  „Nur genaue Kenntnisse über die konkreten Menschen, über ihre Lebenslage und Situation, über ihre subjektiven Begründungsmuster erlauben Ableitungen aus den Makrostrukturen; hingegen sagen allgemeine Merkmale noch nichts über die besonderen Verhältnisse des Individuums, seine Möglichkeiten und seine Behinderungen aus. Durch diese Differenzierungen im pädagogischen Alltag kann ein Stück weit der tendenziell vorurteilsbehafteten Kulturalisierung entgegengewirkt werden“ (ebd., S. 21).

- Bezüglich des Suchverhaltens von Kindern und Jugendlichen sprechen auch bei Erwachsenen Befunde davon, dass die Population bei Migranten sehr hoch sei. Dies müsste ein Anlass sein, auch zu diesen Themenbereichen mit Migrantenfamilien im Bereich der Frühprävention aktiv zu werden. Die bereits vorhandenen Konzepte, Projekte und dazugehörigen Angebote müssten flächendeckend auch für Migrantenfamilien angeboten werden. Dies sollte auch möglichst in den Gemeinden bzw. Stadtteilen mit niedrigschwelliger Angebotsstruktur geschehen.

Ein wesentliches Ziel der Projekte, Elternkurse, Seminare und der Frühpräventionsarbeit ist es, den Eltern die oben aufgezählten Folgen einer Bindungsstörung zu vermitteln.

- In der Arbeit der Frühprävention, aber auch ganz allgemein in der Arbeit mit Familien, Kindern und Jugendlichen, ist es unerlässlich, dass dort auch die Verstärkung des Rechtsbewusstseins sowie die Verdeutlichung der Normen zum Thema gemacht werden.

„Rechtsnormen sind, ebenso wie Sitten und Bräuche, Verhaltenserwartungen, die menschliches Miteinander regeln. Im Gegensatz zu Sitte und Konvention implizieren aber Rechtsnormen durch eine Zentralmacht (Staat) einklagbare Sanktionen gegenüber Personen, die das von ihnen erwartete Verhalten nicht befolgen, während der Verstoß gegen Sitte und Konvention eher eine soziale Sanktion (Missachtung, Ausschluss aus der Gruppe, Sympathieentzug etc.) nach sich zieht. Während das Befolgen von moralischen Geboten einen hohen Ich-Bezug über die gesamte Lebensspanne hat und die Regeln weitgehend auf einem Einverständnis der Betroffenen basieren, gründet sich das Einhalten von Rechtsregeln, der Rechtsgehorsam, hingegen auf der Vereinbarung der Rechtsgemeinschaft, generell Gesetz und Recht zu folgen" (ebd., S. 22).

Ausgerechnet diese jungen Menschen, die sich, sofern sie nicht über die deutsche Staatsangehörigkeit verfügen, mit den vielfältigen Problemen, die eine Suchterkrankung oder gewalttätiges Handeln mit sich bringen, konfrontiert sehen, müssen sich zusätzlich mit dem derzeit geltenden Ausländergesetz auseinandersetzen. Ihr Aufenthaltsstatus ist durch die möglichen Begleitumstände der Gewalttätigkeit, der Straffälligkeit oder Sucht, zum Beispiel weil sie sozialhilfebedürftig werden, gefährdet. So kann eine Aufenthaltsgenehmigung oder deren Verlängerung untersagt oder eine Ausweisung angeordnet werden. Dies wiederum hat schwerwiegende Konsequenzen für die Behandlung der straffälligen und abhängigen Migranten.

11.3. Die Patchwork-Identität als Erklärungsmodell für Migrantenjugendliche

Viele Migrantenjugendliche machen die Erfahrung, dass sie als eine verlorene Generation betrachtet werden. Sie werden oft bemitleidet. Vor allem Mädchen werden als leidtragende Opfer der Migration und des Lebens zwischen zwei Kulturen gesehen. Auch viele Wissenschaftler waren und sind immer noch eifrig dabei, zu diesem Bild beizutragen. Wirft man einen Blick in die bisherigen Veröffentlichungen, so wird deutlich, dass die Diskussion, insbesondere über die kulturelle Identität der Migrantenjugendlichen, sehr einseitig geführt wurde und wird. In den meisten Publikationen ist von einem „Kulturschock" die Rede, verursacht durch das Leben zwischen zwei Kulturen. Diese Herangehensweise produziert von Migrantenjugendlichen das Bild des handlungsunfähigen, nicht autonomen und nicht souveränen Subjekts. Die „Kulturkonflikttheorie" führt oft dazu, dass die Orientierungsschwierigkeiten der Migrantenjugendlichen vom Aufeinanderprallen der Kulturen hergeleitet werden, und nicht beispielsweise auch von den sozialen, rechtlichen und soziokulturellen Benachteiligungen. Auernheimer weist zu Recht darauf hin und meint:

> *„kulturelle Identität begünstigt pädagogische Bequemlichkeit, dient allzu leicht der Rechtfertigung mangelhafter Bildungsprogramme und bestärkt die Tendenz zur Problemparzellierung und zu einer problematischen Arbeitsteilung [...]"(Auernheimer, 1988, S. 9).*

Es kann generell davon ausgegangen werden, dass alle Kinder und Jugendlichen in vielen Gesellschaften und die Migrantenkinder und -jugendlichen in Deutschland ohnehin mindestens in drei verschiedenen Kulturen aufwachsen:

- Die Kultur ihrer Elternhauses: Selbst hier kann es durchaus möglich sein, dass die Eltern vieler Kinder und Jugendlichen unterschiedlicher ethnischer Herkunft sind. Beispielsweise kann ein Elternteil kurdisch-alevitisch und der andere Elternteil türkisch-sunnitisch sein. Somit ist es durchaus möglich, dass die türkeistämmigen Kinder und Jugendlichen bereits in der eigenen Familie für die „Verschiedenheit" sensibilisiert sind.
- Die Kultur der Gleichaltrigen: Die Erfahrung zeigt, dass ein Großteil von Kindern und Jugendlichen auch wegen bestimmter struktureller Vorgaben wie durch den Besuch eines Kindergartens, einer Schule und einer Berufsausbildung mit Kindern und Jugendlichen unterschiedlichster Ethnie und Herkunft zusammenkommt. Somit haben sie auch die Möglichkeiten, aus dieser Vielfalt heraus etwas zu lernen. So berichten gerade die Jugendlichen, die ich zu dieser Gruppe zähle, dass sich ihre Freundschaften aus dieser Mischung zusammensetzen.
- Die Kultur des Landes, in dem sie geboren wurden und aufwachsen: Auch die kulturelle Vielfalt, die diesen Kindern und Jugendlichen zur Verfügung steht, bildet ein kulturelles Reservoir. Vor allem die dominanten Kulturen, können sich, je nach dem Ort, an dem sich diese Kinder und Jugendlichen befinden, auch ändern. Zu Hause kann die dominante Kultur beispielsweise die türkische Kultur sein, in der Schule die deutsche und im Freundeskreis eine Mischung von allen bzw. die aktuelle Jugendkultur.

Von meinen Interviewpartnern, die ich zu dieser Gruppe zähle, habe ich vermittelt bekommen, dass sie sich im Vergleich zu ihren Eltern sowie zu den deutschen

Gleichaltrigen von vielen Dingen verabschieden oder eine vollkommen andere Position eingenommen haben. Die jungen Frauen und auch die jungen Männer verdeutlichten mir, dass sie in den Bereichen Religion, Ehre, Freundschaften, Erziehung, Beziehung, Keuschheit u. v. m. schon längst eine andere Position beziehen. Zu den jeweiligen Themen haben sie eine eigene Meinung, die sicherlich auch von einem Teil der deutschen Gleichaltrigen und anderen internationalen Gleichaltrigen geteilt wird.

Ich möchte nicht bestreiten, dass ein Teil der Migrantenjugendlichen „Identitätsprobleme" hat. Wenn man bedenkt, dass ein erfolgreicher Schulabschluss und eine berufliche Ausbildung positive Auswirkungen auf das Selbstbild, das Selbstbewusstsein, das Selbstwertgefühl und auf das Autonomiegefühl haben, dann sind die realen Aussichten aufgrund eines fehlenden adäquaten Schulsystems für viele Migrantenkinder- und jugendliche von vornherein zum Scheitern verurteilt. Dazu kommen noch Probleme wie die Zukunftsplanung, rechtliche Bestimmungen, der Rassismus und die Diskriminierung u. a. m. Während viele Migrantenjugendliche aus den oben genannten und anderen nicht genannten Gründen an verschiedenen psychischen Problemen leiden, entwickeln viele von ihnen trotz dieser Schwierigkeiten Überlebens- und Bewältigungsstrategien, die eine gesunde Identitätsentwicklung ermöglichen.

Ohne Zweifel haben Jugendliche Probleme, sei es zu Hause, in der Schule oder in der Arbeit. Viele von ihnen kommen mit den Vorstellungen und Erwartungen ihrer Eltern, Lehrer usw. nicht zurecht. Ünsal formuliert die Situation vieler Migrantenjugendlicher folgendermaßen sehr zutreffend:

> *„Wir haben den Generationskonflikt gleich doppelt erlebt; einmal mit den eigenen Eltern, andererseits mit der Elterngeneration der Deutschen. Wir versuchten, diese verschiedenen Erwartungen miteinander zu kompensieren. Nicht nur unsere Eltern haben es uns schwer gemacht, sondern auch die Deutschen haben uns ihre Werte und Normen aufgedrängt, als ob diese die besten Alternativen seien. Diese Werte und Normen wurden uns besonders im Kindergarten und in der Schule aufgedrängt, ohne dass unsere eigenen akzeptiert wurden. So haben wir die Institutionen noch deutlicher als Zwang erlebt wie etwa unsere Altersgenossen. Sie übten ihre Integrations- und Aussonderungspolitik voll auf uns aus, und so wurden wir als schlechteste und unbegabteste Kinder und Jugendliche selektiert"(Ünsal in: Die Brücke Nr.65, S. 21, 1992).*

Es stell sich die Frage: Wer hatte solche Probleme als Jugendlicher nicht auch bzw. Wer hat diese Probleme in seiner Jugend nicht durchgemacht? Auseinandersetzungen und Konflikte mit den Eltern gehören mehr oder weniger zum Alltag von Jugendlichen, davon sind nicht nur Migrantenjugendliche betroffen. Natürlich haben Migrantenjugendliche in jeder Hinsicht andere Lebensbedingungen und -voraussetzungen als deutsche Jugendliche. Aber das heißt noch lange nicht, dass Migrantenjugendliche aufgrund dieser zum großen Teil anderen Voraussetzungen auf dem Wege zu einem „Kulturschock" bzw. zu einer Identitätskrise sind. Die Jugendlichen dürfen nicht nur als Opfer der zweifellos schwierigen Lebensverhältnisse gesehen werden, sondern auch als autonome und souveräne Subjekte, die mit Eigenständigkeit und Kreativität ihr Leben zwischen den Kulturen, ihren eigenen Lebensentwurf entwickeln und zu realisieren versuchen. Ünsal beschreibt dies wieder sehr zutreffend:

> *„Wir erproben, wie alle Kinder und Jugendlichen, mögliche Handlungsweisen, machen eigene Erfahrungen und entwickeln unsere Identität durch Interaktion mit der Außenwelt. Unser Handlungsspielraum wird durch das Angebot von drei Kulturen erweitert. Die daraus entstehenden Unsicherheiten darf man nicht als Identitätsdiffusion betrachten. Ob diese Unterschiede und die daraus resultierenden Probleme bearbeitet und überwunden werden können oder gar psychische Konflikte hervorrufen, hängt nur von persönlichen Fähigkeiten jedes Jugendlichen ab. Identitätsprobleme treten meist auf, wenn wir uns weder mit der familiären noch mit der subkulturellen oder deutschen Gesellschaft identifizieren können"(Ünsal, in: Die Brücke Nr. 65).*

Die Annahme, dass die normativen Konflikte zu einer 'Identitätsdiffusion' bei allen Migrantenjugendlichen führen müssen, entspricht nicht der Realität von vielen Migrantenjugendlichen. Im Gegenteil: Für einen Teil der Jugendlichen können die Unterschiede von Werten und Normen, wenn die Voraussetzungen günstig sind, der Persönlichkeitsentwicklung förderlich sein. Dies bedeutet für die Jugendlichen eine Herausforderung, denn sie müssen Fertigkeiten und Fähigkeiten erwerben, die ihrer Situation adäquat sind. Sie sind sich dessen bewusst, dass sie durch die unterschiedlichen Werte, Normen und Sitten geformt und geprägt werden.

Viele Jugendliche finden im Alltag häufig pragmatische Lösungen für sich. Sie suchen sich aus verschiedenen Kulturen das heraus, was zu ihnen passt und versuchen sich dies zu eigen zu machen. Zum Beispiel wird die Diskrepanz der Verhaltenserwartungen durch die klare Trennung der Lebensräume erträglich gemacht.

Durch die Auseinandersetzung mit verschiedenen und sehr unterschiedlichen Kulturen, Normen und Sitten hat ein Teil von türkeistämmigen Jugendlichen eine 'eigene Kultur' entwickelt, indem sie die unterschiedlichen Normen und Sitten miteinander verbunden und ineinander verschmolzen haben.

Auch nach Uslucan sind die türkeistämmigen Kinder und Jugendliche von den gesellschaftlichen Veränderungen am stärksten betroffen.

> *„Sie müssen nämlich nicht nur – wie ihre deutschen Altersgenossen – die nachhaltigen Auswirkungen der Individualisierung gegen ihre Eltern durchsetzen, die eine stärkere kollektivistische Orientierung favorisieren. Denn bei der türkischen Jugend kommt erschwerend hinzu, dass hier der Generationen- und Kulturkonflikt miteinander gekoppelt sind; vor dem Hintergrund der stärkeren intergenerativen Bindungen in türkischen Familien – türkische Jugendliche stehen den elterlichen Werten und Normen wesentlich näher als deutsche Jugendliche den Normen ihrer Eltern – spitzen sich eventuell solche Konflikte (Zwang und Individualisierung vs. Festhalten an kollektivistischen Überzeugungen) eher zu bzw. haben schärfere Auswirkungen auf die Beteiligten" (Uslucan, S. 5, Soziale Verunsicherung, Familienklima und Gewaltbelastung türkischer Jugendlicher. Otto-von Guericke-Universität Magdeburg).*

Gökhan ist zur Interviewzeit 21 Jahre alt. Er wurde in München geboren und besuchte dort auch die Grundschule und das Gymnasium. Er hat eine sechs Jahre ältere Schwester, die bereits verheiratet ist. Er und seine Eltern wohnen noch mit den Großeltern mütterlicherseits zusammen. Seine Eltern sind enge Verwandte und der Vater ist in der Türkei Lehrer gewesen. Die Mutter arbeitet bei Siemens im Büro und der Vater ist als Lagerarbeiter beschäftigt. Gökhan wartet auf einen Studienplatz im Fach Medizin. Zur Interviewzeit macht er eine Ausbildung zum Sozialversicherungsfachangestellten.

Die Erfahrung von jungen Menschen ist es, dass sie in dieser Gesellschaft so etwas wie Definitionsmacht über sich erleben:

> *„Wenn sie meinen Namen hören, dann sagen sie: Oh, du bist Türke. So einen Türken habe ich noch nicht gesehen. Sie machen Schubladen auf und dann kommen so Fragen wie: Sind beide Elternteile Türken? Der*

Vater ist bestimmt sehr autoritär, der schlägt um sich, und die Mutter sitzt in der Ecke mit ihrem Kopftuch. Dann werden wir oft ausgeschlossen. Sie nehmen uns nicht auf und wir wirken wie ein Fremdkörper bei vielen Deutschen. Wir werden zum Spaßfaktor »der Türke«. Ja also, sie reiten immer wieder darauf herum, wenn sie es auch aus Spaß meinen" (Gökhan).

Auf meine Frage an Gökhan, wie er sich selber beschreiben würde, antwortete er:

„Diese Frage stellte und stelle ich mir auch. Als ich 14 bis 15 Jahre alt war, habe ich mich zu hundert Prozent als Türke gefühlt. Jetzt merke ich, dass ich eine andere Haltung eingenommen habe. Ich bin vieles gleichzeitig. Ich werde schon darüber traurig, wenn ein Teil der Deutschen mitbekommt, dass ich einen türkischen Namen habe, denn an meinem Aussehen erkennen sie nicht, dass ich ein Türke bin. Sobald sie mitbekommen, dass ich ein Türke bin, verändert sich das Verhalten vieler Deutschen. Ja, ich werde wütend darüber. Dann denke ich, dass ich ein Abi mit der Note 1,8 abgeschlossen habe und Medizin studieren werde, und ich werde ihnen zeigen, dass auch aus einem Türken etwas Gescheites werden kann" (Gökhan).

Nun kann Gökhan seine Wut bezüglich seiner Stigmatisierung, seiner Ausgrenzung und seiner negativen Erfahrungen auf andere kognitive Bahnen richten. Er verleiht seinem Kampf einen anderen Ausdruck, indem er darauf nicht mit Gewalt reagiert, sondern durch seine schulischen Leistungen und durch seine Bildung einen Weg zeigen möchte, dass aus „Türken" auch etwas werden kann. Hier scheint mir, als ob er durch sein Tun etwas Positives für die kollektive Identität erreichen möchte. Das Verhalten von Gökhan bestätigt zugleich die Annahme, dass eine bessere Bildung auch oft zu einem besseren Umgang mit Stressfaktoren führen kann. Also kann hier davon gesprochen werden, dass die Resilienz durch bessere Bildung verstärkt werden kann.

Uslucan beschreibt in seinem Text, „Resilienz und Ressourcenförderung bei Jugendlichen mit Migrationshintergrund", dass die Migrantenkinder und -jugendlichen

„in der Adolesenz neben der allgemeinen Entwicklungsaufgabe, eine angemessene Identität, eine kohärentes Selbst zu entwickeln, sich auch noch kritisch mit der sehr (anspruchsvollen) Frage der Zugehörigkeit

zu einer Minderheit auseinanderzusetzen haben und die Aufgabe haben, eine »ethnische Identität« auszubilden bzw. sich zu der ethnischen Identität der Eltern zu positionieren" (Uslucan, S. 3).

Eine andere Erfahrung macht Gökhan in der Schule. Er berichtet über vorwiegend positive Erfahrungen mit den Lehrern und seinen Mitschülern. Nur in der 6. Klasse erfuhr Gökhan etwas Negatives von seinem Deutschlehrer.

„In Klausuren im Fach Deutsch bekamen meine deutschen Mitschüler immer bessere Noten als ich. Ich wollte sehen, warum das so ist. Da habe ich bei den Freunden geschaut, ob sie wirklich viel besser sind als ich. Denn zu der Zeit hatte ich viel gelesen, trotzdem haben meine deutschen Freunde die Note 1 bekommen und ich die Note 4. Dann wurde unser Deutschlehrer krank. Bei der Vertretung bekam ich plötzlich die Noten 1 und 2. Nach sechs Monaten Krankheit kam unser Lehrer wieder zurück, dann bekam ich wieder die Note 4 und meine deutschen Freunde die Note 1. Dann habe ich mich schon gefragt, ob es möglich ist, dass man sich so schnell verschlechtern und verbessern kann" (Gökhan).

Gökhan ist intellektuell und kongnitiv imstande, zu differenzieren. Er merkt sehr genau, dass ihm die Mehrheit der Lehrerschaft nicht ablehnend gegenübersteht. Er nimmt zugleich wahr, dass nur ein einziger Lehrer ihn anders und ungerecht behandelt. Er sagt zu seinem Deutschlehrer, dass seine Eltern mit ihm sprechen wollen. darauf erwidert der Lehrer, ob ihn seine Eltern würden schlagen wollen. Im Alltag von Migranten kommt es immer wieder zu ähnlichen Erfahrungen. Wie die Menschen mit diesen gemachten Erfahrungen umgehen, hängt von vielen Faktoren ab. Dass diese Faktoren Stress verursachen können, wurde in diesem Buch immer wieder aufgegriffen.

Nurcan wurde in München geboren. Die Großeltern väterlicherseits gehören zur ersten Migrantengeneration, ihre Eltern zur zweiten und sie und ihr zwei Jahre älterer Bruder zur dritten Generation. Nurcan besuchte nach der Grundschule die Hauptschule und beendete diese mit dem qualifizierenden Hauptschulabschluss. Anschließend besuchte Nurcan die Wirtschaftsschule und machte eine Ausbildung zur Hotelfachfrau. Sie ist zur Interviewzeit (Januar 2011) als Angestellte in einem Hotel tätig.

Die gemachten Erfahrungen sind nicht nur negativer Natur. Wäre es so, würden sich viele sehr schwer tun, sich in dieser Gesellschaft zurechtzufinden. Nurcan ist zur Interviewzeit 25 Jahre alt und berichtet über positive Erfahrungen in der Schule. Sie sagt, dass sie zunächst auf der Hauptschule gewesen sei und dort seien 90 Prozent der Schüler Migranten gewesen, unter ihnen auch sehr viele türkeistämmige.

> *„In der Schule habe ich mich wohl gefühlt. Die Lehrer mochten uns und wir mochten die Lehrer sehr, weil wir auch sehr artig waren“ (Nurcan, 25 Jahre).*

Aber auch über eine sogenannte positive Diskriminierung weiß Nurcan zu berichten:

> *„In der Berufsschule musste ich ein Referat halten. Ich habe ein sehr schlechtes Referat gehalten. Die Lehrerin hat mir trotzdem eine 2 gegeben. Ich dachte, ich bekomme eine 4, das wäre auch in Ordnung gewesen. Sie meinte als Begründung, dass ich es als Nicht-Muttersprachler trotzdem gut gemacht hätte. Das war irgendwie beleidigend, in dieser Situation als Ausländerin gesehen zu werden“ (Nurcan, 25 Jahre).*

Nurcan machte aus ihren schulischen Bedingungen das Beste und berichtet, sie sei sehr zufrieden in ihrer Tätigkeit. Wie denkt Nurcan über die Zukunft, wie plant sie ihr Leben mit Beziehungen, den Umgang mit den Werten und Normen, die sie durch ihre Eltern, durch die Gleichaltrigen sowie hier in Deutschland gemacht hat? Nurcan lebte und wohnte bis zu ihrem 6. Lebensjahr mit den Großeltern zusammen, dann zogen ihre Eltern in eine eigene Wohnung. Auf der Hauptschule war sie fast ausschließlich unter Migranten, weil die deutschen Mädchen bereits mit 17 Jahren über ihre Erfahrungen mit Männern berichteten. Dies schien ihr und ihren türkeistämmigen Freundinnen zunächst befremdlich. Nurcan berichtet, sie hätte mit 20 bis 21 Jahren die erste Erfahrung mit einem Mann gemacht. Damals habe sie sich sehr schlecht gefühlt, aber jetzt habe sie ein besseres Gefühl zu sich finden können. Nurcan formuliert ihr nächstes Ziel:

> *„Ich brauche meine Freiheit. Mein nächstes Ziel ist auszuziehen, allein zu wohnen – ohne Heirat. Meine Eltern leben für die Gesellschaft, die*

ist aber nicht meine Gesellschaft. Das interessiert mich nicht" (Nurcan, 25 Jahre).

Nurcan möchte keinen „türkischen Mann" heiraten oder als Freund haben, der es einer Frau verbietet, allein auszugehen, der seiner Frau nicht vertraut und sie kontrollieren will, der besitzergreifend ist. Sie stellt sich einen Mann oder Freund vor, der humorvoll, kinderlieb, nicht engstirnig und offen für alle Kulturen ist.

Nurcan berichtet über einen Mann, den sie kennengelernt hatte und mit dem sie ausgegangen ist:

„Ich hatte einen Mann kennengelernt, er war Student. Er hat mir erzählt, dass er eine Schwester hat, die in der Türkei lebt. Ich habe ihn gefragt, jetzt gehst du mit mir aus, wie würdest du darauf reagieren, wenn auch deine Schwester mit einem Mann ausgehe würde. Er ist ausgeflippt – das war nicht seine Vorstellung. Er war ein egoistischer und eingebildeter Mann. Dann habe ich meine Rechnung bezahlt, bin aufgestanden und habe ihm gesagt, mit so einem Mann, wie du es bist, möchte ich mich nicht noch mal treffen. Einen Macho will ich nicht" (Nurcan, 25 Jahre).

Ich fragte Nurcan, wer für sie die Bezugsperson war, mit der sie diese Vorstellungen hat austauschen können. Sie erzählte, dass sie zum einen in der Wirtschaftsschule eine Türkin zur Freundin hatte. Diese Freundin sei zu der Zeit sehr wichtig für ihre Entwicklung gewesen. Später hatte sie einen Freund mit 20 bis 21 Jahren. Der kam aus dem asiatischen Raum und sei auch sehr wichtig und prägend für ihre Entwicklung gewesen. Vor allem auch ihre Mutter sei hinter ihr gestanden, sie habe sie nicht verurteilt. Das meiste für das Leben habe sie aber durch diesen Freund gelernt. Auch eine Cousine sei für Nurcan eine wichtige Bezugsperson gewesen. Diese sei etwa im gleichen Alter wie sie, und sie habe sich von der Cousine sehr unterstützt gefühlt.

„Ich habe sehr viele Unterschiede zwischen meinem Vater und meinem Freund gesehen. Mein Vater hat nie etwas zu Hause gemacht. Ich musste lernen, loszulassen. Ich hatte am Anfang der Beziehung sehr stark mit einem schlechten Gewissen zu kämpfen, aber dabei war meine Cousine sehr hilfreich, sie hat mich sehr, sehr unterstützt" (Nurcan, 25 Jahre).

Nurcan setzt sich mit den Werten ihrer Herkunftskultur sowie in ihren jüngeren Jahren, während der Hauptschulzeit, mit den Wertevorstellungen ihrer deutschen Gleichaltrigen auseinander. Letztlich schafft sie es, durch die eigene Erfahrung mit ihrem Freund, von dem sie vieles lernt, und mit der Unterstützung durch ihre Freundinnen, die denselben Erfahrungshintergrund haben, ihre eigene Identität, vor allem eine weibliche Identität, aufzubauen. Um mit Marcia zu sprechen, gelingt es ihr, eine erarbeitete Identität zu etablieren. Für junge Frauen wie Nurcan gestalten sich die Ablöseprozesse von den tradierten Werten und Normen umso schwieriger, weil in ihrer Herkunftsfamilie und Kultur für Frauen oft andere Dimensionen von Reglementierungen vorgesehen sind. Sie weiß nun, was sie will, wie sie sich ihre eigene Zukunft vorstellt. Um dies vollständig zu erreichen, muss sie vermutlich noch Kämpfe mit ihrer Herkunftskultur ausfechten. Als eine unverheiratete junge Frau aus dem Elternhaus auszuziehen und in einer eigenen Wohnung zu leben, bedarf nochmals Auseinandersetzungen. Uslucan beschreibt diese Situation, in der sich Migrantenkinder befinden, als eine bikulturelle Identität. Diese erfordere von Migrantenkindern eine besondere kognitive und soziale Flexibilität.

> *„Sowohl theoretische Annahmen als auch empirische Befunde legen nahe, dass Bikulturalismus weit mehr ist als nur eine addative Verknüpfung der Orientierungsfähigkeit in zwei unterschiedlichen kulturellen Systemen, sondern diese Synthese der beiden Kulturen fordert von den Subjekten eine stärkere kognitive wie soziale Flexibilität. Eine gelingende bzw. eine balancierte Bikulturalität ist als ein Zeichen dieser kognitiven Flexibilität zu werten, wie sie insbesondere amerikanische Studien zeigen. Mit Bikulturalität wird dabei gemeint, dass mindestens zwei kulturelle Einflüsse prägend für die Identität des Einzelnen sind, wobei dieser Einfluss nicht nur einer kurzen Phase, etwa einem touristischen oder vorübergehenden Gastaufenthalt geschuldet ist, sondern einen wesentlichen Bestandteil der alltäglichen Lebenserfahrung darstellt“ (Uslucan, S. 5, Resilienz und Ressourcenförderung bei Jugendlichen mit Migrationshintergrund).*

Nurcan möchte nicht so eine Frau wie ihre Mutter sein. Sie hat in ihrer Familie erlebt, mitbekommen, beobachtet und erfahren, wie dort mit Frauen umgegangen wird. Nicht nur Männer behandeln die Frauen schlecht, sondern vor allem viele „Schwiegermütter“ erscheinen in den Familien ihrer Söhne sehr dominant und mächtig. Was für eine weibliche Identität kann eine junge Frau für sich entdecken in einem Haushalt, in dem Frauen von Frauen und Frauen von ihren Männern unterdrückt werden? Welche Vorbildfunktionen können diese Mütter oft für ihre Töchter sein? Sie leiden, sie ertragen die Schläge ihrer Männer, sie halten aus, obwohl sie oft mitbekommen, dass sie betrogen werden. Sie erleben, sehen und fühlen sich ohnmächtig ihren Männern, Schwiegereltern, ihrer Herkunftsfamilie, ihrer Gemeinschaft, den gesellschaftlichen Traditionen, Werte und Normen gegenüber.

Auf die Frage, wie eine Frau sein soll und welches Frauenbild Nurcan selbst von sich hat, antwortet sie:

> *„Von meiner Mutter habe ich viel Liebe bekommen. Für sie war es sehr wichtig, dass ich eine bessere Schulbildung bekomme und nicht ihr Schicksal teilen muss. Obwohl sie arbeitet und ein eigenes Einkommen hat, fühlt sie sich nicht unabhängig von meinem Vater. Frauen müssen selbstbewusst sein. Nicht wie meine Mutter – so ängstlich. Ich kann das nicht verstehen, aber ich will selbstbewusster sein. Ich will meine Wünsche und Träume verwirklichen – ich will mir beweisen, dass ich es alleine schaffe"(Nurcan, 25 Jahre).*

Für alle Migrantenkinder gilt, dass sie durch die Begegnung mit anderen Kulturen einer beständigen Relativierung des eigenkulturellen Verhaltens und normativer Standards ausgesetzt sind. Dazu schreibt Uslucan Folgendes:

> *„Der bikulturell Sozialisierte, der einerseits Insiderwissen über beide Kulturen besitzt, andererseits auch die Skepsis der Mehrheitsgesellschaft gegenüber Minderheiten am eigenen Leibe kennt, kann durch seine außergewöhnliche Position zu einem kompetenten Kritiker und Beurteiler der dominanten Kultur (natürlich auch der eigenen) werden. Die Migrationssituation kann dazu führen, unreflektierte Gewohnheiten und Bindungen abzustreifen und Anstoß geben für eine bewusste und individuelle Lebensgestaltung. Eine flexible Identität, so kann das Paradoxon resümiert werden, ist sowohl Voraussetzung, um bikulturelle Erfahrung als Entwicklungschance zu nutzen, als auch erst Folgeprodukt einer gelingenden Migration und Integration. Denn diese Identität setzt eine ausreichende Ich-Stärke voraus, die es erlaubt, ohne Angst vor Identitätsverlust und Überwältigung durch Schuldgefühle (wie etwa Verrat an der alten Heimat, Verrat an elterlichen Werten) das Neue anzunehmen, sich den gewandelten Anforderungen zu stellen und in einen offenen Dialog mit der Herkunfts- und der neuen Kultur stehen zu können" (Uslucan, ebd., S. 5-6).*

Nurcan, Gökhan, Gönül und Devrim (und auch die anderen jungen Menschen, die ich im Rahmen dieser Arbeit interviewt habe), die ich zu dieser Gruppe rechne, sind lebendige Beispiele für diese Art des Umgangs mit den beiden Kulturen. Alle diese jungen Frauen und Männer haben in vielerlei Hinsicht aus beiden Kulturen das für sie Passende herausgefunden. Nach einer kritischen Auseinandersetzung mit den gestellten Fragen konnte sich etwas Neues herausbilden. Insofern haben sie eine bikulturell geprägte Identität entwickelt. Im Sinne von Marcia würde eine erarbeitete Identität hier die passende Beschreibung sein. Unter der erarbeiteten Identität versteht Marcia Folgendes: Die Krise ist bereits durchlebt, überwunden und Personen haben den Identitätszustand erreicht. Der elterliche Einfluss oder der Einfluss durch andere Bezugspersonen werden in dieser Phase kritisch geprüft. Diese Auseinandersetzungen haben in der Regel dazu geführt, dass Menschen zu einem eigenen Standpunkte gelangt sind, dem sie sich verpflichtet fühlen (Vgl. Haußer, 1995; Keupp u. a. 1999; Kraus, 2003; Fend 2003; Oerter 2006).

Nurcan beispielsweise steht dazu, dass sie ihre „sexuelle Freiheit“ nicht von den elterlichen bzw. herkunftskulturellen normativen Vorgaben abhängig macht. Dies hat sie sich nicht einfach gemacht, sondern sie hat sich sehr intensiv damit auseinandergesetzt. Sie hat nicht mit 17 Jahren ihre Entscheidung in dieser Richtung treffen können oder wollen. In dieser Phase hatte sie sich über die Differenzen zu deutschen Gleichaltrigen und Gleichgeschlechtlichen gegenüber auseinandergesetzt. Mit 20 bis 21 Jahren aber hat sie sich ihrer Entscheidung mit viel Verunsicherungen stellen müssen. Sie hat sich zu vielen Fragen positioniert und erst dann konnte sich für ihre Positionen verpflichtend einsetzen. Gökhan hat eine Freundin, deren Eltern aus Vietnam stammen, Gönül hatte ihre erste große Liebe mit einem Mann mit italienischen Wurzeln durchlebt. Devrim hat ihre große Liebe in einem jungen Studenten aus der Türkei gefunden und möchte diesen Mann auch heiraten.

Gönül wurde in München geboren und ist dort aufgewachsen. Zur Interviewzeit (Januar 2011) ist sie 21 Jahre alt und Studentin an der LMU. Sie gehört zur dritten Generation. Sie ist die ältere von zwei Töchtern. Ihre Eltern gehören der alevitischen Glaubensrichtung an.

Devrim ist zur Interviewzeit (05.03.2011) 20 Jahre alt. Sie hat eine Ausbildung zur Kinderpflegerin gemacht und ist auch als Kinderpflegerin in einer Einrichtung tätig. Sie wurde in München geboren und ist dort aufgewachsen. Ihre Mutter kommt aus einer alevitischen Familie und der Vater stammt aus einer sunnitischen Familie. Devrim hat noch drei Geschwister, zwei Brüder und eine Schwester.

Bezüglich der Ehre (Namus) sagt Gönül:

> *„Ich finde es schön, wenn Frauen und Männer eine Beziehung eingehen, dass sie rein sind, bzw. dass Frauen und Männer fürs Leben füreinander da sein können ist etwas Reines. Aber was bringt es, wenn ich als Frau rein bin und der Mann vor mir jede Menge Erfahrungen gemacht hat? So etwas will ich nicht. Ich finde, Sexualität ist etwas Intimes und Schönes. Die meisten türkischen Männer haben viel Erfahrung und die meisten türkischen Frauen tun nichts dagegen" (Gönül, 21 Jahre).*

Bezüglich der Werte sagt Gönül:

> *„Respekt, Liebe und Achtung sind sehr wichtige Werte für mich, aber wie sollen die Kinder mit den Eltern respektvoll umgehen, wenn ihnen vonseiten der Eltern nicht respektvoll begegnet wird, wenn mein Vater sagt, gib das Salz her, anstatt zu sagen, kannst du mir bitte das Salz reichen. Die Kinder imitieren die Eltern. Ich beispielweise denke sehr viel nach, ich hinterfrage mein Verhalten. Ich kann erst dann sagen, was falsch und was richtig ist. Also, Reflexion ist für mich sehr wichtig" (Gönül, 21 Jahre).*

Nach Uslucan entwickeln Kinder und Jugendliche, die bikulturell sozialisiert werden, situations- und kontextabhängige Verhaltensressourcen/-resservoirs/-muster, die sie dazu befähigen, ihre kulturelle Perspektive zu wechseln und je nach Situation ein independentes bzw. interdependentes Selbst, individualistische und kollektivistische Orientierungen zu zeigen. (Vgl. ebd., S. 6).

Uslucan führt weiter aus:

> *„der gegenwärtige Diskurs, der sich von der Alltagsplausibilität westlicher Konzepte nährt, wonach nur ein individualistisches Selbstkonzept mit einer Zentrierung auf internale Kontrolle, problemfokusiertes Herangehen, aktives Coping etc. stets als die psychisch gesündere und reifere Persönlichkeit zu betrachten ist, verkennt, dass unter bestimmten Umständen eine eher »orientalisch« vermeidende, fatalistische Haltung durchaus funktional und förderlich sein kann, sie für Migranten in höherem Maße zutreffen – und Menschen den Umweltrestriktionen unterworfen sind" (ebd., S. 6).*

Die gesellschaftlichen Prozesse und die damit zusammenhängenden subjektiven Veränderungen sind keine Phänomene, die als Gegensatz zueinander erscheinen, sondern in einem widersprüchlichen, aber untrennbaren Verhältnis zueinander stehen. Auch das Phänomen Migration setzt einen Prozess in Gang und wird von gesellschaftlichen Prozessen mit beeinflusst. Viele Sozialwissenschaftler beschäftigen sich in den letzten Jahren zunehmend mit den gesellschaftlichen und individuellen Veränderungsprozessen. Beck beispielsweise fasst diese Veränderungen folgendermaßen zusammen:

> *„[...] zum einen durch die Entwicklung und Umsetzung neuer Technologien, die nicht nur die Produktionssektoren vollständig umgestalten, sondern auch in alle gesellschaftlichen Bereiche hineinwirken (Computer, Mikrochips, Telekommunikation, neue Medien); zum anderen in einer Erosion sozialer und kultureller Traditionen und Lebensformen (Klasse, Schicht, Beruf, Familie, Ehe, Geschlechtsrollen). Die neue Phase gesellschaftlicher Modernisierung, deren erste Wellen uns heute überrollen, ist also nicht mehr nur eine industrielle, d. h. technologische und ökonomische, auf den Produktionsbereich bezogene Revolution, sondern auch eine soziale und kulturelle Revolution, die die bekannten Sozialkategorien und Formen der industriellen Gesellschaft auflöst, umschmilzt, pluralisiert, zersplittert und in ihrer Bedeutung für die Lebensführung der Menschen grundlegend verändert" (Beck, 1985, S. 91).*

Diese Veränderungen und Entwicklungen haben zu höheren Anforderungen an die individuelle Mobilität geführt, was zugleich heißt, dass der Mensch aus seinem traditionellen Lebenszusammenhang herausgerissen wird, er wird von seinem Grund und Boden und von seiner Herkunftsregion/seinem Land getrennt. Dieser Prozess gilt für Migranten besonders.

In diesen grundlegenden gesellschaftlichen Veränderungsprozessen sieht der Sozialpsychologe Keupp für das Subjekt „eine neue Konstellation von Chancen und Risiken" zugleich. Deshalb nimmt Keupp von den traditionellen Identitätsmodellen Abschied und versucht die „Identität" des heutigen Subjekts mit einem „Patchworkmodell" zu beschreiben:

> *„Ein Patchwork ist ein »Fleckerlteppich«. Die klassischen Patchworkmuster entsprechen dem klassischen Identitätsverständnis. Da sind geometrische Muster in einer sich wiederholenden Gleichförmigkeit ge-*

schaffen worden. Im Unterschied zu diesen traditionellen Patchwork-produkten leben die zeitgenössischen »crazy quilts« von ihren überraschenden, oft wilden Verknüpfungen von Formen und Farben und greifen selten auf bekannte Symbole und Gegenstände zurück. Gerade in dem Entwurf und der Durchführung eines solchen »Fleckerlteppichs« kann sich eine beeindruckende schöpferische Potenz ausdrücken. Beide Patchwork-Richtungen erfordern hohe handwerkliche und kreative Fähigkeiten. Die klassische Tradition besitzt einen festen Bestand von Mustern, die immer wieder aufgenommen und individuell gestaltet wurden. Die zeitgenössischen Quilts haben den Rahmen vorgegebener Konfigurationen gesprengt, und erlaubt ist alles, was gefällt" (Keupp, 1990).

Anhand des Fleckerlteppichs versucht Keupp ein Identitätsmodell darzustellen, das in der hiesigen Gesellschaft Gültigkeit haben könnte. Das heutige Subjekt lebt in einem komplizierten sozialen Gefüge und ist durch verschiedene kulturelle Elemente geprägt, die in dieser Gesellschaft existieren. Damit müsste nach traditionellen Identitätsmodellen der heutige Mensch in eine ständige Identitätskrise geraten. Genau dies versucht Keupp zu widerlegen und begründet es folgendermaßen:

„Wir haben es nicht mit Zerfall oder Verlust der Mitte zu tun, sondern mit einem Zugewinn kreativer Lebensmöglichkeiten, denn eine innere Kohärenz ist der Patchworkidentität keineswegs abhanden gekommen. Und ein solches Gefühl der Kohärenz ist die entscheidende Bedingung für psychische und körperliche Gesundheit. Die Fähigkeit zur Kohärenz ist keine Persönlichkeitsdisposition, sondern entsteht aus der gelungenen Verknüpfung einer Person mit anderen, aus den dadurch möglichen Solidaritätspotenzialen. Soziale Netzwerke sind Gelegenheitsstrukturen dazu, Potenziale, die zu realisierten und vertrauensvollen Beziehungen werden können. Das wiederum erfordert Menschen, die ihr Leben nicht als dauerhaften olympischen Wettbewerb begreifen und leben müssen, in dem andere nur als zu besiegende Konkurrenten wahrgenommen werden" (Keupp, ebd.).

Keupp nennt dieses Modell "ein offenes Identitätsprojekt", dessen Gelingen von "materiellen und sozialen Ressourcen" abhängig ist.

Die Migrantenkinder und -jugendlichen sind ein Bestandteil dieser Gesellschaft und werden durch die Veränderungen bzw. die gesellschaftlichen Entwicklungen mitgeprägt und prägen sie selbst mit. Deshalb sind sie auch gefordert, sich damit auseinanderzusetzen, damit zu leben und sich zurechtzufinden.

Alle Jugendliche, mit denen ich Interviews im Rahmen meiner Arbeit durchgeführt habe, haben mir gezeigt, dass sie für sich neue Muster und individuell unterschiedliche Strategien bei ihrer kulturellen Identitätsentwicklung entfaltet haben. Sie haben mir auch vielfach deutlich gemacht, dass sie sich, aus verschiedenen Kulturen das zu eigen machen, was ihnen passt. Sie finden im Alltag häufig sehr pragmatische Lösungen. Zum Beispiel wird die Diskrepanz der Verhaltenserwartungen durch die klare Trennung der Lebensräume erträglich gemacht. Bestätigt wird auch die These, dass Migration eine kulturelle Um- und Neubildung zur Folge hat. Durch die Auseinandersetzung mit verschiedenen und sehr unterschiedlichen Kulturen, Normen und Sitten haben Jugendliche türkischer Herkunft eine 'eigene Kultur' entwickelt, indem sie die unterschiedlichen Normen und Sitten miteinander verbunden und ineinander verschmolzen haben.

Gönül lernt, als sie 19 Jahre alt ist, bei ihrem Auslandsaufenthalt einen Mann kennen und stellt ihn später ihren Eltern vor. Sie möchte dafür sorgen, dass ihre Eltern ihm zustimmen. *„Für viele türkische Eltern ist es sehr hart, wenn ihre Töchter unverheiratet mit einem Mann zusammen sind. Ich habe meinen Eltern alles erzählt und es war für sie sehr schwer, zu akzeptieren. Sie haben ein Riesentheater gemacht, es gab viel Stress, Drängeln, Puschen und Einmischungen. Ich sollte ihn innerhalb von zwei Monaten heiraten. Das wollte ich aber nicht"* (Gönül, 21 Jahre).

Gönül erzählte mir, dass sie später einen jungen türkeistämmigen Mann kennenlernte hatte und ihre erste Frage an ihn gewesen sei, ob er sich vorstellen könne, dass auch seine Schwester einen Mann kennenlernt und sich mit ihm treffen würde. Denn sie möchte nicht mit einem Mann zusammen sein, der unterschiedliche Maßstäbe setze. Für sich als Mann alles erlauben, aber der Schwester, also Frauen, es verbieten.

Gönül hält von einer Verheiratung, d. h. dass Eltern die Ehefrau oder den Ehemann aussuchen, nicht viel. *„Ich finde, dass es in der türkischen Gesellschaft nicht unbedingt wichtig ist, dass zwei Menschen, die heiraten, sich auch lieben sollen, sondern die Finanzen und andere Dinge werden als wichtiger erachtet als das, ob sie zusammenpassen oder nicht"* (Gönül).

Gönül berichtet, dass sie eine schlechte Beziehung zu ihren Eltern hat.

> *„Die Woche hat sieben Tage. Sechs Tage ist unsere Beziehung nicht gut und einen Tag verstehen wir uns. Sie verstehen meine Lebensziele nicht. Ich muss nicht unbedingt heiraten, und das ist neu für meine Eltern. Ich muss für jeden Schritt kämpfen. Das ist einerseits bereichernd für mich, andererseits sehr hart, weil ich mir für jeden Schritt, den ich gehen will, klar werden muss, was genau ich will und was nicht. Dann setze ich mich mit meinen von mir ausgedachten und vorgestellten Ziele mit meinen Eltern auseinander. Ich bin auf der Suche nach mir selbst. Ich möchte meine Weltanschauung erweitern und eröffnen. Was ein bisschen von der Tradition abweicht, das formt mich selbst" (Gönül).*

Fast alle von mir interviewten Jugendlichen sind bezüglich der Freundschaften mit deutschen Gleichaltrigen der gleichen Einstellung bzw. haben die gleiche Vorstellung wie Gönül.

> *„Ich habe einen schwulen Freund aus dem Irak und auch sonst total gemischte Freunde. Sie sind wie ich. Nur die Deutschen, die nur »Deutsch« denken, mit denen könnte ich nichts anfangen – auch meine deutschen Freunde können mit diesen Deutschen nichts anfangen. Ich habe deutsche Freunde, die eben selbst kritisch zum Deutsch-Sein stehen, so wie wir über nur Türkisch-Sein kritisch denken" (Gönül).*

Die Einstellungen zur Religion unterscheiden sich zwar dem Anschein nach, aber wenn man diesen jungen Menschen genau zuhört, dann wird deutlich, dass sie einen ganz anderen Zugang, andere Vorstellungen und Einstellungen zur Religion und zum Glauben entworfen haben.

Gönül beantwortet die Frage, wie sie sich bezüglich ihres Glaubens oder ihrer Religion sieht, folgendermaßen:

> *„Ich bin gläubig, aber nicht religiös. Ich kann mit der vermenschlichten Gläubigkeit oder Religiosität nichts anfangen. So was wie GÜNAH (SÜNDE, Sünder), AYIP (schändlich, verfänglich, Ungnade, verpönt, unanständig, Schande, blamabel, unerhört, Schmach, Blamage, obszön, Laster, Schande), damit kann ich nicht viel anfangen. Mir ist Vernunft sehr wichtig. Das Kopftuch würde für mich keinen Sinn machen. Ich bin Alevitin – die Theorie finde ich gut, aber die Umsetzung ist schwie-*

rig. Meine Eltern sind sehr religiös, alevitisch eben, aber sie waren mit mir nicht so streng. Wegen des Kopftuchs, denke ich, das muss jede für sich entscheiden. Ich denke, Mädchen, die in sehr jungem Alter Kopftuch tragen, werden von ihren Eltern dazu gezwungen. Aber wenn es eine junge Frau mit 20 Jahren trägt, dann finde ich das ok. Es ist in Ordnung, weil sie ihre eigene Entscheidung trifft. Die anderen denken, die Mädchen gehören zu einer Gesellschaft, die nicht selbst denkt, sondern sie sind nur Mitläufer" (Gönül).

Nurcan dagegen sagt:

> *„Meine Eltern sind Aleviten. Ich glaube an gar nichts. Ich kann mit dem Glauben nichts anfangen. Ich weiß nur soviel über die Religion, was ich von den Eltern gehört habe. Dass man an ein Buch glaubt, was vor vielen Jahren geschrieben wurde. Es muss in diesem Buch etwas über Geschlechtstrennungen, über die Rollen von Mann und Frau stehen. Ich brauche so was nicht, ich brauche meine Freiheit" (Nurcan).*

Auch Gökhan meint, dass er an nichts glaube, obwohl seine Oma ihm viele Gebete beigebracht hat. Je älter er wurde, desto besser habe er sich mit den Inhalten auseinandersetzen können. Er würde sehr viel über Religion diskutieren und er wünsche sich, dass er den Koran in der Originalsprache lesen und verstehen könne. Er sei ein zum logischen Denken veranlagter Mensch, deshalb tue er sich mit der Religion und deren Vorstellungen sehr schwer.

Devrim stammt aus einer Familie, in der die Mutter aus einer alevitischen Familie und der Vater aus einer sunnitischen Familie kommt. Sie selbst sagt, dass sie sich der alevitischen Lehre näher fühle, weil die Aleviten eine lockere Haltung zu vielen Fragen des Lebens haben. Die Familie habe sie auch nicht unter Druck gesetzt. Sie würde an Allah glauben, das Fasten im Monat Ramadan einhalten, aber das rituelle Gebet könne sie nicht. *„Auch für meine Mutter ist es kein Problem, sie unterstützt mich sogar dabei. In unserer Familie bin die einzige, die fastet"* (Devrim, 19 Jahre).

Die Äußerungen von diesen und anderen Jugendlichen erwecken bei mir den Anschein, dass der Islam bei Migrantenjugendlichen eine andere Dimension innehat und haben wird. Sie befreien den Islam von seinem Fanatismus und versuchen ihn mit ihrer eigenen Realität in Einklang zu bringen. So eine Entwicklung wäre eine ernstzunehmende und positive Entwicklung.

Auch das Rollenverständnis von Mann/Frau war ein sehr lebendiges Gesprächsthema mit den Jugendlichen. Dies wurde vor allem im Bereich der Vorstellungen über Ehe und Familiengründung besonders hervorgehoben. Fast alle von mir interviewten Jugendlichen waren mit der herkömmlichen, traditionellen Rollenverteilung nicht einverstanden. Vor allem Mädchen konnten sich überhaupt nicht vorstellen, in der Ehe die Rolle der Hausfrau zu übernehmen.

> *„Mein Freund ist genau so ein Mann wie ich ihn mir vorgestellt habe, er kann im Haushalt alles. Er kann putzen, und kochen mag er sehr. Also, ich möchte nicht den »klassischen türkischen Mann« als Mann haben" (Devrim, 19 Jahre).*

> *„Ich möchte als Mann lieber eine partnerschaftliche, gleichberechtigte Beziehung. Und das mache ich mit meiner Freundin auch so. Ich will nicht als ein Macho dastehen und über alles bestimmen. Auch unsere Kinder möchte ich gemeinsam erziehen. Ich würde vieles wie mein Vater machen. Ich würde allerdings auch einiges anders machen. Er hat viel für mich gemacht, ich dagegen würde meine Kinder vieles selbst machen lassen. Ich will als Mann und Mensch offen für Neues sein, und so möchte ich auch meine Kinder erziehen" (Gökhan, 21 Jahre).*

Die 25-jährige Nurcan beantwortet meine Fragen bezüglich ihre „kulturellen Identität" Heimat, Integration folgendermaßen:

> *„Ich brauche mich nicht zu integrieren, ich bin in meinem Land. Es kommt darauf an, wer die Fragen stellt und mit welcher Intention. Wenn meine Oma mich fragt, dann sage ich, dass ich eine Türkin bin, wenn mich ein Deutscher fragt, dann sage ich, dass ich Nurcan bin. Ich möchte als die Person, also als eine Frau, als Nurcan gesehen werden, und nicht als Türkin, Deutsche, Deutsch-Türkin usw. Ich fühle mich mit München sehr verbunden, diese Stadt ist meine Heimat. Hier bin ich geboren und ich kenne keinen anderen Geburtsort als München. Natürlich habe ich auch Bezüge zu dem Land, aus dem meine Großeltern und meine Eltern kommen, aber bin selbst nicht dort geboren und aufgewachsen. Ich kenne den Kindergarten, die Schule, die Ausbildungseinrichtungen nur in München und nicht in der Türkei" (Nurcan).*

Migrantenjugendliche befinden sich in einem Prozess, in dem sie viele Hürden überwinden müssen. Sie müssen sich in beiden Kulturen Gehör verschaffen. Dabei stoßen sie auf Ablehnung, weil sie oft von beiden Kulturen als etwas „Fremdes“, als eine „Gefahr“ gesehen werden.

> *„In den kulturellen Lebenspraxen, in denen sich Identität herausbildet, werden einerseits die gesellschaftlichen Strukturen reproduziert, andererseits auch Alternativen entwickelt, neue Formen produziert, um der Welt einen Sinn zu geben. Kulturelle Formen sind zugleich Widerstand gegen Herrschaft und eine Art und Weise, in der sich soziale Gruppen in Herrschaftsstrukturen einbauen, sie akzeptieren und stützen. Diese widersprüchliche Struktur ermöglicht jeweils eine bestimmte Form von Handlungsfähigkeiten in den Strukturen. Es ist eine Möglichkeit, vom Standpunkt der jeweiligen Gruppe aus, sinnvoll zu leben. Den Einwanderern stehen bei der Entwicklung neuer kultureller Formen und der Erarbeitung ihrer Identität eine Menge von Hindernissen im Wege. Sie wurden bisher nicht als kulturtragende und auseinandersetzungsfähige Gruppe wahrgenommen. Von dem schöpferischen Prozess der Umweltgestaltung und der Identitätsarbeit waren sie und sind immer noch in dieser Gesellschaft aus der Kultur, in der sie sich bewegen, ausgeschlossen und zugleich behindert bei der Ausbildung einer Einwandererkultur“(Kalpaka, 1986, S. 29).*

Ich finde Kalpakas Herangehensweise auch dort relevant und richtig, wo sie davon ausgeht, dass die Veränderungen sich innerhalb der jeweiligen Kultur durchsetzen müssen,

> *„weil diese Kultur auch imstande ist, an die Stelle der alten Überlebens- und Widerstandsstrategien neue zu setzen, die sich aus der jeweils eigenen Geschichte ergeben. Auch dieser Weg ist nicht harmonisch, ein Prozess voller Krisen, in dem viele auf der Strecke bleiben. Aber es ist der einzige Weg, der überhaupt die Entwicklung neuer Lebensformen ermöglicht, wenn auch nicht garantiert“ (ebd,. S. 32).*

Uslucan betrachtet „Migrationshintergrund als eine Entwicklungschance“, die ich hier durch meine Interviewpartner bestätigt bekomme. Nach Uslucan wird eine Migration in der Regel mit dem Ziel angetreten, dass man sich entwickeln bzw. weiterentwickeln möchte. Diese Entwicklungen können ökonomischer, bildungsmäßiger, beruflicher oder familiärer Art sein. Uslucan hebt hervor, dass die Mobilität in der Moderne ein positiv besetzter Begriff ist. Insbesondere die Migranten seien eine äußerst mobile Population, die es gewagt hat, die Hoffnung auf ein besseres Leben und somit viele Herausforderungen, wie die kulturelle und sprachliche Fremdheit, auf sich zunehmen.

> *„Dadurch stehen sie, im Gegensatz zu nicht gewanderten Familien vor Entwicklungsaufgaben, die anspruchsvoller sind, sowohl in der Heimat als auch in der Mehrheitskultur. Unter modernisierungstheoretischen Ansätzen hat eine Migration eine Katalysatorfunktion, d.h. Migranten können aber auch zur Konservierung alter Werte und zur Ausbildung einer Defensivkultur in der Migrationssituation führen" (ebd., S. 5).*

Meine Interviewpartner sind im Sinne des Begriffes keine Migranten. Sie sind de facto Einheimische. Sie wurden hier geboren und sind hier aufgewachsen, wie gleichaltrige deutsche Kinder und Jugendliche auch. Sie kennen von Geburt an nur Deutschland. Sie verbringen meist nur in den Ferien Zeit in den Herkunftsländern ihrer Großeltern und Eltern. Ihre Großeltern, vor allem aber ihre Eltern, müssen sich mit zwei unterschiedlichen Generationen und mit den kulturellen Werten, Normen und Erwartungen von mehreren Gesellschaften auseinandersetzen. Hier sind also die Eltern der dritten Generation am meisten herausgefordert. Sie müssen zum einen die Wertevorstellungen, Bedürfnisse und Erwartungen ihrer Eltern stillen und zugleich sich mit den veränderten, neuen und herausfordernden Kindern und Jugendlichen und deren Wertevorstellungen, Einstellungen, Lebenszielen auseinandersetzen. Diese Prozesse verlaufen nicht immer harmonisch, konfliktfrei und nach einem vorgegebenen Muster ab. Hier entwickeln sich unterschiedliche Umgangs-, Lösungs- und Entwicklungswege, die für viele mit großen Schwierigkeiten verbunden sind, aber auch zugleich eine echte Entwicklungschance sind. Hier bilden sich jeweils Offensiv- und Defensivkulturen oder etwas dazwischen heraus.

Keupp u. a. formulieren als eine der zentralen Fragen, neben der „Zentralität der Anerkennung", auch die Frage des sozial begründeten Ziels, nämlich die Integration, die neuerdings auch mit den Begriffen der Armut, Exklusion und Inklusion beschrieben wird. Es geht hier darum, sich zugehörig zu fühlen. Darum, dass man wer ist, dass das, was man tut, akzeptiert wird, und dass man in einer Gruppe von Menschen integriert ist und mitgetragen wird, dass man einen Beitrag zu dieser Gemeinschaft leisten kann und darf. Die von mir vor allem in dieser Gruppe interviewten Jugendlichen, aber auch in der Gruppe, die ich als religiös und traditionell orientiert bezeichne, sind anerkannt und in einer gewissen Art und Weise integriert.

Sie haben schulische und berufliche Erfolge, durch die sie die Anerkennung und Integration in den jeweiligen Gruppen erlangen. Was diese beiden Gruppen noch auszeichnet, ist natürlich auch ihre Entschiedenheit in dem, wie, was und wer sie sind und sein wollen. Diese Ziele und die Entschiedenheit sind jeweils die Resultate aus selbst gewählten Gründen, beispielsweise wenn eine junge, 20-jährige Frau sich entscheidet, ein Kopftuch zu tragen, in der Öffentlichkeit dazu zu stehen, oder wenn eine junge Frau sich entscheidet, ein Leben zu leben, das nicht identisch ist mit den Erwartungen ihrer Eltern bzw. der „Herkunftskultur". Als ein anderes Ziel der Identität wird das Ziel der Autonomie genannt. Hier bei dieser Gruppe und aus Interviewpassagen wird sehr deutlich, dass diese Jungendlichen ein enormes Verlangen nach eigener Autonomie haben. Diese Autonomie ist sehr eng gekoppelt mit dem Ziel der Selbstachtung bzw. Selbstschätzung. Die Originalität als Identitätsziel wird bei dieser Gruppe von Jugendlichen am deutlichsten. Denn sie sehen sich weder als „Deutsche" noch als „Türken". Sie wollen jeweils als eine eigenständige Person betrachtet werden, die oft aus sehr schwierigen Verhältnissen das Beste macht. Somit wollen sie in jeder ihrer Auseinandersetzungen ihre Authentizität und Originalität in den Mittelpunkt stellen.

Um mit Keupp u. a. zu sprechen: *„es geht um die Frage, wie sich die unterschiedlichsten Identitätsbedürfnisse in eine Art Balance bringen lassen"* (Keupp u. a., 1999, S. 267).

Die Frage ist, so Keupp u. a., wie es den Subjekten gelingt, aus der Vielzahl von möglichen Lebensentwürfen für sich stimmige Identitätsprojekte zu realisieren (Vgl. ebd.).

> *„Die Antwort des Subjekts besteht dabei aus einer nicht mehr primär inhaltlich oder normativ definierten, sondern prozessual zu verstehenden Kohärenzleistung. Hergestellt wird ein unterschiedlichen Inhalten zugeordnetes Gefühl des Sinnhaften, des Verstehbaren und Gestaltbaren. Jede Kultur hat für Kohärenz unterschiedliche Maßverhältnisse und Normen. Der Einklang »mit sich und der Welt« war in vergangenen Jahrzehnten und in traditionelleren Kulturen schon allein mit genügend Einpassungsbereitschaft zu erreichen. Man tat, wollte und war genau das, was erprobt und vorgeschrieben war. Demgemäß wurde Kohärenz auch als eine »innere, in sich harmonische Einheit« verstanden. Heutige Identitäten mit dem verbreiteten Offenhalten von Optionen und der Verknüpfung widersprüchlicher Arrangements würden nach diesem Verständnis als sehr inkohärent, ja diffus abqualifiziert*

werden. In der Praxis erweisen sich solche Arrangements jedoch als zeitgemäße Formen von Kohärenz" (ebd., S. 267).

Damit von einer gelungenen Identität gesprochen werden kann, müssen viele Voraussetzungen erfüllt sein. Die meisten meiner Interviewpartner haben mir deutlich gemacht, dass viele Faktoren zusammenkommen müssen, um in der Entwicklung eine „Fehlentwicklung" zu erleben, aber genauso auch eine gelungene Entwicklung hinzubekommen. Genau dies möchte ich im Folgenden darstellen.

11.3.1. Faktoren, die bei einer gelungenen und oder nicht gelungenen Identität eine wichtige Rolle spielen

Keupp u. a. gehen anlehnend an Aron Antonovskys Salutogenese-Modell, davon aus, dass die Erfahrung von Kohärenz, Anerkennung und Authentizität die Handlungsfähigkeit der Subjekte beeinflusst.

> *„Wer sein Leben als wenig sinnerfüllt, versteh- und bewältigbar erlebt, wird auch in seinen Bewältigungs- und Handlungsmöglichkeiten eingeengt und wenig effektiv bleiben. Und wer sich zerrissen fühlt, kann seine Kräfte nicht bündeln oder muss seine Energie auf viele Einzelprojekte aufsplitten. Dieses ins Defizitäre gewendete Bild einer fragmentierten Identitätsarena kann in anderen Fällen aber auch eine Chance für eine gelingende Identität sein: Wen es dazu treibt, viele Facetten auszufüllen, für den ist das Aufsplitten der Kräfte in verschiedene Einzelprojekte gerade der Weg zu Handlungsfähigkeit und Authenzität. Insofern sind die benannten Dimensionen der Identitätsarbeit unlösbar miteinander verbunden und gehen ineinander über, sie sind verschiedene Perspektiven auf einen Prozess" (ebd., S. 268).*

Nach Keupp u. a. ist das Entscheidende jedoch, damit von einer gelungenen Identität bzw. der Erreichung der Handlungsfähigkeit gesprochen werden kann, dass die Subjekte über individuelle, subjektive, materielle, soziale und kulturelle Ressourcen verfügen. Zu Recht schreiben Keupp u.a.,

> *„was nützt die Zunahme biografischer Optionen und der möglichen Selbste, wenn den Subjekten die ökonomischen, sozialen, kulturellen und individuellen Ressourcen fehlen, um aus den Möglichkeiten Wirk-*

lichkeiten zu machen? Diese Ressourcen haben für die Identitätsarbeit eine doppelte Funktion: Sie sind Energien und Orientierungen, sind Mittel und Ziele, Instrumente und Instruktionen" (ebd., S. 269).

Keupp u. a. beschreiben die Fähigkeiten und Ressourcen, die das Gelingen von Identität befördern, unter folgenden Punkten zusammen:

- *„Gelingende Identität bedarf materieller Ressourcen.*
- *Gelingende Identität bedarf sozialer Integration.*
- *Das Streben nach gelingender Identität verlangt dem Subjekt in der spätmodernen Kultur inzwischen sehr eigenwillige Verknüpfungen und Kombinationen verschiedenster Teil-Realitäten ab. Dazu sind Fähigkeiten zum Aushandeln und ein geschärfter Möglichkeitssinn Voraussetzung.*
- *Eine wichtige psychische Voraussetzung für eine produktive, bejahende Annahme dieser Vieldeutigkeit und Offenheit ist Ambiguitätstoleranz. Ambiguitätstoleranz umschreibt die Fähigkeit eines Subjekts, auf Menschen und Situationen einzugehen, diese weiter zu erkunden, anstatt sich auf Diffusität und Vagheit entmutigen zu lassen oder nach einem »Alles-oder-nichts«-Prinzip zu werten und zu entscheiden" (ebd., S. 276-280).*

Keupp u. a. führen weitere sog. „Schlüsselqualifikationen" auf, die für das Gelingen von Identitäten wichtig wären. Diese sind, ohne sie hier ausführlich darstellen zu müssen,

„1. Identitätskompetenz – aufgeklärter Umgang mit bedrohter und gebrochener Identität.
2. Technologische und ökologische Kompetenz – Umgang mit den psychosozialen Nebeneffekten der spätmodernen Produktion.
3. Gerechtigkeitskompetenz – Sensibilität für Enteignungserfahrungen.
4. Historische Kompetenz – Erinnerungs- und Utopiefähigkeit.
5. Zivilgesellschaftliche Kompetenz" (ebd., S. 281-284).

Ich knüpfe hier an und möchte hervorheben, dass für das Gelingen von Identitäten zum einen eine sichere Bindung eine wichtige Säule ist. Zum anderen werden in der Fachliteratur die Resilienz, also die Widerstandsfähigkeit, und die Diversity-Kompetenz als weitere wichtige Bausteine für das Gelingen einer „gelungenen Identität" eingeführt.

„Das Bindungsmuster, das mit gesunder Entwicklung einhergeht, ist die sichere Bindung, in der ein Kind die Zuversicht besitzt, dass seine Eltern oder Elternfiguren verfügbar, einfühlsam und hilfsbereit sein werden, wenn es in bedrohliche oder ängstigende Situationen kommt. Mit dieser Sicherheit kann es unbeschwert seine Umwelt erkunden und fühlt sich deren Anforderungen gewachsen. Ein solches Muster wird durch Bezugspersonen gefördert, die verfügbar sind, sensibel auf die Signale des Kindes reagieren und liebevoll und bereitwillig auf das Kind eingehen, wenn es Schutz, Trost oder Hilfe sucht. Sicher gebundene Kinder zeigen später adäquates Sozialverhalten im Kindergarten und in der Schule, mehr Fantasie und positive Affekte beim freien Spiel, größere und längere Aufmerksamkeit, ein stärkeres Selbstwertgefühl und weniger depressive Symptome. In einigen Studien zeigten sie sich offener und aufgeschlossener für neue Sozialkontakte mit Erwachsenen und Gleichaltrigen als vermeidende und ambivalent gebundene Kinder" (Atabay, 2010, S. 37-40).

Die Resilienzforschung zeigt in den letzten Jahrzehnten, dass die Widerstandsfähigkeit eines Subjekts ein entscheidender Faktor in seiner Entwicklung sein kann. Um die Resilienz eines Menschen feststellen zu können, muss zunächst geklärt werden, welche Kriterien als Maßstab genommen werden. Nach Fröhlich-Gildhoff und Rönnau-Böse können hierbei externale sowie internale Kriterien zugrunde gelegt werden. Im Falle eines externalen Kriteriums wird Resilienz als die Anpassungsleistung an die soziale Umwelt verstanden. Und im Falle eines internalen Kriteriums wird Resilienz an inneren Befindlichkeiten festgemacht. Resilienz wird definiert als *„die psychische Widerstandsfähigkeit gegenüber biologischen, psychologischen und psychosozialen Entwicklungsrisiken"* (Wustmann zitiert nach Fröhlich-Gildhoff, Rönnau-Böse, 2011, S. 10).

Fröhlich-Gildhoff und Rönnau-Böse heben hervor, dass die Fähigkeit zur Resilienz nicht angeboren ist, sondern sich im Laufe der Zeit in einem Interaktionsprozess zwischen dem Individuum und der Umwelt entwickeln würde. Hier wird davon ausgegangen, dass das Kind selbst aktiv regulierend auf seine Umwelt einwirkt. *„Resilienz ist damit ein „dynamischer Anpassungs- und Entwicklungsprozess"* (ebd., S. 10). Die Annahme wird somit bekräftigt, dass die Resilienz sich im Laufe des Lebens eines Menschens verändert. Es hängt jedoch von den Erfahrungen eines Menschen, welche Ereignisse dieser bewältigt hat, ab (Vgl. ebd.). Aus diesem Grund wird Resilienz als eine „variable Größe" und nicht als eine stabile

Größe gesehen. Aus der entwicklungspsychologischen Perspektive wird Resilienz definiert:

> *„Unter Resilienz wir die Fähigkeit von Menschen verstanden, Krisen im Lebenszyklus unter Rückgriff auf persönliche und sozial vermittelte Ressourcen zu meistern und als Anlass für Entwicklung zu nutzen" (Welter-Enderlin zitiert nach Fröhlich-Gildhoff, Rönnau-Böse, 2011, S. 10).*

In der Resilienzforschung wie auch in der Bindungsforschung wird über Risikofaktoren und über Schutzfaktoren referiert. Unter Riskofaktoren wird vor allem das biomedizinsche Modell eher einer pathogenetischen Sichtweise zugrunde gelegt. Dort werden die Faktoren in den Mittelpunkt gestellt, die die kindliche Entwicklung gefährden, zu seelischen Störungen und Erkrankungen führen können und die kindliche Entwicklung in vieler Hinsicht beeinträchtigen. Dies sind zum einen die primären Vulnerabilitätsfaktoren wie prä-, peri- und postnatale Faktoren bis hin zu geringen kognitiven Fähigkeiten. Als zweiter Faktor werden die sekundären Vulnerabilitätsfaktoren genannt. Darunter versteht man die unsichere Bindungsorganisation und die geringe Fähigkeit zur Selbstregulation von Anpassung und Entspannung. Als drittes werden folgende Risikofaktoren und Stressoren dargestellt: niedriger sozioökonomischer Status, chronische Armut, aversives Wohnumfeld, chronische familiäre Disharmonie, Alkohol- und Drogenmissbrauch der Eltern, psychische Störungen der Eltern, Kriminalität der Eltern, Obdachlosigkeit, niedriges Bildungsniveau der Eltern, Erziehungsdefizite und ungünstige Erziehungspraktiken, Abwesenheit eines Elternteils, sehr junge Elternschaft, unerwünschte Schwangerschaft, häufige Wohnungs- und Schulwechsel, Migrationshintergrund in Verbindung mit niedrigem sozioökonomischen Status, soziale Isolation der Familie, Verlust eines Geschwisters, Geschwister mit einer Behinderung, mehr als vier Geschwister, Mobbing und Ablehnung durch Gleichaltrige und außerfamiliäre Unterbringung. (Vgl. Fröhlich-Gildhoff, Rönnau-Böse, 2011).

Es wird darauf hingewiesen, dass keiner dieser Risikofaktoren auch automatisch eine Entwicklungsgefährdung darstellt. Das Augenmerk wird darauf gelenkt, dass vor allem die Häufung und die Dauer der Belastungen eine gravierende Rolle bei einer Entwicklungsgefährdung spielen. Besonders schwerwiegende Entwicklungsgefährdungen werden in Fällen von traumatischen Erlebnissen, wie beispielweise Gewalttaten, sexueller Missbrauch u. Ä., genannt.

Hier werden die Risikofaktoren hinsichtlich ihrer Veränderbarkeit unterschieden. Es gibt Faktoren, wie z. B. das Geschlecht, die nicht veränderbar sind und als strukturelle Faktoren betrachtet werden. Es ist von variablen Faktoren die Rede, die durch Interventionen verändert werden können. Die variablen Faktoren werden unterschieden in diskrete Faktoren und kontinuierliche Faktoren. Diskrete Faktoren sind beispielsweise kritische Lebensereignisse wie der Verlust einer wichtigen Bezugsperson u. Ä. Die Auswirkungen der kontinuierlichen Faktoren können in ihrem Ausmaß variieren, z. B. die Qualität der Eltern-Kind-Beziehung.

Fröhlich-Gildhoff und Rönnau-Böse berichten vor allem auch von empirisch belegten Schutzfaktoren. Diese sind:

> *„1. Individuelle Eigenschaften des Kindes, wie z. B. Perönlichkeitsfaktoren,*
> *2. Mikrosoziale Faktoren in der direkten Umwelt des Kindes, wie der Familie und*
> *3. Faktoren innerhalb des Makrosystems, wie das weitere soziale Umfeld" (Fröhlich-Gildhoff, Rönnau-Böse, 2011, S. 28).*

Die zentralen Schutzfaktoren werden unter verschiedenen Aspekten zusammengefasst. **Personale Ressourcen**: Darunter werden kindbezogene Faktoren aufgelistet: Positive Temperamenteigenschaften, intellektuelle Fähigkeiten, erstgeborenes Kind, weibliches Geschlecht. Unter den Resilienzfaktoren werden Selbstwahrnehmung, Selbstwirksamkeit, Selbststeuerung, soziale Kompetenz, Umgang mit Stress und Problemlösefähigkeiten genannt. **Soziale Ressourcen:** Unter diesem Punkt wird auf den Ebenen innerhalb der Familie, in den Bildungseinrichtungen und dem weiteren sozialen Umfeld unterschieden. **Innerhalb der Familie:** Für die gesunde Entwicklung des Kindes sei eine stabile Bezugsperson, die Vertrauen und Autonomie des Kindes fördert, wichtig. Des Weiteren werden folgende Themen für wichtig gehalten: autoritativer, demokratischer Erziehungsstil, konstruktive Kommunikation, Zusammenhalt und Stabilität in der Familie, enge Geschwisterbindungen, altersangemessene Verpflichtung des Kindes im Haushalt, hohes Bildungsniveau der Eltern, unterstützendes familiäres Netzwerk (Verwandtschaft, Freunde, Nachbarn), hoher sozioökonomischer Status. In den Bereichen **der Bildungsinstitution** werden folgende wichtige Punkte als Schutzfaktoren aufgezählt: Klare, transparente und konsistente Regeln und Strukturen,

> *„wertschätzendes Klima (Wärme, Respekt und Akzeptanz gegenüber dem Kind), hoher, angemessener Leistungsstandard, positive Verstärkung der Leistungen und Anstrengungsbereitschaft des Kindes, positive Peerkontakte/positive Freundschaftsbeziehungen, Förderung von Ba-*

> *siskompetenzen, Zusammenarbeit mit dem Elternhaus und anderen sozialen Institutionen. Auf der Ebene des weiteren* ***sozialen Umfeldes*** *wird Folgendes hervorgehoben: kompetente und fürsorgliche Erwachsene außerhalb der Familie, die Vertrauen fördern, Sicherheit vermitteln und als positive Rollenmodelle dienen (z. B. Erzieher, Lehrer, Nachbarn), Ressourcen auf kommunaler Ebene („Angebote der Familienbildung, Beratungsstellen, Frühförderstellen, Gemeindearbeit usw.), Vorhandensein prosozialer Rollenmodelle, Normen und Werte in der Gesellschaft" (Fröhlich-Gildhoff, Rönnau-Böse, 2011, S. 29-30).*

Heiner Keupp u. a. beschreiben unter der Überschrift „Schranken für gelingende Identität", dass das Gelingen von Identität nicht nur in der *„Verfügungsmacht der Subjekte selbst"* liegt. Die Menschen seien zwar für ihr eigenes Leben verantwortlich,

> *„aber sie können nicht alles verantworten, was sie leben müssen. Das Gelingen von Identität ist deshalb kein privates oder im engen Freundeskreis zu bewerkstellendes Projekt, es ist letztlich ein gesellschaftlich vermittelter Prozess. Mögliche Schranken, die das Zustandekommen einer gelungenen Identität beeinflussen, sind zum einen die soziale, politische und die wirtschaftliche Praxis einer Gesellschaft, zum anderen die dominierenden Erzählungen über diese Praxis, die gesellschaftlichen Metaerzählungen samt der Werte-und Norm-Systeme" (Keupp u. a., 1999, S. 286).*

11.4. Die „assimilierte Identitätsform oder der assimilierte Typus"

Zu dieser Identitätsform konnte ich keine Interviewpartner finden bzw. sie waren nicht bereit, mit mir ein Interview durchzuführen. Ich möchte hier keinen Menschen ausschließen oder beurteilen. Meine Haltung und mein Anliegen sind es, hier jede Indentitätsform zu Wort kommen zu lassen. Jeder soll seine Berechtigung, seinen Platz in der Gesellschaft bekommen, ohne dass er ausgegrenzt, diskriminiert und verurteilt wird. Ich kann hier nur die hypothetische Annahme stellen, was man sich unter „assimiliert" vorstellen kann. Aus diesem Grund glaube ich, dass es sehr wichtig ist, was die Forschung hierzu zu sagen hat. Deshalb werde ich aus der Fachliteratur berichten bzw. aus den bisherigen und mir bekannten Forschungsergebnissen. Anzunehmen ist, wie auch unten beschrieben, dass bei vielen meiner

Interviewpartner von einer segmentierten Assimilation gesprochen werden kann. Was unter Assimilation oder segmentierter Assimilation verstanden wird, will ich im Folgenden anhand einer Untersuchung vorstellen. Ein Untersuchungsergebnis, das mir vorliegt, stammt von drei Autoren, Segeritz, Walter und Stanat (2010), mit dem Titel: „Muster des schulischen Erfolgs von jugendlichen Migranten in Deutschland: Evidenz für segmentierte Assimilation?“

Die Autoren beschreiben den Gegenstand der Untersuchung wie folgt:

> *„Auf der Basis der nationalen Erweiterungsstichprobe von PISA 2003 (PISA-E 2003) werden strukturelle Assimilationstendenzen bei 15-Jährigen, deren Familien aus der Türkei, dem Gebiet der ehemaligen UdSSR oder Polen zugewandert sind, im Hinblick auf den Gymnasialbesuch und mathematische Kompetenzen untersucht. Es wird der Frage nachgegangen, ob segmentierte Assimilationsprozesse zu beobachten sind. Eine allmähliche Annäherung von Jugendlichen mit Migrationshintergrund an solche ohne Migrationshintergrund im Hinblick auf diese Indikatoren über die Einwanderergenerationen hinweg würde auf eine direkte Assimilation (straight-line assimilation), eine annähernde Konstanz der Disparitäten hingegen auf eine sogenannte abwärtsgerichtete Assimilation (downward assimilation) hindeuten“ (Segeritz, Walter, Stanat, 2010, S. 113).*

Die Stichprobe und die Datenbasis, so die Autoren der Untersuchung, ergeben sich aus einer Teilstichprobe der nationalen Erweiterungsstichprobe von PISA 2003 (PISA-E 2003).

> *„Die Erweiterungsstichprobe umfasst insgesamt 46.185 15-jährige Schüler. Bei der Stichprobenziehung wurden Jugendliche mit Migrationshintergrund überproportional häufig gezogen, um für diese Gruppe Fallzahlen zu erreichen, die differenzierte Analysen ermöglichen. Nicht zur Stichprobe gehören Jugendliche, die eine Sonder- oder Förderschule besuchen. In die im Folgenden beschriebenen Analysen werden nur Jugendliche einbezogen, die eindeutig der Gruppe von Schülern ohne Migrationshintergrund oder einer der untersuchten Migrantengruppen zugeordnet werden können. Wegen zu geringer Fallzahlen in den Teilgruppen der Jugendlichen der ersten Generation und der 1,5. Generation aus interethnischen Beziehungen werden diese in den folgenden Analysen nicht berücksichtigt. Zudem sind in der Analysestich-*

probe nur Schüler enthalten, für die vollständige Informationen über ihren sozioökonomischen Hintergrund, das Bildungsniveau ihrer Eltern sowie die Verfügbarkeit von Kultur- und Wohlstandsgütern in ihrer Familie vorliegen. Daraus ergibt sich eine Analysestichprobe von insgesamt NG 36.024 Jugendlichen. NM 10.439 dieser Schülerinnen und Schüler haben einen Migrationshintergrund"(ebd., S. 121).

Die Autoren beschreiben, dass Assimilation in der Mehrzahl der modernen migrationssoziologischen Theorien als deskriptives Konzept verstanden wird. Im Weiteren wird dieser Prozess als eine Annäherung der gesellschaftlichen Gruppen im Generationenverlauf und in Bezug auf eine Reihe von Dimensionen verstanden.

Diese Annäherung, so die Autoren, könne einseitig oder wechselseitig erfolgen. In der Regel aber wird der Fokus auf die Angleichung von Zuwanderern an Mitglieder der jeweiligen Aufnahmegesellschaft gelegt.

*„Unter vollständiger Assimilation wird das Verschwinden von Unterschieden zwischen zwei Gruppen (z. B. zwischen einer Zuwanderergruppe und der Aufnahmegesellschaft) auf Aggregatebene verstanden. Dabei lassen sich vier Dimensionen der Assimilation unterscheiden: kulturelle, strukturelle, soziale und identifikative Assimilation. **Kulturelle Assimilation** bezeichnet eine Angleichung von Fähigkeiten und Fertigkeiten, insbesondere im Bereich der Sprache. Sie bildet eine wichtige Grundvoraussetzung für die **strukturelle Assimilation**, die sich auf das Erreichen bestimmter Positionen im Bildungswesen oder auf dem Arbeitsmarkt bezieht. **Soziale Assimilation** zeigt sich in zwischenmenschlichen Beziehungen, wie etwa Freundschaften und Partnerschaften zwischen Zuwanderern und Mitgliedern der Aufnahmegesellschaft. Als wichtiger Indikator gelten insbesondere Partnerschaften zwischen Personen mit und ohne Migrationshintergrund. **Identifikative Assimilation** schließlich beschreibt ein emotionales Zugehörigkeitsgefühl zur Aufnahmegesellschaft und setzt in der Regel eine gewisse Angleichung in Bezug auf die anderen Dimensionen voraus" (Segeritz, Walter, Stanat, 2010, S. 115).*

Der strukturellen Assimilation wird eine besondere gesellschaftliche Relevanz beigemessen. Dies beruht auf dem Verschwinden von Bildungs-, Berufs- und Statusunterschieden auf Aggregatebene zwischen Menschen mit und solchen ohne Migrationshintergrund, da nur so eine dauerhafte ethnische Schichtung der Gesellschaft verhindert werden könne. Die Autoren sehen die Annahme einer fortschreitenden Assimilation aller ethnischen Gruppen auf diesen Dimensionen als sehr umstritten, genauso auch die Annahme, dass die Aufnahmegesellschaft als homogener Kern des Bezugspunktes für die direkte Assimilation dienen soll.

> *„Die Theorie der segmentierten Assimilation (**segmented assimilation theory**) geht demgegenüber davon aus, dass Assimilation in verschiedenen Segmenten der Gesellschaft stattfindet und dass in einzelnen ethnischen Gruppen über die Generationen hinweg stabile bildungsbezogene Disparitäten bestehen bleiben können. Die direkte Assimilation ist dem Modell zufolge überwiegend Zuwanderern mit relativ hohem sozioökonomischen Status und Bildungsniveau vorbehalten. Für sozioökonomisch benachteiligte Familien sagt die Theorie der segmentierten Assimilation dagegen zwei mögliche Ausgänge des Migrationsprozesses vorher: abwärts gerichtete Assimilation (**downward assimilation**) und Akkulturation ohne Assimilation (**acculturation without assimilation**). Bei der abwärts gerichteten Assimilation nähern sich Migranten an eine sozial benachteiligte Gruppe an. Dabei kann es sich um Mitglieder der Aufnahmegesellschaft oder um Zuwanderer handeln, die bereits seit mehreren Generationen im Aufnahmeland leben. Abwärts gerichtete Assimilation wird vor allem dann angenommen, wenn Zuwanderer sich in (innerstädtischen) Wohngebieten mit hohen Armuts- und Arbeitslosigkeitsraten ansiedeln. In solchen Fällen wäre es nach der Theorie wahrscheinlich, dass eine Assimilation an die sozioökonomisch benachteiligte Schicht des Wohnumfelds stattfindet. Während Kinder der ersten Generation noch von den Werten und Normen ihrer Eltern geprägt seien, würden sich Kinder der zweiten Generation stärker an den Werten und Normen ihres erweiterten sozialen Umfelds orientieren, das im Hinblick auf die Möglichkeiten für sozialen Aufstieg oftmals desillusioniert sei und die Normen der Mittelklasse (u. a. Bildungserfolg) ablehne“ (ebd., S. 116).*

Die Autoren gehen von der Annahme aus, dass die strukturelle Assimilation insofern unabdingbar sei, weil sie eine erfolgreiche Beteiligung am Arbeitsmarkt stelle. Diese habe auf der individuellen sowie auf der gesellschaftlichen Ebene eine sehr große Bedeutung, weil dies den weiteren Lebensweg und die Partizipationsmöglichkeiten von Migranten am Arbeitsmarkt vorstrukturiere.

Die Autoren stellen fest, dass erhebliche Unterschiede bezüglich der familiären Lebensbedingungen nicht nur zwischen deutschen Kindern und Migrantenkindern vorhanden sind, sondern auch erhebliche Unterschiede zwischen den Zuwanderergruppen existieren.

> *„In allen Gruppen sind diese Bedingungen in der ersten und 1,5. Generation im Vergleich zu Familien ohne Migrationshintergrund deutlich ungünstiger, wobei die Nachteile in der Gruppe der türkischstämmigen Zuwanderer mit Abstand am größten sind. Der Unterschied ist für das Bildungsniveau der Eltern und den sozioökonomischen Hintergrund der Familien besonders ausgeprägt. Das Bildungsniveau von Eltern türkischer Herkunft liegt sowohl in der ersten als auch in der 1,5. Generation mehr als zwei Standardabweichungen unter dem Bildungsniveau von Eltern ohne Migrationshintergrund. Beim sozioökonomischen Hintergrund beträgt die entsprechende Differenz fast 0,9 Standardabweichungen"(ebd., S. 123).*

Während bei Familien bspw. aus der ehemaligen UdSSR beim sozioökonomischen Status zwischen der ersten und der 1,5. Generation zwar keine statistisch bedeutsamen Unterschiede zu verzeichnen sind und bei ihnen bezüglich der Wohlstandsgüter und der kulturellen Besitztümer deutliche Hinweise auf Assimilationstendenzen zu beobachten seien und die Disparitäten zwischen der ersten, 1,5 und zweiten Generation gänzlich verschwinden, sieht die Situation in türkeistämmigen Familien anders aus.

> *„Die Lebensbedingungen zwischen der ersten bzw. 1,5. und zweiten Generation sind in Bezug auf den sozioökonomischen Hintergrund und den kulturellen Besitz dagegen kaum zu unterscheiden. Dies deutet darauf hin, dass in der Gruppe der Zuwanderer türkischer Herkunft die sozioökonomischen und gesellschaftlichen Aufstiegstendenzen wenig ausgeprägt sind. Unabhängig vom Generationenstatus befinden sie sich in einer besonders benachteiligten Situation" (ebd., S. 125).*

Bei diesen Untersuchungen werden auch andere Unterschiede festgestellt. Während bei Migrantenkindern aus der ehemaligen UdSSR und Polen die Alltagssprache eher die deutsche Sprache ausmache, ist dies bei den türkeistämmigen Migrantenkindern anders. Diese würden deutlich häufiger die Herkunftssprache sprechen, die Mehrheit von ihnen nutzt sie in ihrem Alltag.

Die Bildungsbeteiligung von Migranten wird von den Autoren als ein wichtiger Indikator für die strukturelle Assimilation gesehen. Die türkeistämmigen 15-Jährigen besuchen überproportional viel (69 Prozent) die Hauptschule, im Vergleich zu anderen gleichaltrigen Migranten aus der UdSSR und Polen, und nur zwei Prozent von ihnen besuchen ein Gymnasium. Während bei den Jugendlichen aus der UdSSR und Polen in der zweiten Generation eine sehr große Annäherung zu deutschen Gleichaltrigen beobachtet wird, sieht es bei türkeistämmigen auch in der zweiten und den folgenden Generationen nicht rosig aus. Das heißt, die Benachteiligung, so die Autoren, setze sich bei den Schülern türkischer Herkunft in der zweiten Generation fort. Laut der Autoren würden ihre Ergebnisse darauf hindeuten, dass es bei der strukturellen Assimilation in der zweiten Generation bei den Kindern und Jugendlichen aus der UdSSR und Polen kaum Unterschiede zu deutschen Kindern gibt.

> *„In allen Herkunftsgruppen, außer der türkischen, unterscheiden sich diese Jugendlichen nicht von Jugendlichen ohne Migrationshintergrund. Weniger günstig sind die Chancen des Gymnasialbesuchs für die Gruppe der türkeistämmigen Jugendlichen, auch wenn zentrale Hintergrundmerkmale kontrolliert werden. Insgesamt weisen die Ergebnisse darauf hin, dass die relativ ungünstigen Befunde zur Bildungsbeteiligung von türkeistämmigen Jugendlichen zu einem großen Teil auf die ausgeprägte sozioökonomische Benachteiligung der Familien zurückgeführt werden können“ (ebd., S. 129-131).*

Die Autoren fügen hinzu, dass die bevorzugte Sprache bzw. die Sprachpräferenz keinen statisch bedeutsamen Effekt auf den Besuch des Gymnasiums hat.

Bei dieser Untersuchung wurden auch die Disparitäten in mathematischen Kompetenzen über die Generationen hinweg betrachtet. Festgestellt wurde, dass in allen Zuwanderergruppen sich Tendenzen einer abnehmenden Disparität über die Generationen finden. Bei der ersten Migrantengeneration sind die Leistungsnachteile im Vergleich zu Jugendlichen ohne Migrationshintergrund am größten. Ein erhebliches Variieren gäbe es bezüglich der Unterschiede zwischen den Herkunftsgruppen.

> *„Sie reichen von 41 Punkten für Zuwanderer aus Polen bis zu annähernd 170 Punkten für türkischstämmige Zuwanderer. Jugendliche aus der ehemaligen UdSSR und aus sonstigen Zuwandererstaaten nehmen mittlere Positionen ein (73 bzw. 96 Punkte). Ebenso gilt für alle Zu-*

wanderergruppen, dass Jugendliche, die bereits vor Schuleintritt zugewandert sind (1,5. Generation), geringere Nachteile im Vergleich zu Jugendlichen ohne Migrationshintergrund aufweisen, als Jugendliche, die als Seiteneinsteiger in eine deutsche Schule gekommen sind (erste Generation). Zwischen der 1,5. Generation und der zweiten Generation sind jedoch nur in der Gruppe der Jugendlichen aus der ehemaligen UdSSR signifikante Differenzen zu beobachten. In den anderen Herkunftsgruppen spielt es offenbar keine erhebliche Rolle, ob die Kinder in Deutschland geboren wurden oder vor Schuleintritt zugewandert sind" (ebd., S. 131).

Auch bei der zweiten Generation sei bei türkeistämmigen Jugendlichen eine Disparität über 100 Punkte bei den Leistungsunterschieden im Vergleich zu Jugendlichen ohne Migrationshintergrund am deutlichsten festzustellen. Ein wichtiges Merkmal beim Leistungsnachteil (53 Punkte), vor allem bei türkeistämmigen Jugendlichen, ist zu beobachten, wenn ein Elternteil außerhalb von Deutschland geboren wurde und später nach Deutschland zugewandert ist.

Die identifizierten Disparitäten verringern sich in allen Gruppen, wenn der familiäre Hintergrund kontrolliert wird. Bei türkeistämmigen Jugendlichen und den Jugendlichen aus anderen Herkunftsländern werden weiterhin signifikante Leistungsnachteile festgestellt. Dieser Befund würde mit anderen Untersuchungsergebnissen deckungsgleich sein, da insbesondere die geringeren Leistungen der türkischstämmigen Migranten nicht allein auf den sozioökonomischen Hintergrund und den Bildungshintergrund der Familien zurückgeführt werden können. Denn die Autoren stellen fest, dass sich keine Teilgruppe der polnischen Zuwanderer in ihrer mittleren mathematischen Kompetenz signifikant von Jugendlichen ohne Migrationshintergrund unterscheidet.

Die Autoren stellen zudem fest, dass für polnischstämmige Zuwanderer keine Verringerung der Disparitäten zwischen der 1,5. und der zweiten Generation zu beobachten ist.

„Allerdings ist die Differenz im Vergleich zu Jugendlichen ohne Migrationshintergrund auch nach Kontrolle der Hintergrundmerkmale für türkischstämmige Zuwanderer fast doppelt so groß wie für Jugendliche aus anderen Staaten. Die geringe Aufwärtsmobilität findet sich darüber hinaus nicht nur in den Bildungsindikatoren, sondern auch im sozioökonomischen Hintergrund der Familie. Türkischstämmige Zuwande-

rer scheinen demnach ihre soziale Situation über die Generationen hinweg kaum verbessern zu können"(ebd., S. 134).

Die Autoren dieser Forschungsgruppe fassen ihre Ergebnisse zusammen und stellen fest:

> *„Zusammenfassend hat sich gezeigt, dass auch in Deutschland Hinweise auf segmentierte Assimilationsmuster einzelner Migrantengruppen vorliegen. Diese Ergebnisse können jedoch, insbesondere aufgrund möglicher Kohortenunterschiede zwischen den Generationen, nur als vorläufig gelten und sollten in längsschnittlich konzipierten Studien repliziert werden. Weiterhin ist einschränkend zu bemerken, dass es sich bei den schulischen Problemen in der zweiten Generation um vorübergehende Adaptionsprobleme handeln könnte, die nicht notwendigerweise gegen eine langfristige direkte Assimilation sprechen müssen. Insbesondere die erhebliche, und wie unsere Analysen gezeigt haben, offenbar persistente Benachteiligung von Schülern türkischer Herkunft ist weiterhin erklärungsbedürftig und sollte in zukünftigen Studien genauer analysiert werden" (ebd., S. 135).*

Es gibt natürlich auch assimilierte Menschen, die Haltungen, Vorstellungen und vor allem negative diskriminierende und ausgrenzende Einstellungen übernommen und sich vollständig von ihrer Herkunftskultur und Sprache distanziert haben. Dagegen werden alle positiven Zuschreibungen der Mehrheitsgesellschaft von ihnen ebenso vollständig übernommen und sind für sie die identifikatorischen Hauptmerkmale ihres Lebens. Sie gehen beispielsweise nicht zu einem türkeistämmigen Arzt, weil er nicht gut sein kann. Ich wollte meinen Fokus auf diese Menschen richten, was mir aus unterschiedlichen Gründen nicht gelungen ist.

12. Kritische Anmerkungen zum Thema "interkulturell" im psychosozialen Kontext

Sobald die Rede von Migranten und Migration ist, tauchen Begriffe wie „interkulturell, multikulturell, ethnische Identität, Integration usw. auf. Ebenso wird der Begriff „Toleranz" in diesem Kontext gepredigt. Ich möchte im Folgenden den Ansatz der „Interkulturellen Theorie" und den Begriff „Toleranz" kritisch betrachten.

Im Zusammenhang des Diskurses über Interkulturalität gibt es eine sehr große Diskrepanz zwischen „Wunsch und Wirklichkeit". Innerhalb der sog. Interkulturellen Bewegung gibt es meines Erachtens verschiedene Strömungen. Es gibt die Berufs-"Interkulturellen". Es gibt das Lippenbekenntnis „Interkulturelle". Es gibt die „auf dem Papier und sonst nichts dahinter Interkulturellen". Es gibt professionelle Interkulturelle und die neuen Begriffe „Schöpfende und Paradigmen-erfindende Interkulturelle". Fast alle haben etwas gemeinsam: Zumindest ein Teil von ihnen bildet die „Minderheit in der Mehrheitsgesellschaft" und sie fühlen sich in der Mehrheitsgesellschaft, aus der sie kommen, ohnmächtig. Was passiert in der Ohnmacht, sich mit noch Ohnmächtigeren in der Gesellschaft zu identifizieren, sich mit deren „Problemen" zu beschäftigen, um sich wieder „mächtig" zu fühlen. Aus diesem Grund gibt es eine sehr große Identifikation mit diesem Thema. Und fast ohne Ausnahme wird der Begriff „Interkultur" im Zusammenhang mit „Ausländerarbeit" verwendet. Mecheril schreibt:

> *„»Interkulturelle Kompetenz« firmiert als bereichsübergeordnete Bezeichnung, in der zweierlei zum Ausdruck kommt: einerseits eine pädagogisches Handeln und Professionalität betreffende Diagnose, die einen Mangel an Handlungsvermögen feststellt, andererseits die Erwartung und die Hoffnung, diesen Mangel zu beheben" (Mecheril, 2008, S. 15).*

Inzwischen existieren in München und deutschlandweit so viele Einrichtungen, die früher andere Namen hatten. Sie hießen „Verein zur Förderung, oder Arbeitskreis [...] mit ausländischen Familien". Der Name „Ausländer" wird jetzt ersetzt mit „interkulturell". Meine kritische Haltung drückt sich darin aus, dass ich den Verdacht habe, eine Sonderpädagogik für Migranten unter dem Decknamen „interkulturell" etabliert zu sehen. Der Versuch, aus diesem Ansatz einen Theorieanzug zu fertigen, ist fehlgeschlagen. Von jeder Theorie ein wenig ausscheiden und zusammennähen wird diesen Ansatz von seiner unterschwellig kulturalistisch-rassistischen Färbung nicht befreien.

Auch hierzu schreibt Mecheril:

> *„Wo die als fremd Betrachteten auftauchen, bedarf es interkultureller Kompetenz, weil durch die Präsenz der als fremd Bezeichneten pädagogische Handlungsfähigkeit allem Anschein nach problematisiert wird und als nicht (in ausreichendem und angemessenem Maße) zur Verfügung stehend erscheint. Interkulturelle Kompetenz wird nachgefragt als eine Art Sonderkompetenz für Professionelle, die in einer Weise mit Differenz und Fremdheit beschäftigt sind, die ihr übliches Bewältigungs- und Gestaltungsvermögen übersteigt" (ebd., S. 16).*

Somit werden viele Professionelle, die sich meines Erachtens zum großen Teil eine sehr gute Kompetenz durch ihr Studium und ihre Ausbildungen erworben haben, darin verunsichert. Sie fangen an, um in der Begegnung und Auseinandersetzung mit Migranten nicht als rassistisch angesehen zu werden, an ihren Kompetenzen und ihrem gesunden Menschenverstand zu zweifeln. Es ist nicht erlaubt, sich mit Migranten über ihre Rassismen auseinanderzusetzen. Die linken Bewegungen haben jahrzehntelang schweigend hingenommen, dass der „Nationalismus" und der „Rassismus" der Unterdrückten berechtigt seien. Diese Haltung erlebe ich auch, wenn es um „Rassismen" von Migranten geht. Benachteiligung darf kein Freibrief für Rassismus sein. Migranten, die aus unterschiedlichen Gründen (oft aus nicht berechtigten wie auch aus berechtigten Gründen) gegenüber professionellen Fachkollegen, die in bestimmten Institutionen, Ämtern und Organisationen tätig sind, sehr ablehnend, diskriminierend und zu rassistischen Handlungen neigend wirken, verunsichern diese. Ein Teil der Migranten argumentiert mit den „kulturellen Differenzen", bzw. weil sie eine andere Kultur und Religion haben und deshalb von den „deutschen" Kollegen nicht verstanden werden. Was in vielen Fällen passieren würde, wenn man sie verstehen könnte, bleibt ein Geheimnis. Das Verstehen und das Nichtverstehen wird somit zum Zentrum von „Macht" zwischen den professionellen Deutschen und den hilfesuchenden Migranten erklärt. In vieler Hinsicht werden Machtstrukturen nicht berührt, infrage gestellt und differenziert betrachtet.

Mecheril hebt in seinem Text zu Recht hervor, dass sich der Zusammenhang zwischen dem vermeintlichen Bedarf und den auf ihn reagierenden Kompetenzbegriff zu einem sehr problematischen Handlungsansatz in der pädagogischen Arbeit entwickelt hat.

„Der Ansatz ist davon gekennzeichnet, dass die kulturell-ethnisch »Anderen« in der Regel als Adressaten von »interkulturellen Kompetenzen« nicht vorkommen, dass Angebote zur »interkulturellen Kompetenz« im Zuge eines verkürzten und einseitigen Kulturverständnisses zu »Kulturalisierungen« neigen, und dass Angebote zur Vermittlung »interkultureller Kompetenz« in Gefahr sind, Handlungsvermögen als professionelle Technologie zu betrachten. Die Probleme betreffen also: (a) die Adressaten, (b) den theoretischen Blickwinkel und (c) das Professionalitätsverständnis von Konzepten »interkultureller Kompetenz« (ebd., S. 16).

Während einerseits die Herkunftskultur von Migranten als Verhängnis für deren „Integration" dargestellt wird, soll andererseits ihre Kultur eine besondere Beachtung bekommen.

Gontovos schreibt im Zusammenhang des interkulturellen Lernens:

„Dabei wird besonders viel Wert auf die Akzeptanz der »Kultur« der Migranten gelegt. Es wird aber weiterhin an der Unvereinbarkeit der »Kulturen« als Ursache ihrer Probleme festgehalten, wobei die Bedingungen, unter denen Migranten der »Kultur« des Aufnahmelandes begegnen, sowie ihre subjektiven Absichten hier in den Hintergrund treten" (Gontovos, 2000, S. 20).

Nun haben wir es hier mit Menschen/Migranten und deren nachfolgende Generationen zu Tun, die nicht als eine homogene Gruppe betrachtet werden können. Diese Arbeit ist ein Ergebnis davon. Die dritte und vierte Generation können auch nicht als Migranten bezeichnet werden. Nicht sie, sondern ihre Großeltern, sind Migranten. Sie unterscheiden sich von ihren deutschen Gleichaltrigen nur durch bestimmte Merkmale wie dem Aussehen, dem Namen und vielleicht durch die Religionszugehörigkeit. Es ist hier nur die Frage berechtigt, welche Kultur von welchen Migranten hier nun Akzeptanz finden soll. Wenn wir bereits von der dritten und vierten Generation sprechen, rückt diese Frage umso mehr *in den* Vordergrund. Welche Gruppe, die von mir dargestellt wurde, soll mit ihrer „Kultur" Akzeptanz finden? Bei diesen Generationen geht es nicht um die Frage, welche kulturellen Elemente Anerkennung bekommen sollen, sondern die Frage ist vielmehr, wie eine Gesellschaft es schaffen kann, trotz der vielen Differenzen und unterschiedlichen Herkunft möglichst viele Menschen ohne Benachteiligung im Hinblick auf Lebenschancen und Teilhabe- und Gestaltungsmöglichkeiten in diese Gesellschaft zu integrieren. Auf die Frage: „Wie würdest du dich selbst definieren? oder „Als was möchtest du gesehen werden? haben viele Jugendliche, die ich im Rahmen dieser Arbeit interviewt habe, die folgende Antwort gegeben. Sie wollen als Personen, als Individuum wahrgenommen, akzeptiert und anerkannt werden, und nicht als „Türke“, „Moslem“ oder „Kurde“ definiert werden.

> *„Die Hervorhebung der kulturellen Differenz hat weniger eine analytische Qualität, sie ist vielmehr eine formierende Definition. Die Spaltung der Gesellschaft in zwei Kollektive mit und ohne Migrationshintergrund leistet einen erheblichen Beitrag zur Beibehaltung von Gegensätzen, die dann häufig als »Parallelgesellschaft« beklagt werden – dabei wird den Migranten die Schuld für die Entwicklung zugeschrieben“ (Hamburger, 2009, S. 190).*

Acar, ein türkeistämmiger Künstler, äußerte sich in einem Interview mit der Süddeutschen Zeitung (Nr. 273/ S. R. 11, 25.11.2010) bezüglich des Begriffes „Migrationshintergrund“ so:

> *„Das klingt einfach bescheuert. Wie Zylinderkopfdichtung. Man macht damit Menschen zu einem Apparat. Da habe ich es lieber, wenn man mich als Kanaken bezeichnet. Das ist wenigstens ehrlich“ (Acar, 2010, SZ. 25.11.2010 S. R. 11).*

Auf die von mir oben beschriebene Situation dieser Jugendlichen liefert Gontovos eine andere Erklärung:

> *„Migranten stellen das selbstverständliche Weltbild der jeweiligen Mehrheitsgesellschaft sowie das Ritual von Anpassungsprozessen infrage und formulieren neue Lebensansprüche. Diese Bereicherungsmöglichkeit wird aber sowohl in der Schule durch die Lehrer als auch in der Mehrheitsgesellschaft abgewehrt, damit das eigene Weltbild nicht infrage gestellt wird. Stattdessen machen die Migrantenkinder repressive Erfahrungen und werden in der Schule sowohl im Emigrationsland als auch im Herkunftsland als „Defizit-Schüler“ behandelt, indem sie in beiden Fällen Förderunterricht bekommen“ (Gontovos 2000, S. 29).*

Der Begriff „interkulturell" ist in Mode gekommen. Er wird seit den Achtzigerjahren zunehmend im Zusammenhang mit dem Diskurs der multikulturellen Gesellschaft verwendet. Der Begriff der Interkultur ist sehr diffus und uneindeutig. Er wird ausschließlich im Zusammenhang und im klassischen Sinne mit der „Arbeit mit Ausländern" in Verbindung gebracht.

> *„Üblicherweise wird unter interkulturellem Handeln in pädagogischen Kontexten die Situation verstanden, dass eine professionelle Person, die Repräsentantin der kulturellen Mehrheit ist, es mit Klienten zu Tun hat, die kulturellen Minderheiten angehören. Von interkulturellem Handeln wird gesprochen, wenn beispielsweise eine türkische Mutter eine psychosoziale Beratungsstelle aufsucht, in der deutsche Berater arbeiten, oder wenn ein deutscher Lehrer es mit türkischen Schülern zu tun hat. Dieses gängige Bild des interkulturellen Handelns in pädagogischen Kontexten ist auf die Situation beschränkt, dass nationale oder ethnische Mehrheitsangehörige als Professionelle den nationalen oder ethnischen Minderheitsangehörigen pädagogische Angebote machen" (ebd., S. 17).*

Festzustellen ist, dass es sehr viele Definitionen und Vorstellungen über den Begriff „interkulturell" gibt. Das Gemeinsame bei allen Definitionsversuchen ist, dass verschiedene Kulturen unterschiedliche Standards haben, die es zu beachten gilt. Keine Kultur hätte das Recht, sich über eine andere Kultur zu stellen und zu behaupten, meine kulturellen Standards sind die einzig richtigen. Aufgrund der unterschiedlichen kulturellen Standards würde es zu Missverständnissen kommen. Wenn man aber über diese Standards aufgeklärt ist und sich damit auseinandersetzt, würde man zu einem interkulturellen Verständnis gelangen.

Würde man diesen theoretischen Überlegungen ernst nehmen, dann müsste man die Frage stellen, warum nicht auch die Migranten „interkulturell" geschult werden. Sind sie etwa frei von Vorurteilen, Ablehnungen, Ausgrenzungen oder rassistischem Gedankengut?

Mecheril beklagt sich darüber auch in seinem Text und stellt fest:

> *„Unter der Vorgabe dieses Verständnisses »interkulturellen Handelns« ist es naheliegend, dass sich interkulturelle Bildungsangebote an Mehrheitsangehörige richten. Nahezu alle Konzepte interkultureller Kompetenz wenden sich nur ausschließlich an Mehrheitsangehörige. Sie scheinen auch keinen Anlass zu sehen, diese, der Egalitätshypothese,*

der sich Handlungsansätze kultureller Differenz in der Regel verpflichtet wissen, widersprechende Nicht-Berücksichtigung zu thematisieren. Migranten und Migrantinnen kommen als Adressaten für die Angebote der professionellen interkulturellen Kompetenz nicht vor. Dies kann nur mit zweierlei zusammenhängen. Die Vorstellung, dass aus den Objekten ausländerpädagogischer Fürsorge nunmehr professionell handelnde Subjekte geworden sein sollen, mag, dies ist die erste Möglichkeit, noch immer befremdlich sein" (ebd., S. 17).

Seit Jahren werden Fort- und Weiterbildungen durchgeführt, Mitarbeiter werden „interkulturell eingeschult", aber trotzdem haben wir in der Bildungssituation von Migrantenkindern und -jugendlichen Defizite. Sie schneiden in den Schulen schlecht ab, und zählen somit zu den Verlierern und den Ausgeschlossenen der Gesellschaft.

Hierzu findet man in der Literatur andere, angeblich neuere Annäherungen bzw. theoretische Untermauerungen, die den Versuch unternehmen, zu klären, warum interkulturelle Verständigung notwendig ist oder bleiben wird. Viele dieser Autoren betrachten die interkulturelle Verständigung als notwendiger denn je, weil z. B. ein sozialer Wandel, die Globalisierung, die Migration und eine gesellschaftliche Vielfalt existieren.

Auch diese Erklärungen sind in den Sozialwissenschaften seit Ulrich Beck (Risikogesellschaft), Heiner Keupp (Riskante Chancen) u. v. a. m. schon sehr gut durchgearbeitet. Aber eine Frage bleibt für mich immer noch offen: Warum ist eine Sonderpädagogik für Ausländer notwendig? Weiß keiner der Sozialwissenschaftler, dass Deutschland seit Jahrzehnten ein Migrationsland ist? Trotzdem wird an vielen Hochschulen, Universitäten und Fachhochschulen dieses Thema entweder nur am Rande behandelt oder gar nicht erwähnt.

Meines Erachtens wird die Dimension des Themas durch den Ansatz der Interkulturalität sehr stark auf Missverständnisse reduziert. Gewiss gibt es viele Missverständnisse, wenn verschiedene Kulturen sich begegnen. Dies gilt auch für die Kulturen, die quasi als „homogen" gelten. In diesen Kulturen existieren auch die sogenannten Subkulturen, und auch diese können untereinander Missverständnisse aufweisen.

Meine These lautet hier: Mit diesem Ansatz wird verhindert, dass das Thema alle angeht. Solange einige wenige sich mit dieser Problematik beschäftigen und diesen Bereich als ihr Revier betrachten und andere „Löwen" nicht in diese Höhle lassen, dann können viele andere sich stillschweigend nicht angesprochen fühlen.

Wenn ich die Verhältnisse in Deutschland in Bezug auf das Thema Migration betrachte, dann herrscht ein anderes Bild. Ich frage mich oft, was hat es mit interkulturell auf sich, wenn ich nur mit Migranten arbeite, meine Angebote sich nur auf Migranten richten.

Hier werden Aspekte wie Rassismus, Macht, Ohnmacht und die Haltung der Dominanzkultur verschwiegen. In der Tat werden in der Praxis der interkulturellen Arbeit die gesellschaftlichen Machtverhältnisse reproduziert.

> *„Die in pädagogischen Zusammenhängen zumeist von Gedanken der Gleichheit und der Anerkennung von Differenz inspirierte Thematisierung von Differenz [...] wird daraufhin betrachtet, wie durch die Auseinandersetzungen mit Differenz gesellschaftliche Verhältnisse von Über- und Unterordnung reproduziert und bestätigt werden... Die gesellschaftlich vorherrschende, institutionalisierte sowie kulturell und imaginativ verfügbare Figur jenes Verhältnisses von Mehrheit und Minderheiten, von Wir und Nicht-Wir, von Einander-Vertrauten und Fremden, von Nicht-Anderen und Anderen, in der die Nicht-Fremden Akteure sind, deren Handeln sich fürsorglich oder nicht fürsorglich auf die Fremden bezieht, wird hier wiederholt. Die Nicht-Berücksichtigung der naheligenden Variable: (hier: professionelle) Handlungsfähigkeit der kulturell-ethnisch Anderen, diese Leer-Stelle, reproduziert das Verhältnis von Nicht-Fremden und Fremden, in dem die machtvolle Position der Nicht-Fremden mit beispielsweise dem Effekt verschleiert wird, dass in essentialisierten Verständnissen von Fremdheit als sozialer Beziehung gesprochen werden kann: Sie sind Fremd“ (ebd., S. 17-18).*

Aber in der Realität hat sich in unserer Gesellschaft, vor allem auf dem Feld der psychosozialen Arbeit, nicht viel verändert. Wir haben sehr viel geschrieben, Veranstaltungen durchgeführt und vieles mehr. Trotzdem müssen wir feststellen, dass sich, vor allem an der schulischen und beruflichen Situation von Migrantenkindern qualitativ nicht viel verändert hat. Aber auch in der psychosozialen Versorgung der Migranten hat sich nicht viel getan. Die Strukturen der Jugendämter und der allgemeinen Sozialdienste in Deutschland werden weiterhin der gesamten Situation der Unterschicht und der „Migranten“ nicht gerecht. Immer noch wird bei uns angefragt, ob man diese oder jene „ausländische“ Familie denn nicht an einen Migrationsfachdienst vermitteln könnte.

Hier stellt sich für mich die Frage: Brauchen wir eine „Sonderpädagogik“ für Migranten oder warum behandeln die Sozialwissenschaften das Thema Migration nicht durchgehend als ein gesellschaftliches Phänomen, sondern wie ein Stiefkind? Ich kann aus meiner Tätigkeit an der Fachhochschule München als Lehrbeauftragter nachweisen, dass sich durchschnittlich nur etwa 20 Studenten mit dem Thema Migration befassen. Die Frage ist: Werden Hunderte der übrigen Studenten der Fachhochschule mit dem Thema Migration und deren Auswirkungen in allen ihren Tätigkeitsfeldern nicht konfrontiert?

12.1. Migration, die Arbeit mit Migranten und die Herausforderung an die Professionalität

Die „interkulturelle Kompetenz" stellt sich für die professionell tätigen Menschen als Allheilmittel dar. Mecheril schreibt:

> *„Die Ausblendung der Eigenschaften des Ortes, an dem das interkulturelle Handeln stattfindet, leistet einer versteckten Überhöhung und Aufblähung der Möglichkeiten interkulturellen Handelns und entsprechender Kompetenz Vorschub. Indem die für interkulturelles Handeln zum Teil restriktiven gesellschaftlichen, institutionellen und kulturellen Bedingungen im Rahmen von interkultureller Kompetenz nicht oder am Rande in den Blick kommen, entfaltet sich die technologische Suggestionskraft interkultureller Kompetenz: Lehrer, die ihr es mit Migrantenkindern zu tun habt, besucht Fortbildungen in interkulturellem Lernen, eignet euch jene kommunikativen und selbstbezogenen Fertigkeiten an, dann werdet ihr im Kontakt mit dieser fremden Klientel erfolgreich handlungsfähig werden!" (ebd., S. 24).*

Dieses Verständnis und diese Herangehensweise reduziert den „Migranten" auf eine bestimmte Kultur, ohne dass kritisch hinterfragt wird, ob dieser Migrant sich zu dieser Kultur zugehörig fühlt, oder ob er sich durch seine Auseinandersetzungen zu einer anderen „kulturellen Person" entwickelt hat.

Die gängige Praxis ist auch, dass viele Institutionen bzw. dort tätige deutsche Kollegen, die Migranten, die wegen unterschiedlicher Anliegen bei ihnen landen, an andere Dienste oder an Fachkollegen weiterverweisen. Es wird kaum überprüft, ob diese Personen dies auch wollen. Denn sie hätten sich vielleicht selbst einen Muttersprachler oder jemanden mit vermeintlich „gleichem kulturellen Hintergrund" ausgesucht. Was bewegt diese Menschen, ausgerechnet zu mir/uns zu kommen. Oft entscheidet jemand Professioneller über den Klienten und was für diesen gut ist. Für wen ein Weiterverweisen in der Tat gut ist oder nicht, das wird unter den Teppich gekehrt.

Was passiert dabei, wenn eine Person mit „Migrationshintergrund“ an die jeweilige Fachperson überwiesen wird, die denselben kulturellen/sprachlichen Hintergrund besitzt. Es ist oft fraglich bis sehr problematisch, ob die Fachkollegen immer den Bedürfnissen ihrer überwiesenen Klienten gerecht werden. Nicht immer ist es sinnvoll, dass Menschen von Menschen beraten, betreut, therapiert und behandelt werden, die aus einem ähnlichen "Hintergrund" stammen.

Viele deutsche Fachkollegen argumentieren nicht selten damit, sie könnten mit diesen Menschen aus dem Grund nicht arbeiten, weil ihnen das kulturelle Hintergrundwissen fehle. Die Reaktion der Fachkollegen mit „Migrationshintergrund“ ist sehr unterschiedlich. Einerseits freut man sich, dass man „gebraucht wird und man eine Existenzberechtigung hat“, andererseits gibt es Kollegen, die eine kritische Auseinandersetzung mit derartigen Begründungen führen. Hier ist natürlich die Verführung der Fachkollegen mit „Migrationshintergrund“ sehr groß. Aber auch die Reduzierung und Abwertung dieser Kollegen ist dadurch gegeben. „Du bist ein Migrant und arbeitest ruhig bitteschön mit Migranten, und wagst es ja nicht, andere fachliche Ansprüche zu stellen“.

Ich bin der Ansicht, dass die Probleme viel tiefer liegen und oft an der Realität vorbeigeredet wird. Ich denke, wir müssen über die Macht, vor allem über die „verborgene Macht, den Rassismus und die Vorurteile“ auf beiden Seiten sprechen. Aus vielen verschiedenen Gründen gibt es Haltungen, die von beiden Parteien zu verändern wären, dies aber nicht passiert.

Wie soll ich es verstehen, wenn eine Person in einem Gespräch am runden Tisch sagt: „Warum reden wir nur über die Türken, wenn die Migranten das Thema sind?“ Diese Person bietet seit vielen Jahren „Interkulturelle Kompetenz-Traninigs an. Wir sprachen deshalb über die Türken, weil diese am meisten von den Entwicklungen betroffen sind. Bei einem großen Teil der Familien türkeistämmiger Migranten sind verheerende Probleme vorhanden. Auch sind türkeistämmige Migranten von der Ausgrenzung und den rassistischen Einstellungen seitens der Mehrheitsgesellschaft intensiver betroffen.

Paul Mecheril führt in seinem Text, indem er sich mit der „interkulturellen Kompetenz“ kritisch auseinandersetzt, eine andere Begrifflichkeit und somit eine andere Haltung ein. Er nennt diese die Kompetenzlosigkeitskompetenz.

> *„»Kompetenzlosigkeitskompetenz« verweist auf die doppelte Erfordernis, die aus dem Umstand erwächst, dass keine »einfachen«, rezeptologisch erfassbaren, professionellen Handlungszusammenhänge vorhan-*

den sind: Professionelles Handeln ist darauf angewiesen, in ein grundlegend reflexives Verhältnis zu dem eigenen professionellen Handeln, seinen Bedingungen und Konsequenzen treten zu können. Damit dies nicht schlicht zu einer Norm individuellen Handelns erklärt wird, heißt dies: Schaffung von Strukturen professionellen Handelns, in denen Reflexion nicht nur möglich, sondern auch sinnvoll sowie attraktiv ist und systematisch unterstützt wird. Die Reflexion bezieht sich in einer besonderen Weise auf die Grenzen professionellen Handelns, seine Einflusslosigkeit und seine paradoxen und problematischen Neben- und Hauptfolgen" (ebd., S. 25).

Eine professionelle Haltung, wie Mecheril sie beschreibt, löst sich von einer Annäherung an die Subjekte und reduziert sich ausschließlich auf die kulturelle Differenz. Diese Ausschließlichkeit der Differenztheorie liefert vielen nationalistisch oder religiös-nationalistisch orientierten Menschen und Gruppen den Nährboden, wie ich es in anderen Zusammenhängen in dieser Arbeit dargestellt habe. Dabei werden viele Faktoren wie das Geschlecht, die Schicht, die Klasse und die damit verbundenen Ungleichheiten, Ungerechtigkeiten, Machtstrukturen, Zugänge und die Belegung der öffentlichen Räume kaum thematisiert. „Der Blick auf Kultur kann von den strukturellen Bedingungen der Ungleichheit ablenken" (ebd., S. 22).

Nicht die Zugehörigkeit zu einer anderen Kultur ist oft entscheidend, sondern auch viele andere Aspekte wie die Diskriminierung und Benachteiligung können erheblich dazu beitragen, welche Position und Stellung Menschen in einer Gesellschaft bekommen.

Mecheril geht auf ein Thema ein, was ich für sehr wichtig in der psychosozialen Arbeit halte, nämlich „Wissen und Nicht-Wissen". Mecheril kritisiert dabei die Herangehensweise und die Vorstellung der Interkulturalisten und wie sie mit dem Thema Wissen umgehen. Die interkulturell Handelnden haben meist die Vorstellung, je mehr ich über andere Menschen, Kulturen und Religionen weiß, desto besser werde ich mit den Differenzen zwischen mir und anderen umgehen.

„Das einschränkende, festlegende und auch gewaltförmige Charakteristikum von Wissen wird jedoch nirgends so deutlich, wie im wissensbegründeten Umgang mit »den Anderen«. Die Andersheit, die »wir« kennen, ist Resultat der Anwendung unserer interpretativen und sozialen Zugänge zur Wirklichkeit. Es gibt zwei Umgangsweisen, die als Reaktionen auf das Bekanntsein mit dem Anderen verstanden werden können: die Bewahrung der Andersheit der Anderen und die Auflösung

der Andersheit der Anderen. Das Wissen um den und die Andere, so könnte hier typisiert formuliert werden, ist eine Praktik der Nicht-Erkennung des Anderen durch das Erkennen. Das wohl prominenteste Verfahren zum »interkulturellen Erkennen« der Anderen ist der Kulturalismus. Er kann als offenkundiges Indiz der Hilflosigkeit eines bloß wissensbegründeten Handelns verstanden werden, das die eindeutige Anwendbarkeit von Wissen voraussetzt und dem ein mögliches Nicht-Wissen zu einem bedrohenden und Unsicherheiten auslösenden Faktor werden muss. Durch für die pädagogische Praxis kennzeichnende Undurchschaubarkeit und Widersprüchlichkeit von thematisch werdenden Situationen und durch die Mehrdeutigkeit und Facettiertheit von Anliegen und möglichen Wegen der Bearbeitung sind dem Handlungsmodell der technischen Übersetzbarkeit von Wissen jedoch recht enge Grenzen gesetzt" (ebd., S. 28).

Mecheril fährt weiter fort und berichtet, so sehr man sich um die Übersetzung von abstraktem Wissen auch bemühen mag, wird ein Rest von Nicht-Wissen bestehen. Die Kunst ist es, mit dem restlichen Nicht-Wissen umzugehen, handlungsfähig zu bleiben. Genau dieses restliche Nicht-Wissen, das nicht überwindbar ist, würde die Unsicherheit des professionellen Handelns bezeichnen. Nach Mecheril kann eine Bezugnahme auf den Anderen erst dann möglich sein, wenn dieses Rest- bzw. Nicht-Wissen eine Anerkennung erfährt und wenn es nicht von vornherein in den Kategorien des Bezugnehmenden dargestellt wird. Die Erkenntnis, dass das Andere oft nicht zu verstehen und different ist, sollte zur Maxime erklärt werden, aber nicht der Anspruch, den Anderen zu verstehen. Das Verstehen hat in sich etwas zu vereinnahmen. Deshalb wird ein professionelles Vermögen notwendig sein, so Mecheril, um sich auf das eigene Nicht-Wissen zu beziehen.

„Die Erkennbarkeit des Anderen in seiner Unerkennbarkeit. Um aber diesen zweiwertigen Prozess der professionellen Auseinandersetzung zugänglich zu machen, bedarf es einer Verschränkung von Verstehen und Nicht-Verstehen, einer Verquickung von Wissen und Nicht-Wissen" (ebd., S. 29).

Das Nicht-Wissen ebnet den Weg zu dem Wissen, dass das Wissen auch Grenzen hat und seine Anwendbarkeit und seine Eingebundenheit eine Auskunft über Macht- und Ungleichverhältnisse gibt.

Es ist mit diesen Ausführungen nicht gemeint, dass es negiert werden soll, dass es Differenzen zwischen den Kulturen gibt. Hier ist vielmehr gewollt, dass das Augenmerk darauf gelenkt wird, dass ein Subjekt nicht nur auf seine „Herkunftskultur" reduziert wird, und auch nicht gänzlich ohne seine „Herkunftskultur" betrachtet wird.

Aus vielen hier ausgeführten Gründen halte ich den Zugang, den Paul Mecheril mit der Begrifflichkeit „Kompetenzlosigkeitskompetenz" beschreibt, für sehr wichtig in der Arbeit mit allen Menschen dieser Gesellschaft.

> *„»Kompetenzlosigkeitskompetenz« meint ein professionelles Handeln, das auf Beobachtungskompetenz für die von sozialen Akteuren zum Einsatz gebrachten Differenzkategorien gründet, und das von einem Ineinandergreifen von Wissen und Nicht-Wissen, von Verstehen und Nicht-Verstehen hervorgebracht wird, ein Ineinandergreifen, in dem die Sensibilität für Verhältnisse der Dominanz und Differenz in einer handlungsvorbereitenden Weise möglich ist" (ebd., S. 32).*

Die Rede ist u. a. auch von einem bestimmten professionellen Habitus, den aber ein ausgeprägter Hang zu Reflexität und Reflexion kennzeichnen soll. Deshalb: eine Professionalität für alle, eine Pädagogik für alle.

12.2. Der Begriff „Toleranz"

Im Kontext der interkulturellen Pädagogik und Erziehung sowie der multikulturellen Gesellschaft wurde und wird weiterhin mit dem Begriff Toleranz operiert. Goldberg schildert, wie historisch in zweierlei Hinsicht Argumente bezüglich des Begriffes Toleranz geliefert worden sind. Zum einen orientierte sich der Begriff auf das Gewissen der Menschen, um eine Achtung vor der Gedankenfreiheit des Einzelnen zu erreichen. Und zum anderen beruhte der Begriff aus der zivilen Ordnung. Im 19. Jahrhundert wurde vor allem in England die Idee verfolgt, dass man besser tolerant ist als untolerant, denn dadurch würde man mehr zum gesellschaftlichen Wohl beitragen, indem man beispielweise die Meinungen der anderen akzeptieren würde. In unserem Zeitalter, so Goldberg, würde sich die liberale Moraltheorie zu sehr auf den Begriff der Toleranz verlassen, um eine Akzeptanz der wachsenden Vielfalt, Heterogenität und Multikulturalität zu erreichen. Nach Goldberg sind Definitionen wie Rasse und Geschlecht, die als sozial definierte Identität gelten, für den klassischen Liberalismus moralisch irrelevante Kategorien. Aus diesem Grund sei für den Liberalismus die Forderung nach Toleranz zugleich ihr Umgang mit den sozialen Identitäten geworden.

> *„In ihrer Toleranz liegt ihre »Größe«. Identitäten werden toleriert und zugleich verworfen, oder es werden zumindest nicht-dominante Identitäten von den dominanten toleriert. Das Dilemma besteht darin, dass der Liberalismus dazu auffordert, Identitäten zu tolerieren, die er eigentlich ignorieren will“ (Goldberg, 1998, S. 12).*

Nach Goldberg müssen viele Bedingungen gegeben sein, um von Toleranz zu sprechen.

- Es muss eine Auffassung oder ein Verhalten vorliegen, das nicht akzeptiert bzw. missbilligt wird.
- Die Personen, die diese Auffassung und das Verhalten missbilligen, dürfen bei den Personen keinen Zwang ausüben, in der missbilligten Art und Weise zu handeln.
- *„Sich nicht in die missbilligten Verhaltensweisen einzumischen, muss zu mehr führen als zu resignieren“* (ebd., S. 12).

Goldberg geht davon aus, dass mit dieser Auffassung von Toleranz vier prinzipielle Überlegungen verbunden sind. Diese nennt er das Prinzip der Wahrheit. Darunter versteht Goldberg, dass die Toleranz implizit die Wahrheit beansprucht, sie repräsentiert und nur sie einzig den Zugang zur Wahrheit hat. Und somit wird die Einzigartigkeit und Objektivität der Wahrheit angenommen. Als einen weiteren Punkt führt Goldberg den Effekt der Herablassung an. Denn die Toleranz würde implizit gegenüber ihren Objekten ihre Herablassung zur Schau stellen, *„mit der man sich abfinden muss“*. Sie muss die Tolerierten tolerieren, obwohl sie sie oder ihr Verhalten als unangenehm oder falsch empfindet. Das wird deutlich im abwertenden Beiklang des Ausspruchs: *„Das ist tolerierbar“* (ebd., S. 12).

Ein anderes Prinzip der Toleranz bezeichnet Goldberg als „das Wartespiel“.

> *„Folglich warten die Toleranten darauf, dass die Tolerierten sie aufholen – was Wissen und Erkenntnis, Umgangsformen und Moral, Verständnis und Geduld, kurz: was die Fähigkeit zur Selbstbestimmung und zum Handeln angeht“ (ebd., S. 13).*

Als letztes Prinzip wird *„die Blindheit der Toleranz“* beschrieben. Toleranz sei oberflächlich und blind, denn sie würde die Meinung des Tolerierten, ohne sie zu verstehen und sich auf sie einzulassen, akzeptieren.

Goldberg beschreibt die Macht zu tolerieren dadurch, dass Toleranz für die Assimilation der Tolerierten eintritt. Denn die Tolerierten müssen beweisen, dass sie es verdient haben, toleriert zu werden. Nach Goldberg würde Toleranz Vorurteile und Diskriminierung akzeptabel machen:

> *„»Wenn wir tolerant sind, wie können wir dann voreingenommen oder diskriminierend sein?« Wird man fragen. Vorurteile können mit Toleranz Hand in Hand gehen: Ich bin voreingenommen, aber ich bin trotzdem dazu fähig, dich, das Objekt meiner Vorurteile, zu tolerieren. Schau, wie großartig ich bin. Sie ermöglicht eine Politik der Distanziertheit, einen Blick aus der Ferne – ein sich um seinen eigenen Kram kümmern, kurz: eine Politik der Ignoranz. Sieht man darin ein Mittel der zivilen Ordnung oder das Beste, was sich eine liberale Gesellschaft angesichts von Vielfalt, Differenz und Heterogenität erhoffen kann, so beinhaltet dies, dass man Heterogenität nicht ernsthaft für etwas Positives hält. Man hält sie für eine bedauerliche Tatsache, die man »tolerieren« muss, und nicht für einen entscheidenden Vorzug für den Reichtum eines lebendigen, aufregenden, anregenden gesellschaftlichen Lebens [...] Toleranz erhält also ihren Wert, ihre Macht, dadurch, dass sie immer Ausdruck einer relativen – persönlichen, gesellschaftlichen, politischen oder institutionellen – Macht ist. Toleranz ist eine Art Klassenmoral. Eine Möglichkeit, diese Dimension der Macht zu erkennen, besteht darin, den Unterschied zwischen Sprechakten »ich bin tolerant« und »ich werde toleriert« zu betrachten: der erste ist aktiv, der zweite passiv; der erste setzt die Macht voraus, etwas anderes als tolerant zu sein, der zweite legt nahe, dass das Objekt der Toleranz festgelegt ist, wobei es nicht in der Hand der Tolerierten liegt, ihre Position selbst zu definieren“ (ebd., S. 15-16).*

Goldberg schlägt vor, statt mit dem Wort Toleranz mit anderen Inhalten bzw. Begrifflichkeiten zu arbeiten. Er schlägt Achtung, Respekt und für die Politik Anerkennung vor, mit denen man in der modernen Gesellschaft der Vielfalt begegnen soll.

Ich sage zudem, dass wir eine Gesellschaft benötigen, in der in allen Lebensbereichen keiner vom Wohlwollen des anderen abhängig ist.

Literatur

Acar, T. (2010): in: Süddeutsche Zeitung, 25.11.2010, S. R. 11, interviewt durch Kathrin Haimerl.

Acar, F. (1991): Was die islamische Bewegung für Frauen so anziehend macht. Eine Untersuchung über Frauenzeitschriften und eine Gruppe von Studentinnen, in: Aufstand im Hause der Frauen, Neusel A./Tekeli S./Akkent, M. (Hrsg.), Berlin.

Adler, M. (1993): Ethnopsychoanalyse. Das Unbewußte in Wissenschaft und Kultur, Stuttgart–New York.

Akçam, T. (1992): Türk Ulusal Kimligi ve Ermeni Sorunu, İstanbul (İletişim).

Akkent, M./Franger, G. (1987): Mädchen in der Türkei und in Deutschland, München.

Akkent, M./Bayram, N./Franger, G./Gültekin-Neumann, N./Gültepe, N./Klöss, C./Krasberg, U. (1985): Frühkindliche Erziehung ausländischer Kleinkinder, Frankfurt/Main.

Akpınar, Ü. (1981): Familienstruktur und familiale Sozialisation in der Türkei, in: Die Türkei, Schmitt, E./Herkner H. (Hrsg.), EXpress Edition.

Akpınar, Ü./López-Blasco, A./Vink, J. (1977): Pädagogische Arbeit mit ausländischen Kindern und Jugendlichen, München.

Anselm, S. (1994): Die sozialpsychologische Perspektive der Kritischen Theorie. Zu Adornos Freud-Rezeption, in: Zugänge zum Subjekt, Keupp, H. (Hrsg.), Frankfurt/Main.

Antonovsky, A. (1977): Salutogenese. Zur Entmystifizierung der Gesundheit, Tübingen.

Arat, Y. (1991): Zum Verhältnis von Feminismus und Islam. Überlegungen zur Frauenzeitschrift Kadin ve Aile, in: Aufstand im Hause der Frauen, Neusel, A./Tekeli, S./Akkent M. (Hrsg.), Berlin.

Argument-Sonderband (1981): AS 164, Theorien über Rassismus, Argument Verlag Hamburg.

Atabay, İ. (1994): Ist dies mein Land? Identitätsentwicklung türkischer Migrantenkinder und Jugendlicher in der Bundesrepublik, Pfaffenweiler.

Atabay, İ. (1995): Migration, Identität und Islam, in: Elele Nr.6, S. 7, München.

Atabay, İ. (1996): Leiden Migrantenjugendliche unter einem „Kulturschock?“, in: Migration und Pathologie, Özek, M./Pfeiffer, W. M./Koch, E. (Hrsg.), Freiburg.

Atabay, İ. (1996): „Sie san a anderer Türke“. Erfahrungen eines türkeistämmigen Mitarbeiters an einer Erziehungsberatungsstelle, in: bke Informationen für Erziehungsberatungsstellen 3/96, Fürth.

Atabay, İ. (1998): Zwischen Tradition und Assimilation. Die zweite Generation türkischer Migranten in der Bundesrepublik, Freiburg.

Atabay, İ. (1999): Zweisprachigkeit: Belastung oder Bereicherung?, in: Jahresbericht des SOS-Beratungs- und Familienzentrums, München.

Atabay, İ. (2000): Väter und Söhne, in: Dokumentation, Sozialreferat/Stadtjugendamt München, München.

Atabay, İ. (2001): Elternschule für türkische Familien, in: Projugend Nr.4/2001, München.

Atabay, İ. (2010): Ich bin Sohn meiner Mutter. Elterliches Bindungsverhalten und männliche Identitätsentwicklung in türkeistämmigen Familien, Freiburg.

Atabay İ (2011): Die Kinder der Gastarbeiter. Familienstrukturen türkeistämmiger MigrantInnen zweiter Generation, Freiburg.

Auernheimer, G.: Kulturelle Identität – ein gegenaufklärerischer Mythos? in: Zeitschrift „Das Argument“, 31.Jahrgang, Heft 3, 1989.

Auernheimer, G. (1988): Der sogenannte Kulturkonflikt, Frankfurt/Main.

Auernheimer, G. (1990):Einführung in die interkulturelle Erziehung, Darmstadt.

Aydin, S. (2011): Vertrauensbildende Maßnahmen der Muslime und muslimischen Gruppierungen in Deutschland, München.

Babka von Gostomski, Ch. (2003): Gewalt als Reaktion auf Anerkennungsdefizite? Eine Analyse bei männlichen deutschen, türkischen und Aussiedler-Jugendlichen mit dem IKG-Jugendpanel 2001 in: Kölner Zeitschrift für Soziologie und Sozialpsychologie, Jg. 55, Heft 2, 2003, S. 253-277.

Badawia, T. (2002): Der Dritte Stuhl, Frankfurt a.M. – London.

Bauman, Z. (1991): Moderne und Ambivalenz, in: „Das Eigene und das Fremde. Neuer Rassismus in der Alten Welt?“, Uli, B. (Hrsg.), Hamburg.

Bauman, Z. (1993): Wir sind wie Landstreicher, in: Süddeutsche Zeitung 16./17. November, S. 17.

Beck, U. (1985):Von der Vergänglichkeit der Industriegesellschaft, in: Das pfeifende Schwein, T. Schmid (Hrsg.),München.

Beck, U. (1986): Risikogesellschaft. Auf dem Wege in eine andere Moderne, Frankfurt/Main.

Beck, U./Beck-Gernsheim, E. (1990): Das ganz normale Chaos der Liebe, Frankfurt/Main.

Beck-Gernsheim, E. (1980): Das halbierte Leben, Frankfurt/Main.

Beck-Gernsheim, E. (1994): Individualisierungstheorie: Veränderungen des Lebenslaufs in der Moderne, in: Zugänge zum Subjekt, Keupp, H. (Hrsg.), Frankfurt/ Main.

Beck-Gernsheim, E. (2007): Wir und die Anderen, Frankfurt/Main.

Beer, U. (Hrsg.) (1987): Klasse Geschlecht. Feministische Gesellschaftsanalyse und Wissenschaftskritik, Frankfurt/Main.

Bender-Szymanski, D./Hesse H. G. (1987): Migrantenforschung, Böhlau Verlag, Köln/Wien.

Benjamin, J. (1994): Die Fesseln der Liebe, Frankfurt/Main

Bilden, H. (1989): Geschlechtsverhältnisse und Individualität im gesellschaftlichen Umbruch, München.

Binswanger, K. (1991): Türkei, in: Der Islam in der Gegenwart, Ende/Steinbach (Hrsg.), München.

Bourdieu, P. (2005): Die verborgenen Mechanismen der Macht, Hamburg.

Bourdieu, P. (1982): Die feinen Unterschiede. Kritik der gesellschaftlichen Urteilskraft, Frankfurt a. M.

Bourdieu, P. (2005): Die männliche Herrschaft, Frankfurt a.M.

Bowlby, J. (1980): Mit der Ethologie heraus aus der Psychoanalyse: Ein Kreuzungsexperiment, in: Bindung und menschliche Entwicklung, Grossmann, K./Grossmann, K. E. (Hrsg.)(2003), Stuttgart.

Bowlby, J. (1985): Mutterliebe und kindliche Entwicklung. Beiträge zur Kinderpsychotherapie, Band 13, München/Basel.

Bowlby, J. (2002): Bindung: Historische Wurzeln, theoretische Konzepte und klinische Relevanz, in: Die Bindungstheorie. Grundlagen, Forschung und Anwendung, Spangler, G./Zimmermann, P. (Hrsg.), Stuttgart, S. 17-26.

Bozay, K. (2005): „…ich bin stolz, Türke zu sein!“ Ethnisierung gesellschaftlicher Konflikte im Zeichen der Globalisierung.

Bretherton, I. (2001): Zur Konzeption innerer Arbeitsmodelle in der Bindungstheorie, in: Bindung im Erwachsenenalter, Gabriele Gloger-Tippelt (Hrsg.), Bern/ Göttingen/Toronto/Seattle, S. 52-74.

Bretherton, I. (2002): Die Geschichte der Bindungstheorie, in: Die Bindungstheorie. Grundlagen, Forschung und Anwendung, Spangler, G./Zimmermann, P. (Hrsg.), Stuttgart, S. 27-49.

Breuer, R. (1998, 2008): Familienleben im Islam. Traditionen, Konflikte, Vorurteile, Herder, Freiburg.

Brisch, K. H./Hellbrügge, T. (Hrsg.) (2007): Die Anfänge der Eltern-Kind-Bindung. Schwangerschaft, Geburt und Psychotherapie, Stuttgart.

Brisch, K. H./Hellbrügge, T. (Hrsg.) (2008): Der Säugling – Bindung, Neurobiologie und Gene. Grundlagen für Prävention, Beratung und Therapie, Stuttgart.

Bröskamp, B. (1993): Ethnische Grenzen des Geschmacks. Perspektiven einer praxeologischen Migrationsforschung, in: Praxis und Ästhetik: neue Perspektiven im Denken Pierre Bourdieus, Gebauer, G./Wulf C. (Hrsg.), Frankfurt/ Main.

Budde, H. (1987): Manches kann man anders sehen – manches muss man anders sehen. Anmerkungen zum Umgang mit Ethnozentrismus im pädagogischen Feld, in: Pädagogische Beiträge, 38. Jahrgang, Heft 12 - Dez.

Bukow, W.-D./LIaryora, R. (1988): Mitbürger aus der Fremde. Soziogenese ethnischer Minoritäten, Westdeutscher Verlag.

Bürgermann, S., Reinert, G.-B. (1984): Einführung in die pädagogische Therapie, Düsseldorf.

Busse, H. (1991): Grundzüge der islamischen Theologie und der Geschichte des islamischen Raumes, in: Der Islam in der Gegenwart, Ende/Steinbach (Hrsg.), München.

Butler, J. (1995): Melancholisches Geschlecht/Verweigerte Identifizierung, Benjamin, J. (Hrsg.), Frankfurt/Main.

Butollo, W./Rosner, R./Wentzel, A. (1999): Integrative Psychotherapie bei Angststörungen, Bern/Göttingen/Toronto/Seattle.

Butollo, W./Hagel, M./Krüsmann, M. (2003): Kreativität und Destruktion posttraumatischer Bewältigung. Forschungsergebnisse und Thesen zum Leben nach dem Trauma, Stuttgart.

Çakır, R. (1990): Ayet ve Slogan. Türkiye'de islami oluşumlar, İstanbul (Metis).

Çelik, H. (2009): Einwanderung zwischen Assimilation und Ghetto. Arbeitsmigration aus der Türkei in die Bundesrepublik Deutschland, Bonn.

Çerçi, M. (2009):Lebenswelten und Milieus der Menschen mit Migrationshintergrund in Deutschland – Daten und Fakten, in: Dokumentation der Fachtagung „Kulturelle Bildung und Integration im Vorschulalter“, Verband deutscher Musikschulen (Hrsg.).

Ceri, F. (2008): Die Bildungsbenachteiligung von Kindern mit Migrationshintergrund, Freiburg.

Charlier, M. (2006): Geschlechtsspezifische Entwicklung in patriarchalisch-islamischen Gesellschaften und deren Auswirkungen auf den Migrationsprozess, in: Psyche 2, 60. Jahrgang, Februar 2006, Stuttgart, S. 97-117.

Charlier, M. (2007): Religiöse Tradition und die Sozialisation des muslimischen Mannes, in: Psyche 11, 61. Jahrgang, November 2007, Stuttgart, S. 1116-1131.

CIBEDO-Dokumentation: Nr.4, (1990/1): Nr. 2, 1888/5, Nr.13, 1981, Nr.33, 1985, Nr. 23, 1984, 6.Jahrgang 1992.

Clarke, J. u. a. (1979): Jugendkultur als Widerstand, Syndikat.

Collatz, J./Kürşat-Ahlers, E./Korporal, J. (Hrsg.) (1985): Gesundheit für alle, Berlin.

Connell, R.W. (1999): Der gemachte Mann. Konstruktion und Krise von Männlichkeiten.

Czock, H. (1988): Eignen sich die Kategorien „Kultur“ und „Identität“ zur Beschreibung der Migrationssituation?, in: ISS 1.

Dammasch, F. (2008): Die Krise der Jungen, in: Deutsches Ärzteblatt, August 2008, S. 357-358.

Dammasch, F./Metzger, H.-G. (Hrsg.) (2006): Die Bedeutung des Vaters. Psychoanalytische Perspektiven, Frankfurt/Main.

De Jong F. (1991): Die mystischen Bruderschaften und der Volksislam, in: Der Islam in der Gegenwart, Ende/Steinbach (Hrsg.), München.

De Klerk, A. (2004): Kastrationsangst und Beschneidung, in: Psyche 5, 58. Jahrgang, Mai 2004, Stuttgart, S. 464-470.

Der Spiegel (1973): „Die Türken kommen – rette sich, wer kann“, Nr. 31, S. 24-34.

Dewran, H. (1989): Belastungen und Bewältigungsstrategien bei Jugendlichen aus der Türkei – eine theoretische und empirische Studie, München.

Die Brücke (Zeitschrift erscheint zweimonatlich): Nr.22 , 35, 43, 44, 45, 46, 47, 48, 49, 50, 51, 52, 53, 54, 55, 56, 57, „Die Brücke e. V.“ (Hrsg.), Saarbrücken.

Dierl, A. J. (1985): Geschichte und Lehre des anatolischen Alevismus-Bektasismus, Frankfurt/Main.

Dilger, K. (1991): Tendenzen der Rechtsentwicklung, in: Der Islam in der Gegenwart, Ende/Steinbach (Hrsg.), München.

Dufner, U. (1994): Der Islam in der Türkei, in: Frankfurter Rundschau, 5. August.

Eberding, A. (1994): Kommunikationsbarrieren bei der Erziehungsberatung von Migrantenfamilien aus der Türkei, Frankfurt/Main.

Elias, N./Scotson, J. (1993): Etablierte und Außenseiter.

Ende, W. (1991): Der schiitische Islam, in: Der Islam in der Gegenwart, Ende/ Steinbach (Hrsg.), München.

Erikson, E. H. (1988): Der vollständige Lebenszyklus, Frankfurt/Main.

Erikson, E. H. (1975): Dimensionen einer neuen Identität, Frankfurt/Main.

Erikson, E. H. (1973): Identität und Lebenszyklus, Frankfurt/Main.

Erikson, E. H. (1988): Jugend und Krise, Stuttgart.

Essinger, H./Ucar, A. (Hrsg.) (1973): Erziehung in der multikulturellen Gesellschaft, Band I, Pädagogischer Verlag.

Fend, H. (2003): Entwicklungspsychologie des Jugendalters.

Ferchhoff, W./Neubauer, G. (1989): Jugend und Postmoderne. Juventa Verlag, Weinheim und München.

Foitzik A./Leiprecht R./Marvakis A./Seid U. (Hrsg.) (1992): „Ein Herrenvolk von Untertanen“. Rassismus – Nationalismus – Sexismus, Duisburg.

Fonagy, P. (2001): Bindungstheorie und Psychoanalyse, Stuttgart.

Foucault, M. (1983): Der Wille zum Wissen. Sexualität und Wahrheit 1, Frankfurt/ Main.

Foucault, M. (1989): Die Sorge um sich. Sexualität und Wahrheit 3, Frankfurt/ Main.

Fremmer-Bomik, E. (2002): Innere Arbeitsmodelle von Bindung, in: Die Bindungstheorie. Grundlagen, Forschung und Anwendung, Spangler, G./Zimmermann, P. (Hrsg.), Stuttgart, S. 109-119.

Frey, H.-P./Haußer, K. (Hrsg.) (1987): Identität, Ferdinand Enke Verlag.

Fröhlich, G./Moerth, I. (Hrsg.) (1994): Das symbolische Kapital der Lebensstile. Zur Kultursoziologie der Moderne nach Pierre Bourdieu, Frankfurt a. M.

Fröhlich-Gildhoff, K./Rönnau-Böse, M. (2011): Resilienz, München.

Furtner-Kallmünzer, M. (1988): Biographie und Identitätsprobleme der Zweiten Generation, in: Beiträge zur Ausländerforschung – Wege der Integration, DJI (Hrsg.), München.

George, C./Kaplan, N./Main, M. (2001): Adult Attachment Interview, in: Bindung im Erwachsenenalter, Gloger-Tippelt, G. (Hrsg.), Bern/Göttingen/Toronto/Seattle, S. 365-387.

George, C./West, M. (2001): Das Erwachsenen-Bindungs-Projektiv (Adult Attachment Projective). Ein neues Messverfahren für Bindung im Erwachsenenalter, in: Bindung im Erwachsenenalter, Gloger-Tippelt, G. (Hrsg.), Bern/Göttingen/Toronto/Seattle, S. 295-321.

Gloger-Tippelt, G. (Hrsg.) (2001): Bindung im Erwachsenenalter, Bern/Göttingen/ Toronto/Seattle.

Gloger-Tippelt, G. (Hrsg.) (2001): Das Adult Attachment Interview und Auswertung, in: Bindung im Erwachsenenalter, Bern/Göttingen/Toronto/Seattle, S. 102-120.

Gloger-Tippelt, G. (Hrsg.) (2001): Unsicher-distanzierende mentale Bindungsmodelle, in: Bindung im Erwachsenenalter, Bern/Göttingen/Toronto/Seattle, S. 174-200.

Gölbol, Y. (2007): Lebenswelten türkischer Migrantinnen der dritten Einwanderergeneration, Freiburg.

Gogolin, I. (1987): „Muttersprache“: Zweisprachigkeit, in: Pädagogische Beiträge, 12/1987.

Gogolin, I., Neumann, U. (1999): Spracherwerb und Sprachentwicklung in einer zweisprachigen Lebenssituation bei monolingualer Grundorientierung der Gesellschaft, S. 93-144, in: Analysen. Erziehung – Sprache – Migration. Gutachten zur Situation türkischer Familien, Berlin.

Goldberg, D. T. (1998): Die Macht der Toleranz, S. 11-27, in: Das Argument – Zeitschrift für Philosophie und Sozialwissenschaften, 224, 40.Jahrgang, Heft 1-2, Hamburg.

Gomille, B. (2001): Unsicher-präokkupierte mentale Bindungsmodelle, in: Bindung im Erwachsenenalter, Gloger-Tippelt, G. (Hrsg.), Bern/Göttingen/Toronto/Seattle, S. 201-225.

Göle, N. (1995): Schleier als Symbol des Widerstands, in: die tageszeitung, 29. Juni, S. 13.

Göle, N. (1995): Republik und Schleier, Berlin.

Göle, N. (2008): Anverwandlungen. Der Islam in Europa zwischen Kopftuchverbot und Extremismus, Verlag Klaus Wagenbach, Berlin.

Göle, N. (2004): Die sichtbare Präsenz des Islam und die Grenzen der Öffentlichkeit, S. 11-44, in: Islam in Sicht. Der Auftritt von Muslimen im öffentlichen Raum, Göle, N./Ammann, L.(Hrsg.) (2004), Bielefeld.

Gözlü, L. (1987): Kinder im Niemandsland, in: Hören Sie Stimmen?, Morten, A. (Hrsg.), Gütersloh.

Gontovos, K. (2000): Psychologie der Migration. Über die Bewältigung von Migration in der Nationalgesellschaft, Hamburg.

Griese, H. M. (Hrsg.) (1984): Der gläserne Fremde, Leverkusen.

Grieser, J. (2004): Triangulierung, Vaterphantasie und Kreativität, in: Psyche 5, 58. Jahrgang, Mai 2004, Stuttgart, S. 411-447.

Grieser, J. (2007): Warten auf den Vater. Die Suche nach dem Vater als Triebfeder auf Orhan Pamuks Weg zum Schriftsteller, in: Psyche 11, 61. Jahrgang, November 2007, Stuttgart, S. 1155-1161.

Grossmann, K. E./Grossmann, K. (2004): Bindungen – das Gefüge psychischer Sicherheit, Stuttgart.

Grossmann, K. E./Grossmann, K. (2001): Die Bedeutung sprachlicher Diskurse für die Entwicklung internaler Arbeitsmodelle von Bindung, in: Bindung im Erwachsenenalter, Gloger-Tippelt, G. (Hrsg.), Bern/Göttingen/Toronto/Seattle, S. 75-101.

Grossmann, K. E./Grossmann, K. (Hrsg.) (2003): Bindung und menschliche Entwicklung. John Bowlby, Mary Ainsworth und die Grundlagen der Bindungstheorie, Stuttgart.

Güvenç, B./Saylan, G./Tekeli, Ý./Turan, S. (1991): Türk-İslam Sentezi, İstanbul (Sarmal).

Haeberlin, U./Niklaus, E.(1987): Identitätskrisen, UTB.

Hall, S. (1994): Rassismus und kulturelle Identität, Hamburg.

Hall, S. (2008): Jeder muss ein bisschen aussehen wie ein Amerikaner. Ein Interview, in: Argument 277, S. 479-486, Hamburg.

Hamburger, F. (1994): Pädagogik der Einwanderungsgesellschaft, Frankfurt/Main.

Hamburger, F. (2009):Abschied von der interkulturellen Pädagogik. Plädoyer für einen Wandel sozialpädagogischer Konzepte,Weinheim und München.

Hartmann, T. (2005): „Das Paradies liegt unter den Füßen Deiner Eltern…“ – Psychotherapeutische Arbeit mit Inhaftierten ausländischer Herkunft – Söhne von Arbeitsmigranten aus traditionsgeleiteten Gesellschaften des islamisch geprägten Mittelmeerraums, in: WsFPP 12Jg. (2005), H.1, S. 67-106.

Hauser, S. (2001): Trauma – der unverarbeitete Bindungsstatus im Adult Attachment Interview, in: Bindung im Erwachsenenalter, Gloger-Tippelt, G. (Hrsg.), Bern/Göttingen/Toronto/Seattle, S. 226-250.

Haußer, K. (1983): Identitätsentwicklung, UTB Harper & Row.

Haußer, K. (1995): Identitätspsychologie, Berlin, Heidelberg, New York.

Heine, P. (1991). Das Verbreitungsgebiet der islamischen Religion: Zahlen und Informationen zur Situation in der Gegenwart, in: Der Islam in der Gegenwart, Ende/Steinbach (Hrsg.), München.

Heitmeyer, W./Müller, J./Schröder, H. (1997): Verlockender Fundamentalismus, Frankfurt/Main.

Hofmann, V. (2001): Psychometrische Qualitäten des Adult Attachment Interviews, in: Bindung im Erwachsenenalter, Gloger-Tippelt, G. (Hrsg.) (2001), Bern/Göttingen/Toronto/Seattle, S. 121-153.

Hohl, J. (1994): Die zivilisatorische Zähmung des Subjekts. Der Beitrag von Norbert Elias zu einer historischen Sozialpsychologie, in: Zugänge zum Subjekt, Heiner Keupp (Hrsg.), Frankfurt/Main.

Holtbrügge, H. (1975): Türkische Familien in der Bundesrepublik, Duisburg.

Hopf, C. (2001): Muster der Repräsentation von Bindungserfahrungen und rechtsextremen Orientierungen, in: Bindung im Erwachsenenalter, Gloger-Tippelt, G. (Hrsg.), Bern/Göttingen/Toronto/Seattle, S. 344-363.

İlyasoglu, A. (1994): Örtülü Kimlik, İstanbul (Metis).

Jaeggi, E./Fass, A. (1993): Denkverbote gibt es nicht!, in: Psychologie und Gesellschaftskritik 67/68, München.

Jakubeit, G. (1999): Bilder von Fremden, in: Analysen. Erziehung – Sprache – Migration. Projekt: Interkulturelle Elternarbeit im Arbeitskreis Neue Erziehung, Berlin, S. 195-240.

Jastrow, O. (1991): Ein islamischer Sprachraum? Isalmische Idiome in den Sprachen muslimischer Völker, in: Der Islam in der Gegenwart, Ende/Steinbach (Hrsg.), München.

Jiko, J. (2007): Die Idealisierung des sexuellen Triebes im Islam, in: Psyche 11, 61. Jahrgang, November 2007, Stuttgart, S. 1132-1154.

Kahlid, D. (1991): Der Islam in der Diaspora: Europa und Amerika, in: Der Islam in der Gegenwart, Ende/Steinbach (Hrsg.), München.

Kalpaka, A./Räthzel, N.(1986): Die Schwierigkeit, nicht rassistisch zu sein, EXpress Edition.

Kalpaka, A. (1986): Handlungsfähigkeit statt „Integration", München.

Karakaşoğlu, Y. (1995): Die Frage der möglichen Ausbreitung eines islamischen Fundamentalismus unter den Muslimen in der Bundesrepublik, dargestellt am Beispiel der türkischen Wohnbevölkerung in Deutschland, Essen.

Keppler, D. (2005): Die türkische Frauenbewegung – Bedeutung und Einfluss innerhalb des politischen Systems der Türkei, GRIN-Verlag.

Kernberg, O. F. (1997): Innere Welt und äußere Realität. Anwendungen der Objektbeziehungstheorie, Stuttgart.

Keupp, H.(1990): Identität im Umbruch: Umrisse einer postmodernen Sozialpsychologie. Nicht veröffentlichter Vortrag bei der Tagung der „Gesellschaft für Psychologie der DDR". Neue Paradigmen in der Sozialpsychologie, vom 4. bis 6. April 1990 in Rostock.

Keupp, H.(1988): Riskante Chancen. Das Subjekt zwischen Psychokultur und Selbstorganisation, Heidelberg: Asanger.

Keupp, H. (1990): Riskante Chancen. Wie lebt man in der Postmoderne?, in: Süddeutsche Zeitung 21./22. Juli.

Keupp, H. (Hrsg.) (1994): Zugänge zum Subjekt, Frankfurt a. M.

Keupp, H./Höfer, R. (Hrsg.) (1997): Identitätsarbeit heute. Klassische und aktuelle Perspektiven der Identitätsforschung, Frankfurt a. M.

Keupp, H. (1989): Auf der Suche nach der verlorenen Identität, in: Verunsicherungen. Das Subjekt im gesellschaftlichen Wandel, Keupp, H./Bilden, H. (Hrsg.), Göttingen.

Keupp, H. (1989): Subjekt und Gesellschaft: Sozialpsychologische Verknüpfungen, in: Verunsicherungen. Das Subjekt im gesellschaftlichen Wandel, Keupp, H./Bilden, H. (Hrsg.), Göttingen.

Keupp, H. (1994): Aktuelle Befindlichkeiten: Zwischen postmoderner Diffusion und der Suche nach neuen Fundamenten, München.

Keupp, H. (1994): Grundzüge einer reflexiven Sozialpsychologie. Postmoderne Perspektiven, in: Zugänge zum Subjekt, Keupp, H. (Hrsg.), Frankfurt/Main.

Keupp, H. (1990): Auf der Suche nach der verlorenen Identität, in: SZ 21./22. Juli.

Keupp, H. u. a. (1999): Identitätskonstruktionen. Das Patchwork der Identitäten in der Spätmoderne, Hamburg.

Keupp, H./Rudeck, R./Schröer, H./Seckinger, M./Straus, F. (Hrsg.) (2010): Armut und Exklusion. Gemeindepsychologische Analysen und Gegenstrategien, Tübingen.

Kirpi (Zeitschrift erscheint monatlich) (Hrsg.) (1990): Kirpi-Medien-Verlagsgesellschaft mbH Essen, Nr.1, 2, 3, 4, 5, 6, 7.

Köhler, L. (2002): Bindungsforschung und Bindungstheorie aus der Sicht der Psychoanalyse, in: Die Bindungstheorie. Grundlagen, Forschung und Anwendung, Spangler, G./Zimmermann, P. (Hrsg.), Stuttgart, S. 67-85.

Koptagel-İlal, G. (1988): Besonderheiten in der Adoleszenz bei Türken in der Heimat und in der BRD,

Krappmann, L. (1982): Soziologische Dimensionen der Identität, Klett-Cotta.

Krappmann, L./Nauck, B./Schneewind, K. A./Vaskovics, L. A./Wurzbacher, G./Schönpflug, U. (Hrsg.) (1997): Familien in verschiedenen Kulturen. Der Mensch als soziales und personales Wesen.

Kraus, W. (2003): Identität als Narration. Die narrative Konstruktion von Identitätsprojekten (unveröffentlichter Text), München.

Kühn, H. (1979): Stand und Weiterentwicklung der Integration der ausländischen Arbeitnehmer und ihrer Familien in der Bundesrepublik Deutschland. Memorandum des Beauftragten der Bundesregierung, Bonn.

Küper-Başgöl, S. (1992): Frauen in der Türkei zwischen Feminismus und Reislamisierung, Universität Hamburg.

Kürşat-Ahlers, E. (1985): Die Welt der türkischen Frauen und Mädchen, in: (Gesundheit für alle). Berlin.

Kula, O.B.(1986): Türkische Migrantenkultur als Determinante der interkulturellen Pädagogik, Die Brücke e.V. (Hrsg.).

Kumbier, D./Schulz von Thun, F. (Hrsg.) (2006): Interkulturelle Kommunikation: Methoden, Modelle, Beispiele, Hamburg.

Landesjugendamt Landschaftsverband Westfalen-Lippe (1998): Methoden aus der Jungenarbeit, Fachberatung Jugendarbeit 13, Münster.

Leiprecht, R. (Hrsg.) (1992): Unter Anderen, Duisburg.

Loewy, M. (1995): „Peter, mein Freund", SZ. 20./21. Mai, Seite VI.

Lubig, E.(1988): Ehre im Wandel – Erfahrungen mit dem Ehrbegriff in einem türkischen Dorf, in: Die Ehre in der türkischen Kultur – Ein Wertesystem im Wandel, Die Ausländerbeauftragte des Senats v. Berlin (Hrsg.).

Maalouf, A. (2000): Mörderische Identitäten, Frankfurt a. M.

Maciejewski, F. (2003): Der Kleine Hans. Über das vergessene Trauma der Beschneidung, in: Psyche 6, 57. Jahrgang, Juni 2003, Stuttgart, S. 523-550.

Maciejewski, F. (2004): Freud, Beschneidung, Monotheismus. Fortsetzung einer Kontroverse, in: Psyche 5, 58. Jahrgang, Stuttgart, S. 458-463.

Main, M. (2001): Aktuelle Studien zur Bindung, in: Bindung im Erwachsenenalter, Gloger-Tippelt, G. (Hrsg.) (2001), Bern/Göttingen/Toronto/Seattle, S. 1-51.

Main, M. (2002): Desorganisation in Bindungsverhalten, in: Die Bindungstheorie. Grundlagen, Forschung und Anwendung, Spangler, G./Zimmermann, P. (Hrsg.), Stuttgart, S. 120-139.

Mardin, S. (1989): Bediüzzaman Said Nursi Olayı. Modern Türkiye'de din ve toplumsal degişim, İstanbul (İletişim).

Mead, G. H.(1988): Geist, Identität und Gesellschaft, Suhrkamp.

Mecheril, P./Teo, T. (Hrsg.) (1994): Andere Deutsche. Berlin.

Mecheril, P. (2008): „Kompetenzlosigkeitskompetenz“. Pädagogisches Handeln unter Einwanderungsbedingungen, in: Interkulturelle Kompetenz und pädagogische Professionalität, Auernheimer, G.(Hrsg.), S. 15-34.

Mead, G.H.(1988): Geist, Identität und Gesellschaft, Suhrkamp.

Memmi, A.(1987): Rassismus, Athenäum Verlag.

Menzel, J./Suzan, G. (2010): Film: 15 Jahre später [...] und immer wieder Nürnberg.

Mertol, B. (2008): Männlichkeitsbilder von Jungen mit türkischem Migrationshintergrund, Berlin.

Meyer, T. (1992): Modernisierung der Privatheit, Opladen.

Micksch, J.(1989): Kulturelle Vielfalt statt nationaler Einfalt, Verlag Otto Lembeck, Frankfurt a. M.

Mihçiyazgan, U. (1986): Wir haben uns vergessen. Ein interkultureller Vergleich türkischer Lebensgeschichten, Hamburg.

Ministerium für Arbeit, Gesundheit und Soziales des Landes Nordrhein-Westfalen,(1995): Türkische Muslime in Nordrhein-Westfalen.

Muttersprachlicher Unterricht in der Bundesrepublik Deutschland. (1985): Hg. BAGIV.

Nassehi, A. (1990): Zum Funktionswandel von Ethnizität im Prozess gesellschaftlicher Modernisierung, in: Zeitschrift für sozialwissenschaftliche Forschung und Praxis, Jahrgang 41, Heft 3.

Nauck, B. (1985a): Arbeitsmigration und Familienstruktur, Frankfurt/Main.

Nauck, B. (1995): Bildungsverhalten in Migrantenfamilien, in: Materialien zum 5, Familienbericht, Band 4, München.

Nauck, B. (1985b): „Heimliches Matriarchat“ in Familien türkischer Arbeitsmigranten?, in: Zeitschrift für Soziologie, Jg. 14, Heft 6, S. 450-465, Stuttgart.

Nauck, B. (1986): Der Verlauf von Eingliederungsprozessen und die Binnenintegration von türkischen Migrantenfamilien, in: Segregation und Integration, Hoffmeyer-Zlotnik, J. (Hrsg.), Berlin.

Nauck, B. (1988a): Zwanzig Jahre Migrantenfamilien in der Bundesrepublik, in: Wandel und Kontinuität der Familie in der Bundesrepublik Deutschland, Nave-Herz, R. (Hrsg.).

Nauck, B. (1988b): Inter- und intragenerativer Wandel in Migrantenfamilien, in: Soziale Welt, Jahrgang 39, 1988, Heft 4, Göttingen.

Nauck, B. (1988c): Sozialökologischer Kontext und außerfamiliäre Beziehungen, in: Soziologische Stadtforschung, Friedrichs, J. (Hrsg.), Opladen.

Nauck, B. (1989): Lebenslauf, Migration und generatives Verhalten bei türkischen Familien, in: Lebenslauf und Familienentwicklung, Fuchs, W./Kohli, M./Schütze, F. (Hrsg.), Band 7, Opladen.

Nauck, B. (1990): Eltern-Kind-Beziehungen bei Deutschen,Türken und Migranten, in: Zeitschrift für Bevölkerungswissenschaft, Jg. 16, 1.

Nauck, B. (1992): Dreifach diskriminiert? Ausländerinnen in Westdeutschland, in: Frauen in Deutschland, Helwig, G./Nickel H. M.

Nauck, B. (1992): Erwerbstätigkeit und gesundheitliches Wohlbefinden ausländischer Frauen in der Bundesrepublik Deutschland, in: Erfahrungen des Fremden.

Nauck, B. (1993): Bildung, Migration und generatives Verhalten bei türkischen Frauen, in: Der Familienzyklus als sozialer Prozeß, Diekmann, A./Weick, S. (Hrsg.), Berlin.

Nauck, B. (1994): Erziehungsklima, integrative Transmission und Sozialisation von Jugendlichen in türkischen Migrantenfamilien, in: Zeitschrift für Pädagogik, 40. Jahrgang, Nr. 1.

Nauck, B. (1987): Individuelle und kontextuelle Faktoren der Kinderzahl in türkischen Migrantenfamilien, in: Zeitschrift für Bevölkerungswissenschaft, Jg. 13, 3.

Nauck, B./Alemdar-Niemann, M. (1999): Migrationsbedingter Wandel in türkischen Familien und seine Auswirkungen auf Eltern-Kind-Beziehungen und Erziehungsverhalten, in: Analysen. Erziehung – Sprache Migration. Projckt: Interkulturelle Elternarbeit im Arbeitskreis Neue Erziehung, Berlin, S. 1-36.

Oerter, R./Montada L. (Hrsg) (2002): Entwicklungspsychologie, Weinheim, Basel, Berlin.

Oerter, R. (2006): Entwicklung der Identität, in. Psychotherapie, 11. Jahrgang, 2006, Bd. 11, Heft 2, München, S. 175-191.

Özcan, E.: Die Entwicklung türkischer Migrantenorganisationen in der Bundesrepublik und Westberlin, in: Die Brücke, Teil I Nr.53, S. 14-16, Teil II Nr.54, S. 18-20, Teil III Nr.55, S. 24-26, Teil IV Nr.57, S. 38-40.

Özdaglar, A. (2007): Über die Schwierigkeiten in deutsch-türkischen Psychoanalysen, in: Psyche 11, 61. Jahrgang, November 2007, Stuttgart, S. 1093-1115.

Özel, S./Nauck, B. (1987): Kettenmigration in türkischen Familien, in: Migration II.

Özkara, S. (1988): Zwischen Lernen und Anständigkeit, Frankfurt/Main.

Papoulios, M. (1987): Die „Kofferkinder“, in: „Hören Sie Stimmen?“, Morten, A. (Hrsg.), Verlag Jakob van Hoddis.

Parla, F. (2007): Migration und Drogenabhängigkeit. Eine vergleichende Studie von türkischen Jugendlichen in Deutschland und in der Türkei, Hamburg.

Peters, R. (1991). Erneuerungsbewegungen im Islam vom 18. bis zum 20. Jahrhundert und die Rolle des Islams in der neueren Geschichte: Antikolonialismus und Nationalismus, in: Der Isalm in der Gegenwart, Ende/Steinbach (Hrsg.), München.

Pfluger-Schindlbeck, I. (1987): „Achte die Älteren, liebe die Jüngeren“. Sozialisaton türkischer Kinder, Frankfurt/Main.

Radtke, B. (1991): Der sunnitische Islam, in: Der Islam in der Gegenwart, Ende/ Steinbach (Hrsg.), München.

Reich, H. H. (1987): Sprachenvielfalt im Unterricht, in: Pädagogische Beiträge, 38.Jahrgang, Heft 12 – Dez.

Reinders, H./Varadi, E. (2008): Individuationsprozesse und interethnische Freundschaften bei Jugendlichen türkischer Herkunft, S. 312-326, in: ZfE 11 (2008) 2.

Reissner, J. (1991). Die innerislamische Diskussion zur modernen Wirtschafts- und Sozialordnung, in: Der Islam in der Gegenwart, Ende/Steinbach (Hrsg.), München.

Renner, E. (1982): Erziehungs- und Sozialisationsbedingungen türkischer Kinder, Heidelberg.

Rerrich, M. S. (1989): Was ist neu an den „neuen Vätern“?, in: Verunsicherungen. Das Subjekt im gesellschaftlichen Wandel, Keupp/Bilden (Hrsg.), Göttingen.

Rerrich, M. S. (1990): Balanceakt Familie, Freiburg.

Rödig, S. (1988): Zur Lebenswelt türkischer Frauen in der Bundesrepublik Deutschland – Fallbeispiel Düsseldorf/Bilk, Giessen.

Röper, G./Hagen von, C. (Hrsg.) (2001): Entwicklung und Risiko. Perspektiven einer klinischen Entwicklungspsychologie.

Rommelspacher, B. (1990): „Sie bedrohen unser Selbstbild“, in: taz 7/5/ S. 11.

Rommelspacher, B. (1992): Mitmenschlichkeit und Unterwerfung. Zur Ambivalenz der weiblichen Moral, Frankfurt/New York.

Rommelspacher, B. (1995): Dominanzkultur. Mitmenschlichkeit. Texte zu Fremdheit und Macht, Berlin.

Rommelspacher, B. (2002): Anerkennung und Ausgrenzung. Deutschland als multikulturelle Gesellschaft, Frankfurt/New York.

Rosen, R. (1986): „ [...] Muss kommen, aber nix von Herzen“ Zur Lebenssituation von Migrantinnen, Leske & Budrich, Opladen.

Rosen, R./Stüwe, G. (1985): Ausländische Mädchen in der Bundesrepublik, Opladen.

Rossmeier, C. (1989): „Meine Heimat bin ich selbst“, München (Schulreport).

Roth, G. (2011, zweite Auflage): Bildung braucht Persönlichkeit. Wie Lernen gelingt, Stuttgart.

Schachtner, C. (1994): Zum empirischen Vorgehen einer interprativen Psychologie, in: Zugänge zum Subjekt, Heiner Keupp (Hrsg.), Frankfurt/Main.

Schepker, R. (2008): Nicht wegschauen, sondern handeln, in: Deutsches Ärzteblatt, Mai 2008, S. 211-213.

Schiffauer, W. (1983): Die Gewalt der Ehre, Frankfurt/Main.

Schiffauer, W. (1987): Die Bauern von Subay. Das Leben in einem türkischen Dorf, Stuttgart.

Schiffauer, W. (1991): Die Migranten aus Subay. Türken in Deutschland: Eine Ethnographie, Stuttgart.

Schiffauer, W. (1995): Sie verlassen die geschützte Zone! , in: die tageszeitung 29. Juni, S. 14-15.

Schiffauer, W. (1997): Fremde in der Stadt, Frankfurt/Main.

Schiffauer, W. (2000): Die Gottesmänner. Türkische Islamisten in Deutschland, Frankfurt/Main.

Schiffauer, W. (2008): Parallelgesellschaften. Wie viel Wertkonsens braucht unsere Gesellschaft? Für eine kluge Politik der Differenz, transcript Bielefeld.

Schiffauer, W. (2010): Nach dem Islamismus. Eine Ethnographie der Islamischen Gemeinschaft Milli Görüş, Berlin.

Schneider, R. (Hrsg.) (1984): Die kurdischen Yezidi. Ein Volk auf dem Weg in den Untergang, Kassel.

Schrader, A.u. a. (1976): Ausländische Kinder in deutschen Schulen, Verlag d. Sozialwiss. Kooperative e.V.

Schrader, A. u. a. (1979): Die Zweite Generation. Sozialisation und Akkulturation ausländischer Kinder in der Bundesrepublik, Athenäum Verlag.

Schwingel, M. (1993): Analytik der Kämpfe. Macht und Herrschaft in der Soziologie Bourdieus, Argument-Sonderbände, Neue Folge AS 215.

Segeritz, M./Walter, O./Stanat, P. (2010): Muster des schulischen Erfolgs von jugendlichen Migranten in Deutschland: Evidenz für segmentierte Assimilation?, in: Köln Z. Sozial (2010), 62: S. 113-138.

Seiser, K. (1992): Sexualerziehung und Sexualität türkischer Mädchen und junger Frauen in der Bundesrepublik Deutschland. (Diplomarbeit an der Fachhochschule München, Fachbereich Sozialwesen).

Seiser, K. (2006): Konstanz und Wandel der Wertehaltungen in türkischen Migratenfamilien. Ein intra- und intergenerationeller Vergleich zwischen türkischen Migrantenfamilien, nicht gewanderten türkischen Familien sowie deutschen Familien in der Bundesrepublik Deutschland, Regensburg.

Şenocak, Z. (2011): Deutschsein. Eine Aufklärungsschrift, Hamburg.

Sezgin, H. (2006): Typisch Türkin? Porträt einer neuen Generation, Freiburg im Breisgau.

Shell Jugendstudie (2010): Jugend 2010, Albert, Hurrelmann, Quenzel, Frankfurt a. M.

Siegler, R./DeLoache, J./Eisenberg, N. (2005): Entwicklungspsychologie im Kindes- und Jugendalter, Deutsche Auflage, Pauen, S. (Hrsg.), München.

Spangler, G./Grossmann, K. (2002): Zwanzig Jahre Bindungsforschung in Bielefeld und Regensburg, in: Die Bindungstheorie. Grundlagen, Forschung und Anwendung, Spangler, G./Zimmermann, P. (Hrsg.), Stuttgart, S. 50-66.

Spangler, G./Zimmermann, P. (2002): Die Bindungstheorie. Grundlagen, Forschung und Anwendung, Stuttgart.

Stern, D. N. (2006): Die Mutterschaftskonstellation. Eine vergleichende Darstellung verschiedener Formen der Mutter-Kind-Psychotherapie, Stuttgart.

Strauß, B./Buchheim, A./Kächele, H. (2002): Klinische Bindungsforschung. Theorien, Methoden, Ergebnisse, Stuttgart/New York.

Sturzenhecker, B. (Hrsg.) (1996): Leitbild Männlichkeit. Was braucht die Jungenarbeit?, Münster.

Sütçü, F. (2009): Zwangsheirat und Zwangsehe. Falllagen, rechtliche Beurteilung und Prävention, Peter Lang, Frankfurt/Main.

Sydow von, K. (2001): Forschungsmethoden zur Erhebung von Partnerschaftsbindung, in: Bindung im Erwachsenenalter, Gloger-Tippelt, G. (Hrsg.), Bern/Göttingen/Toronto/Seattle, S. 275-294.

Tan, D./Gomani, C. (1999): Zur Rolle der Religion in der Erziehung. Anmerkungen zu (religions)kulturellen Hintergründen von Irritationen im deutschen Erziehungssystem bei der Begegnung mit der türkisch-muslimischen Minderheit in

Deutschland, in: Analysen. Erziehung – Sprache – Migration. Projekt: Interkulturelle Elternarbeit im Arbeitskreis Neue Erziehung, Berlin, S. 37-92.

Tan, D. (2008): Von Löwen und Straßenmädchen – Konstruktionen und Störungen männlicher Identitäten von Jugendlichen in der Migrationsgesellschaft, in: Mann wird man. Geschlechtliche Identität im Spannungsfeld von Migration und Islam, Kühnemund, J./ Potts, L.(Hrsg.), S. 209-228.

Taylor, C. (1992): Multikulturalismus und die Politik der Anerkennung.

Teichert, V. (Hrsg.) (1991): Junge Familien in der Bundesrepublik, Opladen.

Terkessidis, M. (2010): Interkultur, Berlin.

Thürmann, E. (1987): Muttersprachlicher Unterricht für ausländische Schüler, in: Pädagogische Beiträge, 38. Jahrgang, Heft 12 – Dez.

Tietze, N. (2001): Islamische Identitäten. Formen muslimischer Religiosität junger Männer in Deutschland und Frankreich, Hamburg.

Timur, S. (1985): Charakteristika der Familienstruktur in der Türkei, in: Die Frau in der türkischen Gesellschaft, Abadan-Unat (Hrsg.), N. Frankfurt.

Todt, D. (2002): Verhaltensbiologische Aspekte der Entwicklung sozialer Bindungen auf vormenschlicher Stufe, in: Die Bindungstheorie. Grundlagen, Forschung und Anwendung, Spangler, G./Zimmermann, P. (Hrsg.), Stuttgart, S. 86-108.

Treppte, C.(1987): Die alltägliche Entdeckung der Welt, in: Pädagogische Beiträge, 38. Jahrgang, Heft 12 – Dez.

Treppte, C. (1999): Ein Kind ist wie ein Diamant. Gespräche mit türkischen Familien in Deutschland über Erziehung und erzogen werden, Berlin.

Ünsal, I. H. (1992): Wir, die Immigrantenjugendlichen, in: Die Brücke Nr. 65.

Uslucan, H.-H. (2009): Sozialisationsprozesse und Bildung in Familien mit Migrationsgeschichte, in: Schulverweigerung – neue Ansätze und Ergebnisse aus Wissenschaft und Praxis (S. 36-54), Faltermeier, J. (Hrsg.), Berlin: Deutscher Verein für öffentliche und private Fürsorge.

Uslucan, H.-H. (2009): Bausteine für gesundes Aufwachsen und entwicklungspsychologische Risiken für Kinder, in: Beauftragte der Bundesregierung für Migration, Flüchtlinge und Integration (Hrsg.), Gesundheit von Kindern und Jugendlichen in Familien mit Migrationshintergrund (S. 44-52), Bonner Universitätsbuchdruckerei.

Uslucan, H.-H. (2010): Erziehungsstile und Integrationsorientierungen türkischer Familien, in: Kindheit und Jugend in muslimischen Lebenswelten: Aufwachsen und Bildung in deutscher und internationaler Perspektive (S. 195-210), Andresen, S. (Hrsg.), Wiesbaden: VS-Verlag für Sozialwissenschaften.

Uslucan, H.-H. (2010): Muslime zwischen Diskriminierung und Opferhaltung, in: Islamverherrlichung. Wenn die Kritik zum Tabu wird (S. 367-377), Schneiders, T. G. (Hrsg.), Wiesbaden: VS-Verlag für Sozialwissenschaften.

Uslucan, H.-H. (2010): Gewalttätige Jugendliche mit Migrationshintergrund. Modelle und Bewältigungen, in: Transkulturelle Psychiatrie. Konzepte für die Arbeit mit Menschen aus anderen Kulturen (S. 288-300), Hegemann, T./Salman, R. (Hrsg.), Bonn: Psychiatrie Verlag.

Uslucan, H.-H. (2010): Jugendliche Gewalt und familiäre Erziehung in interkulturellen Kontexten, in: Integration von Zuwanderern. Erfahrungen, Konzepte, Perspektiven (S. 299-321), Luft, S./Schimany, P. (Hrsg.), Bielefeld: transcript Verlag.

Uslucan, H.-H. (2010): Islamischer Religionsunterricht in der Grundschule: Ein Modellversuch zur Nachahmung?, in: Dimensionen religiöser Erziehung muslimischer Kinder in Niedersachsen (S. 74-87G), Koch, K./Darwisch, K. (Hrsg.), Gottingen: Universitätsverlag Göttingen.

Uslucan, H.-H. (2010): Integration durch Religion? Beitrag des islamischen Religionsunterrichts in Niedersachsen, in: Religionen in der Schule und die Bedeutung des Islamischen Religionsunterrichts (S. 219-232), Ucar, B./Blasbeg-Kuhnke, M./Scheliah von, A. (Hrsg.), Osnabrück: V & R unipress Osnabrück.

Uslucan, H.-H. (2010): Kinderschutz im Spannungsfeld unterschiedlicher kultureller Kontexte, in: Kinderschutz – Risiken erkennen, Spannungsverhältnisse gestalten (S. 150-165), Suess, G./Hammer, W. (Hrsg.), Stuttgart: Klett-Cotta.

Uslucan, H.-H. (2010): Riskante Bedingungen des Aufwachsens türkischer Jugendlicher in Deutschland: Geschlechtsspezifische Konzepte und Erfahrungen, in: Sexuelle und reproduktive Gesundheit und Rechte (S. 111-121), Busch, U. (Hrsg.), Baden-Baden: Nomos.

Uslucan, H.-H. (2010): Islam und Integration: Die psychologisch-pädagogische Perspektive, in: Zur Bedeutung der Religion in der Integrationspolitik: Die deutsche Islamdebatte (S.387-401), Ucar, B. (Hrsg.), Frankfurt: Peter Lang.

Uslucan, H.-H. (2010): Ethische Erziehung in muslimischen Familien, in: Handbuch Migrationsarbeit. Konzepte und Erfahrungen (S. 217-227), Marschke, B./Brinkmann, U. (Hrsg.), Wiesbaden: VS-Verlag für Sozialwissenschaften.

Uslucan, H.-H. (2010, im Druck): Parallelwelten oder Parallelwerte? Die Wertewelt türkischstämmiger Migranten in Deutschland, in: Entgrenzungen. Gesellschaftlicher Wandel und Politische Bildung, Lange, D. (Hrsg.), Wiesbaden: VS-Verlag für Sozialwissenschaften.

Uslucan, H.-H. (2010, im Druck): Resilienz und Ressourcenförderung bei Jugendlichen mit Migrationshintergrund, in: Resilienzförderung in der Kinder- und Jugendhilfe und im Bildungsbereich, Zander, M. (Hrsg.), Wiesbaden: VS-Verlag für Sozialwissenschaften.

Uslucan, H.-H. (2010, im Druck): „Bildet Euch – Im Namen Gottes, der Euch erschaffen hat.“ Chancen und Gefahren einer islamischen Erziehung, in: BMI: Bundesministerium des Innern (Hrsg.), Muslime für Freiheit und Vielfalt. Berlin.

Uslucan, H.-H. (2010; in Vorbereitung): Erziehung in muslimischen Migrantenfamilien.

Uslucan, H.-H. (2009): Gewalterfahrungen, Erziehung im Elternhaus und Wohlbefinden bei deutschen und türkischen Jugendlichen, in: Prax. Kinderpsychol. Kinderpsychiat. 58/2009, 278-296. Göttingen.

Uslucan, H.-H. (2010): Salutogenese im kulturellen und interkulturellen Kontext. Schwerpunktband: Psychotherapie mit Migranten, in: Zeitschrift für Politische Psychologie, Potsdam.

Uslucan, H.-H. (2010): Migration und Kindeswohl. Anforderungen an kultursensible Beratung und Begutachtung, in: Zeitschrift für Kindschaftsrecht und Jugendhilfe, 2, 46-48.

Uslucan, H.-H. (2010): Resilienz und Ressourcenförderung bei Jugendlichen mit-Migrationshintergrund, in: Unsere Jugend, 4, Hamburg, 151-159.

Uslucan, H.-H. (2010): Diversity-Kompetenz in der Schule, Hamburg.

Uslucan, H.-H.: Stereotype, Viktimisierung und Selbstviktimisierung von Muslimen, Hamburg.

Uslucan, H.-H. (2008): Die Parallelgesellschaft der Migrantencommunities in Deutschland: Fakt oder Fiktion?, in: 23. Hamburger Symposium zur Methodologie der Sozialpsychologie. Schwerpunktthema: Werte, Witte, E. (Hrsg.), Lengerich, S. 276-298.

Uslucan, H.-H. (2008): Gewalt und Gewaltprävention bei Jugendlichen mit Migrationshintergrund, in: Texte zur Inneren Sicherheit. Schwerpunkt: Gelingensbedingungen und Grundlagen nachhaltiger Gewaltprävention, Bundesministerium des Inneren (Hrsg.). Berlin, S. 153-176.

Uslucan, H.-H. (2008): Risiken und Ressourcen in der Sozialisation von Jugendlichen mit Migrationshintergrund, S. 153-176, in: Mann wird man. Geschlechtliche Identität im Spannungsfeld von Migration und Islam, Kühnemund, J./Potts, L. (Hrsg.).

Uslucan, H.-H. (2005): Lebensweltliche Verunsicherung türkischer Migranten, in: Psychosozial 28. Jg. (2005): Heft 1(Nr. 99), S. 111-122.

Uslucan, H.-H. (2005): Chancen von Migration und Akkulturation, in: Familie, Akkulturation & Erziehung, Uslucan, H. H./Fuhrer, U. (Hrsg.), Stuttgart, S. 226-242.

Uslucan, H.-H./Fuhrer, U./Mayer, S. (2005): Erziehung in Zeiten der Verunsicherung, in: Kinder und Jugendliche mit Migrationshintergrund, Borde, Th./David, M. (Hrsg.), Frankfurt, S. 65-88.

Uslucan, H.-H. (2007): Zwischen Allah und Alltag: Islamische Religiosität als Integrationshemmnis oder -chance?, in: Archiv für Wissenschaft und Praxis der sozialen Arbeit, 3, S. 58-69.

Uslucan, H.-H. (2008): „Man muss zu Gewalt greifen, weil man nur so beachtet wird“. Antidemokratische Einstellungen deutscher und türkischer Jugendlicher: Gewaltakzeptanz und autoritäre Haltungen, in: Zeitschrift für Sozialpädagogik, 1,Potsdam, S. 74-99.

Uslucan, H.-H. (2003): Soziale Verunsicherungen, Familienklima und Gewaltbelastung türkischer Jugendlicher, in: Zeitschrift für Türkeistudien, 15, Heft 1+2, Magdeburg, S. 49-73.

Uslucan, H.-H./Fuhrer, U./Rademacher, J. (2003): Jugendgewalt als Folge sozialer Desintegration, in: Psychologie in Erziehung und Unterricht, 3, Magdeburg, S. 281-294.

Uslucan, H.-H./Fuhrer, U. (2004): Psychologische Begutachtung türkischer Familien in familiengerichtlichen Verfahren, in: Praxis der Rechtspsychologie14 (1) Juni 2004, S. 1-18.

Uslucan, H.-H./Fuhrer, U. (2004): Viktimisierungen und Gewalthandlungen im Jugendalter, in: Psychologie in Erziehung und Unterricht, 51, Magdeburg, S. 178-188.

Uslucan, H.-H. (2005): Heimweh und Depressivität türkischer Migranten in Deutschland, in: Zeitschrift für klinische Psychologie, Psychiatrie und Psychotherapie, 3, Magdeburg, S. 230-248.

Weische-Alexa, P. (1982): Sozial-kulturelle Probleme junger Türkinnen in der Bundesrepublik Deutschland.

Wolbert, B. (1984): Migrationsbewältigung, Göttingen.

Wolfahrt, E./Özbek, T. (2006): Die Suche nach den offenen Türen. Eine ethnopsychoanalytische Kasuistik über das Phänomen der Besessenheit, in: Psyche 2, 60. Jahrgang, Februar 2006, S. 118-130.

Yada, S. (2005): Zum Vergleich der Erziehungsmilieus deutscher und türkischer Familien und ihre Bedeutung für die Schule, Stuttgart.

Yazıcı, O. (2011): Jung, männlich, türkisch – gewalttätig?, Eine Studie über gewalttätige Männlichkeitsinszenierungen türkischstämmiger Jugendlicher im Kontext von Ausgrenzung und Kriminalisierung, Freiburg.

Yıldız, Y. (2010): Migration – Familie – Alter, Hamburg.

Ziegenhain, U. (2001): Sichere mentale Bindungsmodelle, in: Bindung im Erwachsenenalter, Gloger-Tippelt, G. (Hrsg.), Bern/Göttingen/Toronto/Seattle, S. 154-173.

Zimmermann, P./Becker-Stoll, F. (2001): Bindungsrepräsentationen im Jugendalter, in: Bindung im Erwachsenenalter, Gloger-Tippelt, G. (Hrsg.),. Bern/Göttingen/Toronto/Seattle. S. 251-274.

Zoll, R. u. a. (1989): Nicht so wie unsere Eltern!, Opladen.